［新版］

法学の世界

Le monde du droit
(nouvelle édition)

南野 森［編］
MINAMINO Shigeru

日本評論社

新版はしがき

　本書の旧版は今からちょうど6年前に世に出された。「すべての法学徒に贈る決定版法学入門／珠玉の24作品」と銘打って作られた旧版は、幸いなことに多方面で好評を博し、発行から5年を経たところで品切れ御礼と相成った。旧版を作ったときの編者なりの思いは、旧版はしがき（「法を学ぶ人々へ——はしがきに代えて」）に書かせていただいた。いま振り返ってみると、はしがきにしてはやや長すぎ、また行間にあふれる熱量もやや大きすぎたように感じるが、それはおそらく、素晴らしい執筆者を集め素晴らしい1冊ができあがったという喜びと、それを是非とも多くの「法を学ぶ人々」に読んでほしいという希望とで、編者の心が満たされていたからに違いない。

　このたび新版を世におくるにあたっての本作りの基本方針は旧版のときのままであるので、本書に込められた思いは、あらためて旧版のはしがきを一瞥していただくことをお願いしたい。ただし、新版の執筆者については、そのほとんどが旧版の執筆者と異なることとなった点についてだけは、ここで一言しておくのが良いだろう。本書の新版は、旧版の「改訂」版ではない。旧版はそれとして1冊の完成品であり、もちろん法の改廃や新しい裁判例の出現を反映して、あるいはそもそも文献情報など、アップデートの必要な部分はあるものの、それを除けばそのままの形で「保存」しておきたいと考えた。そこで、今回の新版ではあえて旧版の執筆者とは異なる方々に集っていただくことにした。旧版と新版は、コンセプトを同じくする2冊の異なる本だと受け止めていただけると嬉しい。

　ほぼ全面的に執筆者を入れ替えた結果、新版も、旧版に勝るとも劣らぬ素晴らしい1冊になったと自負している。旧版では、司法試験に合格した方が司法試験の選択科目として勉強しなかった法分野を学ぶために本書を最初の1冊として手に取ったという、出版当初は編者も想定していなかった読み方をされるなど、嬉しい驚きもあった。新版もまた、大学一年生のみならず、広く「法を学ぶ人々」

に、さまざまな段階において、さまざまな動機で手に取ってもらえる1冊となることを願ってやまない。

　旧版を上回る26人もの執筆者を集めた本書が予定どおり順調に出版できることになったのは、旧版以来支えてくださっている日本評論社の上村真勝編集長の尽力の賜である。厚く御礼を申し上げたい。

　　　　2019年2月　　九州大学伊都キャンパスにて

　　　　　　　　　　　　　　　　　　　　　　　　　　　南野　森

旧版はしがき・法を学ぶ人々へ

　いまこのページを開いているあなたが、この本を手に取った理由は何だろうか。授業の教科書として指定されたから、といったいわば他律的な理由を別とするなら、それは、たとえば、晴れて法学を学び始めることになったので何気なく参考書を探していたところ偶然本書をみつけたからかもしれないし、あるいはまた、すでに法学を学んでいるがなかなか面白いと思えず苦労しているため良い参考書を探していたところこれまた偶然本書にたどり着いたからかもしれない。数ある類書のなかから偶然にせよ本書を選び取ってくれた諸君は、しかし、きっとどこかで、どうやらこの本は類書とは趣が少し違って期待できそうだという気がしたにちがいない。諸君、本書はその期待を裏切らない。

　本書は、これから法を学ぼうとする人々をいちばんの読者として想定している。つまり法学部や法律学科・コースなどの1年生やロースクールの「純粋」未

修者である。とはいえ、本書に集まった総勢23名の執筆者の主観的意図としては、それぞれの論攷が、入門時に読まれるだけでその後は忘れ去られてしまうような一過性の悲しい作品に留まることなく、上級生や大学院生が読んでも知的刺激を得られるようなものになるよう書き上げたいと思っているし、さらには、こうして公表する以上、執筆者の同業者である研究者仲間が、いったいあいつはどんなことを書いているのかと興味をもって読むかもしれないから、プロが読んでも少なくとも時間の無駄だったと感じられることのない程度のものは書きたいとも思う。つまり、法学という学問分野をめぐって、まったくの初心者から、それを生業とする者までを一応の読者として想定するという、どだい無理な設定のもとに、各執筆者が書き上げたのが本書に含まれる合計24本の論攷ということになる。

そして、このように法をこれから「学ぼう」とする人のみならず、ひろく法を「学ぶ」人々に向けて作られた本書には、少なくともつぎのような3つの売りがある。

1　上級生も楽しめる法学入門

それにしても、「法学入門」や「法律学入門」といった1冊の本を企画することはなかなか難しい。大学1年生に「法学入門」や「法学概論」といった講義をする大学は多いだろうが、担当教員は、どのような講義をなすべきか苦悩しているはずである。書物の場合も同様で、誰を対象にするかという点での苦労は上述の通りであるが、それに加えて、そもそも何を、そしてそれをどのように語るべきかについては、それこそ十人十色の考え方があるだろう。

本書では、まずは素直に王道を行くという大方針で、編者を含めて16人の実定法科目（憲法・民法・刑法・国際法・行政法・労働法・商法・民事訴訟法・刑事訴訟法・社会保障法・租税法・環境法・経済法・倒産法・国際私法・知的財産法）の研究者と、4人の基礎法学・比較法学科目（法哲学・法社会学・フランス法・英米法）の研究者が集い、それぞれの専攻する法学の概要や魅力、あるいは大学の講義では十分に扱う余裕がないものの学生が知っておくべきことや具体的な勉強の進め方などをわかりやすく語ることを第一の目的とした。そしてそれと

同時に、読者に考えさせるような内容をも織り交ぜることで、語られたものを素直に読んでそれでお終いというのではなく、読んでみると疑問や関心を喚起され、それによってその科目を含めた法学への学習意欲を駆り立てることができるような論攷に仕上げることをも目指すことにした。上級生が読んでも面白い「法学入門」書になっているはずだと言うのはそれゆえである。これが、本書の売りの一つ目である。

ただし、そのような味わい深い20科目の論攷すべてを一挙に通読する読者はおそらく稀で、たとえばこれから学ぶ科目だけを読んでもいいし、すでに学んだ科目から読み始めてもいいだろう。また、同じ論攷でも、その科目を学ぶ前に読み、数ヶ月後、あるいは数年後に、その科目を学んだ後で読み直したり、他の科目をも学び終えてから読み直したりすると、まるで異なった読後感が味わえるかもしれない。他律的に指定教科書として本書を「買わされた」読者も、時を経て、とくに上級生になってから再び読み直すべく、当該科目の履修を終えてもしばらくは本書を手放さないでいてほしい。

2　若者よ、語学を究め海外へ出でよ

本書には、以上の20本の論攷に加えて、ごく最近まで海外（イギリス・アメリカ・ドイツ・フランス）に滞在して法学研究を行っていた4人の研究者に、「海外留学よもやま話」を特別に寄稿してもらった（正確にはいずれの執筆者も学生として滞在しているわけではないから、「海外留学」ではなく「在外研究」と言うべきところではある）。

日本の法学者がなぜ海外留学をするのか読者は疑問に思うかもしれないが、これは昔から——夙に幕末・明治維新期から——広く行われていることで、現在でも、日本の多くの法学者は外国に留学した経験があり、そしてそのうちの半分以上は英・米・独・仏のいずれかが滞在先であろう。それはなぜか、そして海外では何をしているのか、向こうの大学はどのような雰囲気なのか、といったことを語るこれらの「よもやま話」を読むことで、法学（者）の世界の広さを垣間見てほしいし、将来留学を考えている読者には参考にもしてほしい。

法学の勉強を一生懸命することと並び、海外を広く見て回ることも、大学時代

に是非とも経験しておきたいことである。そして早いうちから外国語を勉強しておくと、海外留学・旅行の楽しみも倍増するだろう（本書には直接の関係がないとも言えそうであるが、本書の編者は、大学生諸君に対して、早いうちに──「まずは英語をマスターしてから」、などと無意味な言い訳をせずに！──第二外国語の勉強に精を出しておくことを、強く勧めたいとつねづね思っている）。

ともあれ、こうして法学研究者の魅力的な海外生活について語る作品を4本加えているところが、本書の売りの二つ目である。このような「よもやま話」をも併せて載せている「法学入門」書は、おそらく他に例がないであろう。ちなみに、「よもやま」話というのは、それこそ人によって実に異なる体験をしてこられたであろう海外留学経験者に、自らの体験をふまえて何でも自由に書いていただきたいという趣旨で名付けたものであり、けっして「役に立たない」話とか「どうでもよい」話といったペジョラティブなニュアンスはない。

3　法学は、読むことから始まる

本書は、20本の個別法学の論攷の最後の部分で、各法学分野について執筆者が読者に推薦する文献を簡単な解題とともに紹介することにしている。これが本書の売りの三つ目であり、そこに各執筆者の個性も表れているだろう。何を選びどう紹介するかは、当然その個性に任せられているが、ただ、執筆者自身の書いたものを最低でも1本は含めることが、編者からの（強い）お願いであった。なかには謙譲の美徳で（？）自作を「宣伝」することに乗り気でない執筆者もおられたが、本書のような入門書では、各執筆者が研究者としてどのような研究を行っているのかを窺い知ることは通常は難しいだろうから、入門段階の読者に各法学分野の深さと広さを垣間見てもらうきっかけとして、4本の「海外留学よもやま話」の執筆者も含め、なるべく全員に書いていただくことにした。そのような専門的な研究論文を読み、将来我々の後継者（競争相手？）たる研究者を志す学生が現れてくれれば、我々執筆者にとっては思わぬ「儲けもの」ということになる。

もとより、読者が法学研究者を目指すかどうかに関係なく、若い学生時代に法学の専門論文に挑戦してみる価値は大いにある。およそ法学全般に共通すること

であるが、勉強の方法としては、一にも二にも読むことしかない。ところが、早い段階からチャート式や論点要約式の参考書——要するに、長くて難しい文章の書かれていないもの——で勉強してしまうと、要領よく勉強が捗った気にはなるかもしれないが、折角の潜在的な能力（脳力）を伸ばすことはできないし、よほど能力に恵まれていなければ、将来、諸々の論述式の試験で論理的で説得力のある答案を書くことも叶わず、ましてや論文をものするなどとても無理である。試験や論文提出等がまだしばらく先のことに思える段階、つまり時間的・心理的に依然余裕のある段階で、なるべく多くの良質な著作を読み考えておくことがきわめて重要である。良い文章を書くためには良い文章を読んでおくことが必要不可欠なのである。実は我々の頃からもすでにそうであったが、一部の（多くの？）大学生は、受験勉強時代の便利な参考書に近いものを法学にも求める傾向があるようである。しかし、晴れて大学生になった以上、いったんスタイルを切り替えて、重厚でつまらなそうに見える教科書や論文と格闘する覚悟を固めてほしい。脳を鍛える難問・課題と知的に対決するには大学時代がいちばんである。たまたま法学を専攻することになっただけで将来の進路をまだ決めていない読者も、法学という学問分野を「使って」、許された期間、真剣に勉強することが、将来どのような進路を取るにせよ、本当に重要なことだと思う。

4　文献ガイド

　最後に、法学入門全般についての文献を数冊紹介しておく。いきなり手前味噌で恐縮であるが、まず南野森（編）『ブリッジブック法学入門〔第2版〕』（信山社、2013年刊行予定〔最新版は第2版第3刷、2016年〕）がある。前半は個別法入門、後半は研究論文的なものを収めるという、一風変わった本に仕上げてあるので、前半で基礎的な知識を獲得または（再）確認し、後半で頭を捻りながら読み考えてほしい（手島孝九州大学名誉教授による書評が「法学セミナー」2010年5月号に掲載されており、その全文PDFがウェブ〔九州大学学術情報リポジトリ、QIR〕で公開されている）。田中英夫『実定法学入門〔第3版〕』（東京大学出版会、1974年）、団藤重光『法学の基礎〔第2版〕』（有斐閣、2007年）などは碩学の手になる古典的作品で、定評がある。市川正人＝酒巻匡＝山本和彦『現

代の裁判〔第5版〕』（有斐閣、2008年〔最新版は第7版、2017年〕）、大内伸哉（編著）『働く人をとりまく法律入門』（ミネルヴァ書房、2009年）、池田真朗（編著）『判例学習のA to Z』（有斐閣、2010年）などは特長があって良いだろう。樋口範雄『はじめてのアメリカ法』（有斐閣、2009年〔最新版は補訂版、2013年〕）は、アメリカ法の優れた入門書であるが、法学一般についても同時に学べるさまざまな配慮に満ちた名著である。

＊　＊　＊　＊　＊

　残念ながら、法学は、最初から面白くて仕方がないとは言えないかもしれない。90分以上続く大学の講義も単調でつまらない可能性があるし、眠くもなるだろう。つまり、期待に胸を膨らませて新学期を迎えた途端、失望するかもしれない、ということである。しかし、それが大学なのである。元来は退屈なもの、訳がわからないものだと思って良い。とはいえ、本書の執筆者23人のように、研究が好きで研究者になる人間が世の中にはたくさんいるということは、きっと法学には何かの魅力があるはずである、という理屈はわかるだろう。そして、法学の魅力を知るためには、法学としばらく真剣に付き合ってみなければならない。しばらく、というのは不確定であるが、せめて半年や一年くらいは、講義もサボらず、薦められるままに様々な著作を読んでみてはどうだろうか。そのためにも本書を是非有効に利用してほしい（ただし、本書の一部の執筆者は、大学入学後1〜2年のあいだ、ほとんど授業にも出ない不謹慎学生であったようなので、上級生になってから心を入れ替えるということでも遅くはないかもしれない）。

　最後に本書の成り立ちについて一言述べておく。本書は、「法学セミナー」2011年4月号の「法学入門」特集企画がもとになっている。同誌編集部のお勧めで、この特集企画には編者が当初から関わらせていただいた。編者を含む13名の執筆者が集まって完成した同企画は幸いにも諸方面で好評を得たため、今回、これをまとめて単行本として出版してはどうかという有り難いお申し出を受けた。そこで編者は、どうせ単行本にまとめるなら、雑誌では量的な限界もあって断念せざるをえなかった他の法学科目をも合わせ、法学の初学者にも上級者にも、法学が多様であり、様々なアプローチがあり、数多の魅力に充ちていること

を（再）認識してもらうべく、大いに充実させて素敵な1冊を作りたいと思うに至った。その結果、編者と同世代及びほんの少し下の世代の個性的かつ魅力的な一流の研究者に集まっていただき、総勢23名からなる24本の作品集という、このように大変豪華な1冊ができあがった。「法学セミナー」2011年4月号に寄せられた作品のうち、実定法科目は、憲法、民法、刑法、国際法、商法、行政法、民事訴訟法、刑事訴訟法、社会保障法、知的財産法の10科目であったが、今回の単行本化にあたり、司法試験の選択科目のすべてを網羅するとともに、「法学の世界」の魅力を十分に知ってもらうためには不可欠である、基礎法学科目・比較法学科目の充実にも努め、結果として20科目を集めることができた。今後、読者の支持が得られれば、さらに質量ともに充実を図っていきたいところである。是非とも感想や意見を、編者あるいは「法学セミナー」編集部に届けてほしい。

　なお、本書では、これらの20科目を4つのグループに分けた。まず、法を学ぶ人であれば是非とも知っておくべきという意味で基本的な、また大学のカリキュラムでは初動段階で学ぶことの多い科目群（本書第1部「基盤的科目——すべての法学徒の必修科目」）、つぎに、これらの基盤的科目の一定程度の理解を踏まえたうえで学ぶ方が分かりやすいために、大学のカリキュラムでは中盤に配当されることが多いものの、現実では最も多くの人に用いられている法とも言える科目群（第2部「実践的科目——現実社会の中心的な法領域」）、第三に、中盤の段階まで進んできた頃に学習すると、法に対するものの見方が飛躍的に広がり、翻ってそれまで学んできた法律科目に対する少し離れた冷静な理解が可能になるという意味で、読者の法学世界を大きくしてくれる科目群（第3部「複眼的科目——法の見方を広げ、法の思考を深める」）、そして最後に、日々変転する現実世界を制御する道具としての法という法の一側面が際立って現れるという意味で先端的であり、また高度に技術的でもある科目群（第4部「先端的科目——実務と直結するエキスパートの世界」）の4種類である。大まかには本書の構成の通り読み進めて行くのが良いであろうが、本書の各章はそれぞれ独立しているので、先にも述べた通り、読者それぞれの問題関心や読者それぞれの学習段階に応じて、読みたい章、読まねばならない章から先に読んでもまったく差し支えない。巻末には、比較的詳細な用語・人名索引と条文索引を付けておいたので、上級者

は、それを眺めながら、いったいその用語・人名なりその条文なりについて何が書かれているかを想像してから当該本文を読むという読み方をしても面白いかもしれない。

　最後の最後になってしまったが、「法学セミナー」2011年4月号の企画段階から、こうして本書の出版に至るまでの3年近くのあいだ、一貫してきわめて適切に万事を整えて下さった同誌の敏腕編集長上村真勝さんと若き編集者小野邦明君に、厚く御礼を申し上げておきたい。とくに上村さんのあらゆる方面への実にゆきとどいた配慮がなければ、このような大勢の執筆者による1冊の本を、ここまで順調にまとめあげることは決してできなかったであろう。

　良い編集者と良い執筆者に恵まれ、本書の編者はまことに幸せであった。さらに良い読者に恵まれるとするならば、編者としてこれにまさる喜びはない。

　　2013年2月

編　者

＊旧版はしがき中の一部文献について、今回最新版の刊行情報を追加しました。

新版はしがき　南野 森…i

[第1部] 基盤的科目──すべての法学徒の必修科目

[第1章]　**憲法**／自由の砦・政治の矩・この国のかたち　　南野 森…002
[第2章]　**民法**／民法の位置づけ、有名論点にみる民法の発展　　原田昌和…014
[第3章]　**刑法**／想像または妄想が織りなす魅惑と困惑の世界　　和田俊憲…025
[第4章]　**国際法**／主権国家間関係の規律と国際問題への対応　　森 肇志…036

[第2部] 実践的科目──現実社会の中心的な法領域

[第5章]　**行政法**／法律に基づく行政、基づかない行政　　興津征雄…056
[第6章]　**労働法**／産業革命の波に翻弄される法　　大内伸哉…067
[第7章]　**社会保障法**／人々の安心で安定的な生活のために　　永野仁美…078
[第8章]　**商法**／いくつものアイデンティティ・クライシスを超えて　　得津 晶…090
[第9章]　**民事訴訟法**／
　　　　　民事訴訟法を学ぶということは、どんなことを意味するのか　　垣内秀介…101
[第10章]　**刑事訴訟法**／矛盾した要請を克服するために　　緑 大輔…113
[第11章]　**少年法**／「人」から「犯罪」をみてみれば?!　　武内謙治…124

Contents

[第3部]複眼的科目──法の見方を広げ、法の思考を深める

[第12章]　**法哲学**／法哲学者はいったいなんの話をしているのか？　**安藤 馨**…142

[第13章]　**法社会学**／「社会」を通じて法を捉えるために　**飯田 高**…154

[第14章]　**フランス法**／「異なる法」を学ぶ　**齋藤哲志**…164

[第15章]　**英米法**／イングランドからの法の伝播と変容　**溜箭将之**…178

[第4部]先端的科目──実務と直結するエキスパートの世界

[第16章]　**倒産法**／倒産法の現在・過去・未来　**水元宏典**…198

[第17章]　**租税法**／公法・ビジネスロー・立法政策　**神山弘行**…207

[第18章]　**経済法**／ビジネス・ローの主要な一員　**大久保直樹**…218

[第19章]　**知的財産法**／「ファッション」の作られ方と法の関わり　**小島 立**…228

[第20章]　**環境法**／新たな詩人よ…人と地球によるべき形を暗示せよ　**島村 健**…239

[第21章]　**国際私法**／国際社会における他の法秩序との調整　**横溝 大**…250

[第22章]　**情報法**／「情報に対する権利」と情報環境の設計　**成原 慧**…261

[コラム] 海外留学よもやま話

❶ **ドイツ**／究極の国際都市ハンブルクでの在外研修　青竹美佳…048

❷ **フランス**／フランスで「消費者」「研究者」として感じたこと　大澤 彩…135

❸ **アメリカ**／ニューヨーカーになってみて　池田 悠…190

❹ **イギリス**／来た、見た、学んだロンドン　岩切大地…272

事項索引・人名索引・条文索引…279

執筆者一覧…288

Contents

［第1部］
基盤的科目
―― すべての法学徒の必修科目

第1章 憲法
自由の砦・政治の矩・この国のかたち

九州大学教授
南野 森

1 憲法とは何か

　法学の世界には、本書の目次を見てもわかるように、さまざまな法学が存在する。大学に入学したばかりの読者であっても憲法や民法や刑法、あるいは刑事訴訟法や労働法という名前くらいは知っているだろうし、それがどんな法であり法学であるのか、おおまかなイメージを持てる読者も多いだろう。民法といえば一般市民の生活に関する法だろうとか、刑法や刑事訴訟法といえば刑罰や刑事裁判に関する法だろうとか、あるいは労働法といえば労働（者）に関する法だろう、といった具合に。それが実際にはどれほど正しく、どれほど間違っているか（あるいは不十分であるか）は、個別の法学学修を深めることで徐々に明らかになっていくであろうが、それでも、「○○法」という場合のその○○の部分は、日本語として、それなりに理解ができ、またその内容をそれなりに想像できることが多い。では、憲法とはいったい何についての法なのだろうか。憲法の「憲」とは、どういう意味なのだろう。

　そして、憲法といえば1946年に制定された「日本国憲法」を真っ先に思い浮かべる読者が多いだろう。もちろんそれが間違いというわけではないが、それで答えとしては充分ではない。たとえば、憲法学の大家のなかには、憲法解説書の冒頭で、「『憲法』と聞いて憲法典しか考えないようでは、学問は始から無駄である」などとガツンと言う人もいる（小嶋和司『憲法学講話』〔有斐閣、1982年〕

9頁）。いったいこれはどういう意味なのだろうか。さらに、歴史に詳しい人であれば、日本国憲法のほかにも、大日本帝国憲法や、あるいは聖徳太子の「憲法十七條」などを思い浮かべるかもしれないし、さらにマニアックな人であれば平城天皇の「十五條憲法」などを知っているかもしれない（いや、さすがにそんな人はいないだろう）。いったい、憲法とは何なのだろうか。

[1] 憲法という日本語

　我々が現在ふつうに用いる「憲法」という日本語は、聖徳太子のもののように、もとは日本書紀にも登場する古い漢語であるが、明治時代以降、それを西洋語の *constitution* の訳語として用いることが定着し、現在に至る。幕末から明治初期にかけて、当時の第一級の知識人たちが *constitution* という概念を知り、それを日本に紹介しようとしたとき、その訳語としては「国律」（福沢諭吉『西洋事情』1866 年）、「国憲」（加藤弘之『立憲政体略』1868 年）、「根本律法」や「国制」さらには「朝綱」（津田真道『泰西国法論』1868 年）などが考案されたものの、やがて「憲法」という語に一本化していく*1。今さら文句を言っても時すでに遅しではあるが、はたして「憲法」なる語が *constitution* の訳語として適切であったか否か、実は大いに疑問がある。というのも、西洋語の *constitution* には、もともと構造とか構成・組成といった意味があり、それが近代以降、とくに国家の構造について用いられるようになり、さらには国家の構造を定めた文書のことをも意味するようになったという経緯があるのであって、そうだとすると、福沢たちの考案した訳語のほうが、*constitution* という西洋語のもつニュアンスをうまく捉えていた、と言えそうだからである。

　そもそも上代や中古における「憲法」という語は、「憲」も「法」もともに「のり」なのであって、要するに「応答」とか「柔軟」といった熟語同様に、類

---

*1　1916（大正 4）年に出版された穂積陳重『法窓夜話』（岩波文庫、1980 年）178 頁によれば、「憲法」という訳語を最初に用いたのは箕作麟祥（1846-1897）であり、それは 1873（明治 6）年『フランス六法』の出版に際してであったという。また、「立憲」という日本語もこの頃に用いられ始めるようになるが、この辺りの事情ついてごく簡単には、南野森「立憲主義」同（編）『憲法学の世界』（日本評論社、2013 年）2-14 頁の脚注 1 を参照してほしい。

義の字を重ねただけの語であった。聖徳太子の「憲法十七條」など、『日本書紀』とそれに続く『続日本紀』や『日本後紀』、あるいは『令義解』に登場する「憲法」という語は、まさにそのような「のり」「おきて」を意味するものとして用いられている。そのような、古来たんに「法」という意味しかなかった「憲法」という語に、明治以降、現在の我々が用いるような——つまり法一般ではなく特殊な法としての——意義が与えられたというわけである。

　ところで、憲法学の教科書をみると、たいていその冒頭には、「実質的意味の憲法」や「形式的意味の憲法」、さらには「近代的（あるいは立憲的）意味の憲法」といった耳慣れない言葉が登場するが、これらの３種類の意味は、上記のような憲法という日本語の意味の変遷を踏まえると、理解しやすくなると思われる。

[2] 実質的意味、形式的意味、近代的意味における憲法

　まず、実質的意味における憲法とは、国家を国家たらしめるために必要なルールとか、国家の基本的な構造や権能を定めるルールのことをいう。西洋語における *constitution* がまさにそれであり、司馬遼太郎の巧みな表現にならって「この国のかたち」を定めるもの、と言ってもよいだろう。つまり、「国律」であり、「国憲」であり、「国制」であり、「朝綱」である。国家あるところに憲法あり、などと言われることもある*2。また、ある概説書には、「国家が存在するということと、実質的意味の憲法が存在するということは、同一のことを異なる言い方で述べているにすぎない。チェスが存在するということと、チェスのルールが存在するということが同じであることと事情は同様である」とも書かれている（長谷部恭男『憲法〔第７版〕』〔新世社、2018 年〕5 頁）。チェスのルールが存在していなければ、目の前で行われているゲームがチェスかどうか、人はわからなくなる。それと同様に、実質的意味の憲法が存在していなければ、人は、自分の国

＊2　この意味での憲法のことを「固有の意味」における憲法ということもある。たとえば、芦部信喜（高橋和之補訂）『憲法〔第７版〕』（岩波書店、2019 年）は、「国家は、いかなる社会・経済構造をとる場合でも、必ず政治権力とそれを行使する機関が存在しなければならないが、この機関、権力の組織と作用および相互の関係を規律する規範が、固有の意味の憲法である。この意味の憲法はいかなる時代のいかなる国家にも存在する。」（4-5 頁）と述べる。

の国王が誰なのか、大統領や首相が誰なのか、さらには大臣や役人、国会議員、裁判官、警察官が誰なのか、がわからなくなる（逆の言い方をすれば、なぜ誰々が国王なのか、大統領なのか、首相なのか……がわからなくなる）のである*3。

これに対して、形式的意味の憲法とは、憲法という名称をもつ法文書のことを言う。その結果、現在の日本ではそれは「日本国憲法」であり、戦前の日本ではそれは「大日本帝国憲法」であった、ということになる。現在ではほぼ全ての国家がそれぞれの形式的意味の憲法を有しているが、例外的に、イギリスやイスラエルはそれをもたない。もちろんイギリスもイスラエルも、国家である以上、実質的意味の憲法を有することは言うまでもない。それが憲法という名のまとまった法典としては存在していない、というだけのことである。

なお、実質的意味の憲法のすべてが形式的意味の憲法に書き尽くされているわけではないこと、さらには形式的意味の憲法に書かれていることのすべてが実質的意味の憲法とは必ずしも言えない場合があることにも、それぞれ注意が必要である。実質的意味の憲法の一部は法律に書かれていることもあるし、判例法理や慣習といった不文法によってそれが定められていることもある。また、憲法典の制定は、制定時における政治的な妥協や決定の産物でもあるから、本来実質的意味の憲法とは言えないものが、憲法典に記載されることも時としてみられるのである。以上を現代の日本について要約するなら、日本の実質的意味の憲法の重要な部分は形式的意味の憲法である「日本国憲法」に定められているが、必ずしもそこに網羅されているわけではない、ということになる。

ところで、なぜ、ほとんどの国では、日本のように、国のかたちを定めるルールという意味での実質的意味の憲法の大部分を形式的意味の憲法にまとめているのだろうか。このことを理解するためには、形式的意味の憲法つまり憲法典が通常有する特質をまず理解することが必要である。そしてそうすることで、近代的（立憲的）意味における憲法という、憲法のもう1つの意味が明らかになるはずである。

---

*3 この点については、本章の旧稿「憲法とは何か——その意味・その特色・その目的」南野森（編）『法学の世界』（日本評論社、2013年）10-21頁の13-15頁や、内山奈月＝南野森『憲法主義』（PHP研究所、2014年〔PHP文庫、2015年〕）第1講の参照を乞う。

2　政治権力を制限するための法──立憲主義という考え方

[1] 憲法と他の法律との違い

　憲法には、他の法律にはない特色がいくつかある。まず、憲法は国の「最高法規」である、と言われることがある。憲法が最高法規であるとは、日本国憲法自身が98条1項で定めているように、憲法の「条規に反する法律、命令、詔勅及び国務に関するその他の行為」は「その効力を有しない」、ということを意味する。また、96条には憲法改正の手続が定められているが、それによると、憲法を改正するためには、まず衆・参の各議院で総議員の特別多数の賛成を得たうえで、続いて国民投票により過半数の賛成を得なければならない。これに対して憲法以外の法律は、原則として、各議院で出席議員の過半数の賛成が得られれば改正することができる（56条2項、59条1項参照）。このように、法律に比べて改正要件が加重されている憲法を「硬性憲法」と言い、改正の方法が通常の法律のそれと変わらない憲法を「軟性憲法」と呼ぶ。

　ところで、最高法規性と硬性憲法性という憲法の2つの特徴は、実は1枚のコインの両面であると言ってもよい。硬性憲法であるということは、法律のようには簡単に改正できないということであるが、その目的は、憲法に法律より優越する効力──つまり、憲法違反の法律の効力を否定する力──を認めるためだからである。憲法に反する法律がそれにもかかわらず効力を持ち続けるとすると、憲法の改正を法律の改正より困難にしておく意味はない。たとえば、ある国の硬性憲法が大統領の三選を禁止しているとして、しかし再選された大統領自身は権力のうまみを知ってか三選を望むようになったとする。仮に硬性憲法が最高法規でなく、したがって硬性憲法に反する法律も有効であるとすれば、大統領は、硬性憲法の改正より容易な方途、すなわち大統領三選を認める新しい法律を制定するという手段をとればそれで目的を達成できることになり、つまり硬性憲法の三選禁止規定の意味はなくなる。このことを擬人法で言えば、ある憲法が硬性憲法であるならば、当該憲法自身は、自らが法律に対して優越的効力をもつと考えているはずだ、ということになる。つまり、憲法の最高法規性は、憲法の硬性憲法性に論理的に内包されているのである*4。

このように、憲法には、国の法体系において他の法律にはない特権的な位置づけが与えられており（最高法規性）、そして他の法律とは異なり容易には改正できない特質が与えられている（硬性憲法性）。加えて、現代では多くの国でそのような憲法の性質（とくに最高法規性）を担保するものとして、違憲審査制が発達している*5。

　そこでつぎに、憲法がこれらの特徴を備えている理由を考えておこう。

[2] 社会契約論

　多くの国家、とりわけ自由主義・民主主義の国家が形式的意味の憲法をもち、それに上述のような特色をもたせていることには、一定の共通する理由がある。それは、近代西洋の新旧大陸において、憲法典を制定するという知的営みが「発明」されたことに遡る。

　現代の日本社会に生きる我々は、自分の生命や財産が日々誰かに狙われていると感じることはあまりない。そのような平和な社会で暮らすことができるのは、それなりにきちんとした日本という法治国家が存在するからである。他人の財産や生命を奪うような悪党がいたら、国家が捕まえ処罰してくれる（はずである）。多くの人はそれを知っているから、狙いたい財産や生命が仮にあったとしても、ふつうは実行を思いとどまる（はずである）。しかし、国家が存在せず、したがって警察も裁判所も存在しない原始的な世界（自然状態）では、人は自分の生命や財産を守るため、自ら侵害者に対して闘わざるをえない。そこに権威ある裁定者は存在しないから、放っておくと「万人の万人に対する闘争」（ホッブズ）になってしまう。このような悲惨な状態から抜け出すために、人々は全員で権威ある第三者を作り出すことを約束し、それ以降はこの第三者の判断に従うことで平和を達成しようとした。これが、かの有名な社会契約の物語である。

---

*4 「したがって、たとえば日本国憲法98条1項も、硬性憲法であることを明らかにした96条から当然に導き出される結論を確認する意味をもつにとどまる」（芦部信喜『憲法学Ⅰ』〔有斐閣、1992年〕55頁）。

*5 違憲審査制については、南野森「違憲審査制」宍戸常寿＝林知更（編）『総点検 日本国憲法の70年』（岩波書店、2018年）242-251頁を参照してほしい。

もちろん、歴史的事実として社会契約が結ばれたというわけではない。社会契約論とは、17世紀の啓蒙思想家たちが、国家なり君主なりの権威に従って人々が生きている現実を前にして、そのような国家・君主の存在をいかに正当化すべきかを考えた末に作り上げた1つの説明の仕方である。そして重要なことは、人々が生まれながらにしてもつ権利（人権＝自然権）を保障するために人々が国家を作り出したのだという社会契約論の考え方は、現存の国家の権威を正当化すると同時に、そのことの裏返しとして、国家権力の「目的外使用」、つまり国家が人々の人権＝自然権を侵害することを許さない、という意味で国家権力を限界づける論理をも含んでいるということである。国家権力が不当な権力行使をした場合、人々はそのような国家に対して抵抗する権利をもつという主張（ロック）は、ここから出てくるのである。

　以上のような社会契約論の考え方と、その前提にある、人は生まれながらにして一定の奪うことのできない権利を有しているという自然権の思想とに基づいて、実際に新しい国家を作り出したのが18世紀末の米仏の市民革命である*6。人には生来の人権があることを確認し（1776年米独立宣言、1789年仏人権宣言）、それを確固たるものとするために国家権力を $constitute$ する（1788年米憲法、1791年仏憲法）。国家の行使すべき権力を定め、それを諸統治機構に配分する（権力を分立する）ことで、権力が濫用されて人権を侵害しないようにするための法文書が $constitution$ である、というわけである。そして、このような、憲法によって国家権力を組織し、それを制限することによって人権を保障しようとする考え方が $constitutionalism$ であり、これを日本では──「憲法主義」と訳してもよかったはずであるが──「立憲主義」と訳してきた。1789年フランス人権宣言の16条は、「権利が保障されず、権力が分立されていない社会には、憲法は存在しない」と宣言し、この立場を明らかにしている。そして、このような考え方に立つ憲法のことを、とくに近代的（あるいは立憲的）意味における憲法と呼ぶのである。

---

*6　詳しくは、南野森「人権の概念──憲法・憲法学と『人権』」同（編）『憲法学の世界』（前掲注1）120-134頁の参照を乞う。

3 立憲主義の困難

　以上のような特色を現代の多くの憲法がもつようになったのは、立憲主義の理想を実現するために、2 世紀に及ぶ歴史のなかで人類が工夫を重ねてきた結果であると言える。

　まず、立憲的意味の憲法を形式的意味の憲法として作り、それを硬性憲法かつ最高法規とするのは、権力（者）制限のための知恵である。権力を制限するためのルールは、権力にとっては面白くないルールのはずである（上述の大統領三選禁止規定の例を想起してほしい）。ルールに従わなくてはならないという前提が共有されている——それは法治国家たることの最低限の条件である——としても、そのルールをルールに従って変えることが容易であれば、ルールに従うことの窮屈さ（つまりルールの拘束力）は小さくなる。したがって権力にとって面白くない権力制限のためのルールは、時の多数派によっても簡単には変えられないように「硬く」されるのである。

　つぎに、しかしながら、憲法が硬性憲法であり最高法規であったとしても、違憲審査制が存在しないところでは、憲法違反の法律が制定された場合、諦めるしかない。旧憲法下に違憲審査制は存在しなかったが、当時の通説的見解を代表した美濃部達吉（1873-1948）が、「法律ハ憲法ニ違反スル規定ヲ設クルヲ得ズ。是レ憲法変更ノ手続ガ普通ノ立法手続ト区別セラルルコトヨリ生ズル当然ノ結果ナリ」として、本章の用語法で言うならば硬性憲法性（旧憲法 73 条 2 項）から憲法の最高法規性を導きながらも、それに続けて、「然レドモ此点ニ於テモ若シ法律ガ憲法違反ノ規定ヲ設ケタルトキハ其法律ハ憲法違反ナルニ拘ラズ尚有効ニ成立シ、其法律ノ内容ヲ審査シテ之ヲ無効ナラシムベキ権力ヲ有スル機関ナキヲ以テ、実際ニハ憲法ガ法律ニ依リ変更セラルルノ結果アルヲ免レズ」[*7]と述べていた通りである。

　これに対して日本国憲法は、違憲審査制を定めてこのような事態が生じること

[*7] 美濃部達吉『憲法撮要』（有斐閣、1923 年）408 頁。

を否定した。つまり、憲法の最高法規性は違憲審査制によって担保され、そうすることによって、憲法の硬性憲法性が有意味なものとなる、というわけである。そして多くの国家で同様の仕組みが採用されている理由は、国家権力を制限し人権を保障するためにはそれが必要不可欠だからである。

　ところが、必要不可欠な条件が十分条件でないことは言うまでもない。たとえば、日本の最高裁判所がその違憲審査権を行使して法律の条文を違憲と判断した最初の例は、刑法の尊属殺重罰規定（旧200条）についてのものであった（最大判昭和48・4・4刑集27巻3号265頁）。最高裁が違憲と判断した以上、当該条文はただちに削除されるか改正されるべきであるが、国会は、実に20年以上も刑法200条の改正を行わなかったのである（1995年に削除）。最高裁判決が国会によって「無視」されるなど、日本国憲法が本来想定していない事態であると言わねばならないが、しかし実際にそのような事態が起きてしまうと、最高裁としては為す術がない、ということをこのエピソードは物語っているだろう*8。

　また、たとえば憲法53条後段には「いづれかの議院の総議員の4分の1以上の要求があれば」、内閣は臨時国会の「召集を決定しなければならない」とはっきりと書かれているが、政治の実例をみると、野党がこの要求をしたにもかかわらず内閣が長期にわたり応じなかったことがある*9。政治の従うべきルール──政治の矩(のり)──としての憲法が政治権力に対してあれやこれやを命じているとしても、肝心の政治権力の側がそれに素直に従わなければ、実は憲法政治にとってはなかなか厳しい状況がそこには広がることになる。憲法99条には、「天皇又は摂政及び国務大臣、国会議員、裁判官その他の公務員」の「この憲法を尊重し擁護する義務」が定められているが、これらの権力者が仮に「この憲法を尊重」しなくなったとしても、そこには何らかの罰則が用意されているわけではない。違憲審査制があるにも関わらず、「実際ニハ憲法ガ法律ニ依リ変更セラルルノ結

---

*8 もう少し詳しくは、内山＝南野『憲法主義』（前掲注3）第4講、および南野「違憲審査制」（前掲注5）246-247頁を参照してほしい。

*9 詳しくは、南野森「安倍政権が臨時国会を開かないのは憲法違反である」ヤフーニュース個人2015年10月24日（https://news.yahoo.co.jp/byline/minaminoshigeru/20151024-00050752）を参照。

果アルヲ免レズ」、あるいは「実際ニハ憲法ガ政治ニ依リ変更セラルルノ結果アルヲ免レズ」とも言うべき事態が、生じうることになる。

　ことほどさように、権力を憲法でしばり、そしてそうすることで憲法を自由の砦たらしめようとする立憲主義なるプロジェクトは、なかなかに容易ならざるものなのである。

　このように考えるなら、憲法12条前段の謂──この憲法が国民に保障する自由及び権利は、国民の不断の努力によつて、これを保持しなければならない──は、実に含蓄に富んでいるように思われないだろうか。今後、憲法の条文、判例、そして憲法政治の実例等を学んでいくに際しては、憲法とは何か、憲法とはどうあるべきものか、そのためには何が必要なのか、といった「大きな問い」をも意識しながら、そうしていってほしい。

　最後に、そのための文献を紹介しておこう。

4　学習ガイド・文献紹介──「憲法学の世界」は深く広い

　[1]　まず、入門段階のものとして、憲法には、学生向けのものに限らず市民向けのものなど、多様な入門書がある。手前味噌ながら、自信をもってお勧めできる一冊が、内山奈月＝南野森『憲法主義──条文には書かれていない本質』（PHP研究所、2014年〔PHP文庫、2015年〕）である。当時現役高校生「アイドル」であった内山奈月さんに、本章筆者が2日間にわたり憲法の「本質」を丁寧に講義したもので、二人のやりとりをほぼそのままに文字に起こしており、大変読みやすく、かつ、実は深いところまで考えさせる内容に仕上がっていると自負している。まず、憲法とはどんなものであるのか、個別の条文を学習する前に、あるいは一通り条文を学習し終えたあとに、本書を読んでみてほしい。さまざまな気づき、発見があるはずである。

　一般的な憲法入門書としては、同書の参考文献欄にも記載しておいたが、日本の憲法学を代表する碩学の手になるものとして、樋口陽一『憲法入門〔6訂〕』（勁草書房、2017年）、また、現在の憲法学の第一人者のものとして、長谷部恭男『憲法とは何か』（岩波新書、2006年）、『憲法入門』（羽鳥書店、2010年）、『日本国憲法』（岩波文庫、2019年）は、いずれも読みやすく、すぐれた入門書

となっている（最後のものは、憲法関連の法文書を集めたうえで、長大な解説が加えられたものである）。

　[2]　そのうえで、教科書をじっくり読んでほしい。少なくとも1冊は講義の担当教員が良いものを勧めてくれるだろうからそれに従うとして、それに加えてさらに読んでおきたいものとしては、日本の憲法（学）の前提・背景にある歴史的・文化的な事情をもきちんと説明してくれる点がとくに優れた教科書である、樋口陽一『憲法〔第3版〕』（創文社、2007年）を挙げたい。本格的な改訂がなされていないのが残念ではあるが、新しいものには、2018年1月時点での「追補」の小冊子が挿入されている。佐藤幸治『日本国憲法論』（成文堂、2011年）、渋谷秀樹『憲法〔第3版〕』（有斐閣、2017年）、辻村みよ子『憲法〔第6版〕』（日本評論社、2018年）、長谷部恭男『憲法〔第7版〕』（新世社、2018年）も、詳しくて信頼がおける単著である。

　教科書ではないが、本章筆者とほぼ同世代の研究者を集め、憲法学の全般にわたりその魅力ある世界を「歴史と理論でひも解く」ことを目指す本として、南野森（編）『憲法学の世界』（日本評論社、2013年）も手に取ってもらえると嬉しい。曽我部真裕＝見平典（編）『古典で読む憲法』（有斐閣、2016年）も優れた副読本であるし、さらに、憲法施行70年に合わせて、やはりほぼ同世代の研究者を集めて作られた本として、宍戸常寿＝林知更（編）『総点検　日本国憲法の70年』（岩波書店、2018年）も推薦したい。日本の憲法学界で「55年世代」などと言われ、憲法学を牽引してきた研究者たちが集う、松井茂記（編著）『スターバックスでカフェラテを飲みながら　憲法を考える』（有斐閣、2016年）も刺激的で面白いだろう。

　[3]　筆者自身の書いたものとしては、本章の脚注で参照したものや、本章の旧稿で紹介したもののほか、最近のものを2本紹介しておきたい。「憲法変動と学説——フランス第五共和政の一例から」待鳥聡史＝駒村圭吾（編）『「憲法改正」の比較政治学』（弘文堂、2016年）200-223頁、および「憲法変動の法理論のために——現代フランス憲法が提供する事例を用いて」全国憲法研究会（編）『憲法問題』第28号（2017年）89-100頁である。いずれもフランス憲法史に題材を

求め、憲法典の常識的な意味からも、憲法学説の圧倒的多数による通説的見解からも、政治権力による憲法解釈と憲法運用が大きく逸れたとき、何が起こり、それはひるがえって憲法というものをどのように捉えるべきことを意味しているのかを検討したものである。読者には驚かれ笑われてしまうかもしれないが、筆者は、いまだに、「憲法って何だろう？」をあれこれ考え続けているのである。

　最後に1つだけ。そもそも筆者がそのような問題に関心を抱き、研究を進めてきたことには、筆者が学生の頃に当時の授業や参考文献で名前を知った、フランスの著名な法哲学者ミシェル・トロペール（Michel Troper）の一連の作品からの影響がある。ユニークで刺激的なトロペール教授の諸論攷を、筆者の好みで10本選び、それを筆者が翻訳し、さらに解説を付して一冊の本にまとめたのが、南野森（編訳）『リアリズムの法解釈理論――ミシェル・トロペール論文撰』（勁草書房、2013年）である。法哲学の理論や憲法史の理論など、必ずしも容易ではないかもしれないが、実に魅力的な法学の世界が展開されている。少しでも覗いてもらえると嬉しい限りである。

第 2 章 民法
民法の位置づけ、有名論点にみる民法の発展

立教大学教授
原田昌和

1 民法とは何か

　教科書などでは、民法は、私法の一般法であると解説されている。法律には、国と国民の間の法律関係について定める憲法や刑法などの「公法」と、国民と国民（以下、「私人」という）の間の法律関係について定める民法や商法などの「私法」とがある。したがって、民法は、私人と私人の間の法律関係について定める法律の一般法であるということになる。

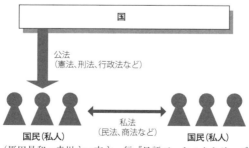

（原田昌和＝寺川永＝吉永一行『日評ベーシックシリーズ民法総則』10 頁【図表1-2】）

　一般法とは、特別法の規定がない場合に適用される法律である。私法の特別法としては、商法、借地借家法、消費者契約法、労働契約法など、さまざまなもの

がある。たとえば、商人同士の取引については、商法に規定がある。商人間の取引については、取引の迅速化や複雑化によって、一般の人々の間の取引とは違った考慮が必要になるためである。また、事業者と消費者の間の取引については消費者契約法に規定がある。これは、事業者と消費者の間には情報収集力や交渉力に非常に大きな格差があるため、対等な者同士の取引とは違った考慮が必要になるためである。こうした特別法がない場合、あるいは、特別法に特別の規定がない場合には、民法が適用される。

　別の言い方をすると、民法は、当事者が個人であろうと会社であろうと、消費者であろうと事業者であろうと銀行であろうと、あるいは、契約が売買契約であろうと、賃貸借契約であろうと、労働契約であろうと、消費者契約であろうと、特別法が特別な定めを置いていない限り、等しく適用される基本のルールということになる。そして特別法は、この基本のルールを前提に、各分野の特性を考慮して、特別な規定を置いているのである。この意味で、民法は、基本科目と呼ばれており、多くの大学では、まず民法の授業で、基本となるルールを勉強し、その知識を前提に、その後、商法その他の特別法について学習するカリキュラムが組まれている。読者は、基本となる民法のルールが特別な場面でどのように修正されているのかに注意しながら、学習するとよいだろう。なお、消費者契約法、借地借家法、製造物責任法など一部の特別法については、民法の授業の中で説明されることも多い。

2　一般法と特別法——民法と消費者契約法

　一般法と特別法の関係を、消費者契約法を例に解説しよう。たとえば、Aが、Bから「手織りのペルシャ絨毯だ」との説明を受け、そう誤信して、高額な絨毯を買ったところ、インドネシア製の機械織の絨毯であることが分かったという事案を考えてみよう（ひとまず、A・Bが個人なのか会社なのかについては考えないでおこう）。民法96条1項は、詐欺に基づいて契約を締結した場合、騙された者は、契約を取消すことができるとして、騙された者に取消権を与えて、その保護を図ることにした。取消しとは、契約はひとまず効力があるけれども、騙された者は、契約をやめにしたいと思えば契約を遡ってなかったことにすること

も、そのまま契約を存続させることもできるということである。

　ここで、Aが消費者、Bが絨毯などの販売を行っている事業者だったとしよう。民法96条1項に基づいて契約を取消すのは、実は簡単なことではない。条文からは必ずしも明らかではないが、詐欺取消しを主張するには、騙した者（欺罔行為者）に、相手方を誤信させる故意と、その誤信に基づいて特定の意思表示をさせようとする故意があったことが必要であるとされている（二段の故意ともいわれる）。騙された者が欺罔行為者によって、いわば操縦されている場合には、自由な意思決定はもはやないから、取消権を与えて保護しようという考え方による。これに対して、二段の故意がない場合には、取消権は与えられない。民法は、当事者が個人か会社かなどは捨象して、抽象的なヒトとして対等な関係として当事者をとらえており、そのような対等な当事者間では、情報の収集や目的物の品質の確認は自己責任であると考えられているためである。

　この二段の故意は、裁判では、騙された者が証明しなければならないとされているが（証明できなければ取消しはできない）、騙した者の内心に関わる問題であるため、その証明は非常に難しい。とくに、騙された者が消費者である場合はなおさらである（裁判には費用も時間もかかるし、事業者が「そんな説明はしていない」「自分も誤解していた」などと言って争うかもしれない）。そもそも事業者と消費者では、情報の収集や目的物の品質の確認などの能力に大きな差があることが通常である。対等な当事者を前提とする民法のルールは、このような消費者契約（事業者と消費者の間で締結される契約を「消費者契約」という）の特性に合わせて修正する必要がある。そこで、消費者契約法という特別法で、二段の故意がなくとも契約を取消すことのできる場合が定められている。すなわち、消費者契約法4条1項によれば、事業者が消費者契約の締結について勧誘をするに際して、消費者に、商品の質などの重要事項について事実と異なることを告げるなど誤認を惹起する行為をし、その誤認によって消費者が契約を締結した場合には、消費者は、事業者の二段の故意を証明することなく、契約を取消すことができる。消費者Aは、民法96条1項によって取り消せなかったとしても、消費者契約法4条1項により、絨毯の売買契約を取消すことができるのである。

3 民法の発展──差押えと相殺を素材に

[1] 問題の状況

続いて、民法自体の問題として、差押えと相殺という論点を例に、民法学がどのように発展してゆくのかを見ることとしよう。やや難しい話になるが、ついてきてほしい。

たとえば、AがBに対して1000万円の金銭債権を有し、他方、BもAに対して1000万円の債権を有するとしよう。この場合、どちらの債権も弁済期にあるのであれば、Bは、一方的な意思表示によって両債権を消滅させることができる。AとBの間で、相互に、金銭を渡し合うというのは明らかに面倒だからである（なお、両債権が弁済期にあるなど、双方の債権が相殺をするのに適した状態にあることを、法律用語で「相殺適状」という。とりあえず、いつでも相殺できる状態になっていることと考えて、先に進もう）。相殺とは、このような、当事者が互いに同種の目的を有する債務を負担する場合において、双方の債務が弁済期にあるときに、それらを対等額において消滅させる一方的意思表示をいう（民法505条1項）。以上のことから、Bは、Aとの間で向かい合った債権債務を有することとなった段階においてすでに、とくに相殺の意思表示をしなくても、ほとんどすでに決済されたのと同様であるとの期待を有することになる（相殺する側Bの債権を自働債権、相殺される側Aの債権を受働債権という）。なお、以上の説明は、Aから相殺する場合にも同様である。

相殺には、担保的機能があると言われる。たとえば、AがBに対して債権αをもち、BがAに対して債権βをもつ場合を考える（どちらも弁済期にあるものとしよう）。この場合に、Aに対して債権を有するCが、強制執行の一環として、債権αを差し押さえたとする（債権が差し押さえられると、債務者は債権者に弁済できなくなり、債権者も弁済を受けられなくなる）。この場合について、民法511条（平成29年改正前のもの）は、支払いの差止め（差押えはこれにあたる）を受けた第三債務者（事例のB）は、その後に取得した債権による相殺をもって差押債権者（事例のC）に対抗することができない、と定めていた。これによれば、事例のBがAに対して債権βを取得したのは差押えの前である

から、Cに対して債権αと債権βとの相殺を対抗することができ、その結果、Cの差押えは不発に終わることになる。この趣旨は、Bが差押え前からAに対して債権を有している場合は、自己の負う債務αは相殺で清算しうると期待しているから、差押えによってこの期待を奪うべきではないが、すでに差押えられていたときは、Bは差押債権者Cに対して債務αを弁済すべきことになり、したがって差押え後にAに対する債権を取得しても、債務αを相殺によって清算しうると期待することは許されない、という点にある。見方を変えると（下の図を見てほしい）、このことは、Bが、同じくAに対して債権を有する他の債権者（C）よりも優先して、相殺によって、受働債権αから自己の債権の回収を図りうることを意味し、いわば、自働債権βについて、受働債権αを担保にとっているのと同じことになる。

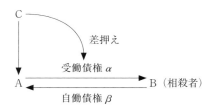

この改正前民法511条の解釈論として問題となったのは、民法511条の単純な反対解釈として、差押えの時に相殺適状にあってすでにいつでも相殺できる状態であった場合に限らず、差押え前に取得した債権でありさえすれば、その後相殺適状になった時点で相殺することができるかである。この問題については、最高裁の立場も変化し、学説上も複数の見解が主張されていたところ、そうした経緯を踏まえて、平成29年改正で、条文上、結論が出されるに至った。以下では、この問題を素材として、民法の発展の実際の様子を見ていくこととしよう。

[2] 判例の展開

この問題について、戦前の最高裁にあたる大審院は、差押えよりも相殺が優先するためには、差押えの時に相殺適状にあること——自働債権βと受働債権αの双方の弁済期が到来していること——が必要であるとしていた（大判明治

31・2・8民録4輯2巻11頁)。

　戦後になって、最高裁は、自働債権βの弁済期は差押え前に到来している必要があるが、受働債権αの弁済期は差押えの時にはまだ到来していなくてもよいとした（最判昭和32・7・19民集11巻7号1297頁）。このような場合には、Bは、自己の負う債務である受働債権αについては期限前に支払うこととして（これを期限の利益の放棄という）相殺することができるのであって、差押えの時に相殺適状にあるのと同じだからである。

　その後、最高裁は、双方の債権の弁済期が差押えの時点でまだ到来していない場合であっても、自働債権βの弁済期が、受働債権αの弁済期よりも先に到来するものであるときには、Bは、将来自働債権βの弁済期が到来した時点で、受働債権αについては期限前に支払うこととして相殺適状を生じさせ、差押債権者Cに対して、相殺を主張できるとした（最大判昭和39・12・23民集18巻10号2217頁。以下、昭和39年判決という）。逆にいえば、受働債権αの弁済期が自働債権βの弁済期よりも先に到来する場合には、差押えの時にすでに相殺適状になっていない限り、Bは、差押債権者Cに相殺を主張できないことになる。このような見解を、差押え前に取得した自働債権での相殺が可能な場面を制限的に解釈しているという意味で、制限説という。

　昭和39年判決の理由は、将来の相殺に関する期待の保護にある。すなわち、自働債権βの弁済期が受働債権αの弁済期よりも先に到来する場合には、Bは、将来自働債権βの弁済期が到来した時点で、受働債権αの期限の利益を放棄して相殺して決済しようという正当な期待を有している。これに対して、受働債権αの弁済期が自働債権βの弁済期よりも先に到来する場合には、差押えられた受働債権αの弁済期が将来到来する時点においては、自働債権βの弁済期はまだ到来していない——自働債権βの債務者Aはその時点ではまだ支払わなくてよい——ので、相殺をして双方の債務を消滅させられないのだから、この場合には、自己の自働債権βをもって将来相殺し債務を免れうるという正当な期待をBが差押え当時に有していたものとはいえない。

　もっともな理由づけのように思われるのであるが、制限説に対しては、とりわけ、相殺者Bの立場になることの多い金融機関からの反対の声が挙がった。すなわち、実務においては、もともとは自働債権βの弁済期が先に到来するはず

であったときであっても、金融機関が自働債権βの返済期限を延長したために、自働債権βと受働債権αの弁済期の先後が入れ替わることがあり、そうした場合には、相殺の期待を保護してよいから、弁済期の先後という偶然の事情によって相殺の可否が決められてしまうのは不当である、というのである。差押えと相殺が実際に問題となる金融の場面では、制限説は不当だというのである。

果たして6年後、最高裁は、昭和39年判決を判例変更して、制限説のような制限を完全に取り払い、自働債権が差押え後に取得されたものでないかぎり、自働債権および受働債権の弁済期の前後を問わず、相殺適状に達しさえすれば、差押え後においても、相殺をなしうるとした（最大判昭和45・6・24民集24巻6号587頁。以下、昭和45年判決という）。これを、無制限説という。

昭和45年判決は、その理由として、相殺の制度は「相殺権を行使する債権者の立場からすれば、債務者の資力が不十分な場合においても、自己の債権については確実かつ十分な弁済を受けたと同様な利益を受けることができる点において、受働債権につきあたかも担保権を有するにも似た地位が与えられるという機能を営むものである。相殺制度のこの目的および機能は、現在の経済社会において取引の助長にも役立つものであるから、この制度によって保護される当事者の地位は、できるかぎり尊重すべきものであって、当事者の一方の債権について差押が行なわれた場合においても、明文の根拠なくして、たやすくこれを否定すべきものではない」と述べている。実質的には、金融機関の主張を入れたものといってよいだろう。

学説上は、制限説を支持する見解、無制限説を支持する見解のほか、制限説をベースとして、弁済期の先後関係だけでなく、相殺予約の有無、質権設定の有無、対立しあう債権の関連性など、取引の実質関係を斟酌して、相殺者の相殺に対する期待利益が、差押債権者の利益よりも保護に値する場合に、相殺の主張を認める見解（合理的期待説）も主張された。合理的期待説は、さまざまな要素を考慮して妥当な解決を図りうる反面、弁済期以外のもろもろの要素をも考慮して合理性を判断するため、一義的に明確な解決が得られないという問題がある。

[3] 民法の改正

平成29年民法改正では、以上の経緯を踏まえて、どのような規定を設けるか

が議論されたが、弁済期の先後という偶然の事情によって相殺の可否が決められるのは不当であるという上記の金融機関の主張や、昭和45年判決以来、無制限説を前提として実務上の運用がされてきており、無制限説を前提とした相殺の担保的機能は社会において広く認知されていることに基づき、無制限説を採用することとされ、次のような規定が設けられることとなった。

　改正民法511条1項　　差押えを受けた債権の第三債務者は、差押え後に取得した債権による相殺をもって差押債権者に対抗することはできないが、差押え前に取得した債権による相殺をもって対抗することができる。

[4] まとめ

　以上のような経緯を読むと、そんなこと初めからきちんと条文に書いておけばよいではないかと思う読者も少なくないだろう。しかし、改正前民法の財産法に関する部分が公布されたのは1896〔明治29〕年（親族や相続に関する部分は1898年。施行はともに1898年）であり、現在のような銀行制度が整えられる過程の時代のことであったから、その当時において上記のような議論を踏まえて条文化しておけというのは無理な相談というものだろう。法は社会とともにあるのであって、社会の発展に伴い、規定の持つ問題点や不明確さが明らかとなり、改めての議論が行われ、発展してゆくものなのである。

　民法には多数の規定があるが、それらはいずれも、立法時や改正時に参照されたドイツやフランスといった国々、あるいは日本におけるさまざまな議論を踏まえて形成され、社会の発展に伴う再吟味を経ながら、受け継がれてきたものである。読者は授業で、多くの判例や学説についての解説を聞くと思うが、それらは、こうした過去の法発展、あるいは今まさに進行している法発展の様子を目にしているのだと思って勉強してほしい。

4　学習ガイド・文献紹介

[1] 民法の学習にあたって

　多くの大学のカリキュラムでは、大学1年の前期あるいは後期から、「民法1」

などの名称で民法総則の講義が始まり、その後、物権、債権総論、契約、不法行為といった形で、おおむね民法の編別にしたがって受講が進んでいく。しかし、民法は、複数の事柄に共通するルールはひとまとめにして前の方に規定するという編纂ルール（これをパンデクテン体系という）をとっているため、民法総則で学習する、民法の始めの方に置かれている条文は、内容が抽象的になり、条文を読んだだけでは、どのような事案を想定して規定されているのかが必ずしも明らかでない。学習の際には、教科書などに書かれているケースをよく読み、条文が想定している事案について、具体的なイメージをもつようにしてほしい。

　このような編纂ルールになっていることとも関係して、民法の学習は、あたかもらせん階段をのぼるようなところがある。1年生の民法総則の授業でよく分からなかったところが、2年生になって債権総論の授業を聞いてよく分かったり、2年生の契約法の授業で分からなかったところが、民法総則の復習をしてみてよく分かったりということが少なくない。一度にすべて理解できなくてもよいので、行ったり来たりしながら、焦らずに根気よく学習してほしい。

　法律用語は、一般の日常用語とは異なる意味をもっていることが多い。本稿で説明したところでは、たとえば、「詐欺」という言葉は、単に誰かを騙すことという単純な意味ではなく、契約を取消すためには「二段の故意」が必要である。また、本稿では登場しなかったが、民法でしばしば登場する「善意」という言葉は、いい人だという意味ではなく、あることを知らないという意味である。法律用語については、常に教科書や法律用語辞典などを使って確認する習慣を身につけてほしい。

[2] 教科書について

　高校までと異なり、大学では、担当教員が指定した「概説書」が教科書となることが多い。これら概説書は、判例や学説の状況などについて解説しているが、決して唯一の正解が書かれているわけではない。大学での学習は、未知の問題について自ら考えることのできる力を養うことが目的であって、教科書の記述は、これまでの議論や著者の思考の軌跡を追体験してもらうことで、読者が自身の思考力を養うことを期待して書かれたものである（したがって、教科書の記述を批判的に考察できることが理想である）。

とはいっても、最低限必要な知識をもっていなければ、批判的な考察はできない。まずは読者の受講している授業で指定されている教科書を読み込んでほしいと思うが、ここでは、民法の入門書として読みやすいシリーズとして、『日評ベーシックシリーズ（NBS）』（日本評論社）を紹介しておきたい。このシリーズは、すでに改正民法に対応したものとして、民法総則、物権法、担保物権法、債権総論、契約法、家族法が出版されているが、進路として必ずしも法曹を目指さない人向けに、これだけは絶対に押さえてほしいという内容を厳選し、各書籍の頭から順に読めることを意識して書かれている。このシリーズのものを何度も読み込んだうえで、『リーガルクエストシリーズ』（有斐閣）や、『新ハイブリッド民法シリーズ』（法律文化社）といった、もう少し厚みのある中級の教科書に進んでいくのがよいだろう。なお、本稿で解説した、民法とは何か、一般法と特別法については、原田昌和＝吉永一行＝寺川永『日評ベーシックシリーズ　民法総則』（日本評論社、2017年）10頁以下・43頁以下を参照してほしい。差押えと相殺の論点については、松尾弘＝松井和彦＝古積健三郎＝原田昌和『新ハイブリッド民法3　債権総論』（法律文化社、2018年）312頁以下に解説がある。

　本章に関連する私の研究論文としては、「攻撃的取引方法からの消費者の保護について——決定自由の重層的保護の視点から」淡路剛久先生古稀『社会の発展と権利の創造——民法・環境法学の最前線』（有斐閣、2012年）237頁がある。この論文は、消費者が他人から何らかの圧迫を受けて意思表示を行った場合について、民法、消費者契約法、特定商取引法による救済手段を比較し、取消権や損害賠償請求権による個別的・事後的な保護手段と、適格消費者団体による差止請求権や行政処分による集団的・事前的な保護手段とが、消費者の意思決定の自由を重層的に保護していることを論じたものである。一般法と特別法、あるいは私法的救済手段と公法的救済手段とが、消費者の決定自由の保護という場面でどのように協働しているのか、興味のある読者は、（外国法についての記述もあり、難しいものではあるが）読んでみてほしい。

[3] 判例の学習について

　差押えと相殺のところでも最高裁判例が出てきたが、民法の学習に際しては、判例の学習が大切である（とくに最高裁判所の裁判例のことを「判例」とい

う）。判例の学習としては、まずは判例教材からスタートするのがよい。これも、『民法判例百選Ⅰ〜Ⅲ〔第8版〕』（有斐閣、2018年）など、読者の受講する授業で指定されている判例教材を読んでほしいと思うが、ここでは、『START UP判例30！シリーズ』（有斐閣）を紹介しておきたい。このシリーズは、とりわけ初学者向けに、事案、判旨、判例のポイントや位置づけについて、見やすいレイアウトで、1判例あたり2頁から3頁の分量で解説したものであり、すでに民法全分野について、改正法対応の内容のものが出版されている。また、重要判例をコンパクトな形で解説している『新・判例ハンドブックシリーズ』（日本評論社）も、改正法対応の内容での刊行が進んでいる。1判例あたり1頁で解説されているため、手元に置いて、要点をさっと把握するのに最適だろう。

[4] 学習方法について

　学習方法に関する文献としては、田高寛貴＝秋山靖浩＝原田昌和『リーガル・リサーチ＆リポート』（有斐閣、2015年）をおすすめしたい。これは、民法を素材に、法学学習の意義や、ゼミでの報告の仕方、レポートの書き方、判例や文献の検索の仕方などを解説しており、有益である。また、横田明美『カフェパウゼで法学を』（弘文堂、2018年）は、民法を素材とするものではないが、1年生から4年生まで段階を追って、授業やゼミでの勉強の仕方、教科書の読み方、卒論の書き方、さらには進路についてまで書かれており、大学生活全般の伴走者として有益だろう。

第3章 刑法
想像または妄想が織りなす魅惑と困惑の世界

慶應義塾大学教授
和田俊憲

1　刑法とは何か

[1] 刑法とは

　刑法は、犯罪と刑罰に関する法である。すなわち、刑法は、どのような条件をそなえた行為に犯罪が成立し、それに対してどのような刑罰が科されるかを定めている法である。

　犯罪とは、それを行ったことを理由にして行為者に刑罰が科されるべき行為をいう。刑罰とは、犯罪を理由として行為者に賦課されるべき法的制裁である。この犯罪と刑罰の説明は堂々巡りである——犯罪の定義に刑罰が入っており、その刑罰の定義に犯罪が含まれている——が、刑法において犯罪と刑罰は完全に対等な車の両輪だということが現れているのであり、そういうものだと思ってまずは一歩を踏み入れる必要がある。

[2] 刑法のいかがわしさ

　ところが、めでたく第一歩を標しても、その入り口付近で刑法に対していかがわしさを強く感じてしまうことがあるので、その問題に触れておこう。

　刑法の目的は法益を保護することにあるというのが、現在の通説的な理解である。たとえば、殺人罪であれば、それは人の生命を保護するために規定されていると説明される。しかし、殺人罪の条文は、「人を殺した者は、死刑又は無期若

しくは5年以上の懲役に処する」（刑法199条）となっている。人の生命の保護を目的としているはずの規定において、あろうことか人が殺されることが前提にされており、人の生命がまったく保護できていないではないか、というのがここでの問題である。

　いやいや、そうではない、法益が侵害されたときにそれを犯罪として処罰することを法律で明示することによって、そして明示した以上は、現に処罰して、将来、同じような犯罪が犯されないように予防を図り、そのようにして法益の保護を目指すのだから、いかがわしくも何ともないというのが一般的な答えである。しかし、われわれは、残念ながら犯罪は決してゼロにはならないと感じており、それはおそらく正しい。そうすると、刑法は、見果てぬ夢のために在り続けているのだろうか。

　要するに、犯罪の発生は刑法の失敗であり、刑法は日々失敗し続けていると考えなければならないのか、しかも、刑法は自らの失敗を内容とする規定を並べているのか、つまり、刑法の条文は、「私が、法益の保護に失敗したときは、私を失敗させた者を処罰する」という内容なのだろうか、そうだとすると違和感が否めないということである。

　違和感を覚えない人は気にせず先に進めばよいが、違和感に悩まされる人には、さしあたりの処方箋として、次のような理屈を示しておこう。

　刑法の目的は、〈犯罪の予防による法益の保護〉ではなく、〈処罰されないことを理由にして法益侵害行為が実行されることを防止し、処罰されないことを理由にして実行される侵害行為から法益を保護すること〉である。そのように考えれば、処罰を条文で明示しているにもかかわらず犯される犯罪は、刑法が失敗した結果ではないことになり、そもそも刑法は基本的に失敗しないという理屈になる。失敗を認めたくない子どもの詭弁のように聞こえてしまうかもしれないが、必然的に失敗するシステムを、薄々そうだと気づきながら変えられない大人よりはましではないだろうか。

　上のように考える場合、刑法の目的との関係で重要なのは、結果として法益が害されるかどうかではなく、法益を侵害する行為の誘因——上の例では、処罰規定がないこと——を刑法が消せているかどうかである。その点で問題となりうるのは、たとえば、自殺できないので死刑に処せられたくて無差別殺人を犯すと

か、あるいは、家も職もないので刑務所に入りたくて窃盗を犯すといった、刑罰が害悪として機能しない場合や、かつて交通犯罪で議論されたいわゆる「逃げ得」の問題——飲酒運転で交通事故を起こしたとき、被害者の救護をするよりも、しないで逃げた方が刑が軽くなりうるという問題——である。これらは報道で聞いたこともあるのではないかと思う。このような問題まで全面的に解決するのは難しいけれども、あらゆる犯罪が刑法の失敗の証であるとするよりは、納得のいく見方ではなかろうか。

[3] 刑法の想像、刑法での想像

　それではその先に進んでいこう。ほかの法分野と比べて、刑法は初期の勉強がしやすいという人が少なくない。扱われる内容が具体的に想像しやすいからである。プープル主権とナシオン主権とか、意思表示が遡及的に取り消されるといった話よりも、殺人罪、監禁罪、窃盗罪、放火罪、因果関係、正当防衛、故意という話の方が、すでに基礎となる常識的イメージがあるために、そのままスムーズに学習を進められそうな印象を与えるのである。

　しばしば耳に入る話によると、そもそも法学自体が、ほかの学問分野とは異なって、日本語で書かれた法文を対象としているために、未修者でも困難を伴わずに理解できるものだという印象をもたれることが稀ではないようである。法律が難しいとすれば、条文や判決に使われる日本語が独特だからであって、それに慣れさえすれば何とかなるに違いない、と。しかし、憲法と民法の学習を始めると、かなり早い段階で、どうもそういう簡単な話ではないらしいということが分かってくる。

　そこで、イメージしやすい刑法が駆け込み寺になりうるが、その望みも打ち砕かれることが多い。それは、刑法が、条文には書かれていないことに規定されている部分が大きく、常識と基本的な論理推論だけでは太刀打ちできない世界だからである。その入門的な説明は筆者の能力を超えるので、以下では、紹介のしかたとしてかなり異色なのではあるが、刑法はほかの法分野に比して、想像を働かせるべき部分が大きいという話をしておこうと思う。想像の対象としての刑法ではなく、刑法の中における想像の話である。

2　想像または妄想の重要性──犯罪の限界を探る

[1] 犯罪論と刑罰論

　刑法が犯罪と刑罰を要素としていることに対応して、学問としての刑法学も犯罪論と刑罰論から構成される。これも車の両輪ではあるが、法学部や法科大学院の「刑法」と名のつく授業では、どの大学でもおそらく9割以上の時間が犯罪論に費やされる。犯罪論は、犯罪が成立するためには、行為がどのような要件を満たす必要があるかを明らかにする分野である。刑罰はなぜ正当化されるのかといった刑罰論の議論も重要ではあるが、犯罪が成立しないことには刑罰も科されず、他方で、犯罪の成立要件は、条文を見るだけでは到底、その全容が明らかにはならないために、まずは犯罪論が重点的に扱われるのである。

　犯罪成立要件の解釈論の内容が膨大になっているのは、刑法の条文が、明治40（西暦1907）年の制定当時、なるべくシンプルで多くを語らないようにするという方針でつくられたことによるところが大きい。そのおかげで、その後の100年以上にわたって時代の変化に伴う新たな事態にも、新たな立法をせずに解釈によって比較的柔軟に対応することができてきたというメリットがある一方で、学生にとっては学習すべき解釈論の量が多いということにもなっているとともに、本来は立法で対応すべきところが改正されずに残されていて、さすがに解釈の無理が限界に近づいているという問題もある。

[2]「人」とは

　さて、犯罪論は、犯罪が成立する範囲の限界を探るところに本質があるので、現実には生じていない事件を想像して、場合によっては妄想ともいえるレベルで検討することに、重要な意味がある。どの法分野でも、適法と違法の境界線を明確にする必要はあるが、刑法の場合は、国民の行動の自由を確保するという観点から、事前にそれが明確になっている必要性が高いために、通常はありえないような事例を考えてでも、犯罪が成立する範囲の限界を明らかにしようとする力が強く働いている。

　たとえば、殺人罪は「人を殺した」ときに成立する。「人」とは何であろう

か。胎児がいつ人になり、人がいつ死者・死体になるかという、人の始期・終期からしてすでに、侃々諤々の議論の対象である。

　終期については、これは死の概念の問題であるが、①脳死すなわち全脳の不可逆的機能停止の時点で人ではなくなるとする見解（脳死説）と、②脳だけでなく心臓と肺も機能停止して初めて人ではなくなるという見解（心臓死説）とが、基本的に対立している。このうち①の見解は、人としての実体的な機能に着目するものであるのに対して、②の見解は、人としての機能が失われていても、まだ血液が循環して温かい身体を死体とみるのは忍びないという感覚に支えられており、これは周囲からみて人のように見えるかどうかという、人を関係的に捉える見解である。

　他方で、始期についていえば、①母体内にあっても母体外で独立して生命を保続できる段階に達していればすでに人だとする見解、②陣痛開始により出産プロセスが始まれば人であるという見解、③胎児の身体の一部（または特に頭部）が母体の外に露出した時点で人になるという見解、④胎児の身体の全部が母体外に出た時点で人になるという見解、⑤母体外で独立して呼吸を始めた時点でようやく人になるという見解などが主張されていることは、これ自体驚きの対象であるが、刑法各論の教科書にはあたかも自然なことであるかのように書いてある。

　近年では、胎児を一時的に母体外に出して手術をして、再び母体内に戻すということが可能になっているようであるが、その一時的に外に出ているときは人として扱われるのか、といった議論まである。さらに、将来、ヒトと他の動物の遺伝子を併せ持つキメラ個体が誕生したとしたら、どのような条件のもとで刑法上「人」として扱うべきかも、問題であろう。

　現状ではあり得ない話をしても意味がないとする向きもあるが、そのような想像・妄想をして初めて、殺人罪で保護される「人」の本質がみえてくるということは十分にありうることである。たとえば、キメラについて、人と同じ外観かどうかを問題にするのであれば、「人」は他人との関係で捉えられるべきものだということになる。これは、死の概念についての心臓死説と親和的だといえるかもしれない。反対に、脳死説の路線だとどうなるだろう。十分な知能があれば、人魚姫やケンタウロスも「人」だろうか。では、ウルトラマンや仮面ライダーやドラえもんは？

[3] 監禁とは

　監禁罪でも妄想してみよう。人を部屋に閉じ込めて外に出られないようにすると監禁罪が成立する。そこで想定している部屋は、さほど広くない部屋であろう。では、閉じ込める領域を大きくしたらどうか。ドーム球場でも監禁罪であろうが、北海道の全体を覆うドームが建設されて、その外に出られないようにしたらどうか。さらに、パスポートを奪って日本から事実上出られないようにした場合はどうだろうか（学部のゼミ生が考えた事例である）。もっと視点を引いてみれば、そもそもわれわれは地球に監禁されているのではないか。

　監禁罪は、場所的に移動する自由を保護しているとされる。しかし、移動の自由がなぜ重要なのかについては、上のように考えて初めてみえてくる側面があるように思われるのである。そのうちに、サイバー空間での監禁が議論される時代がやってくるかもしれず、そのときに役立ちそうな妄想である。

　なお、学習にあたっては、まずもってその犯罪が成立する典型的な事例をおさえることが重要であり、その次に、判例で問題となった事例を理解する必要がある。そのうえで、さらに上記のような想像・妄想をすると理解が深まるはずだということであって、典型例や判例をとばしていきなり妄想の世界に入ってしまうと、単なる知的遊戯に堕してしまうから、注意しないといけない。

3　続・想像または妄想の重要性——主観面を探る

[1] 主観面の想像

　もう一点、刑法が特徴的なのは、人の心理や意思を想像しなければならない場面が少なくないことである。紛争関係者それぞれの利害に配慮するというのは、どの法分野でもみられることであるが、そこで対象とされるのは客観的な利害である。刑法では、それに加えて、人の心の中を具体的に探ることが求められる場面が少なくない。

[2] 被害者の意思の想像

　まず重要なのは、被害者の意思である。犯罪は原則として、被害者の意思に反する行為でなければ成立しない。言い換えれば、被害者の意思に反することが、

多くの犯罪の成立要件となっている。

　たとえば、住居侵入罪や建造物侵入罪は、その住居の居住者や建造物の管理者の意思に反して立ち入った場合にのみ成立する。分譲マンションの共用部分への立入りであれば、住民で組織された管理組合の理事長の意思に反することが、犯罪成立のためには必要であると解される。以下は、自宅マンションの管理組合理事長を務める知り合いの話である。

　理事長に就任するとすぐに、あるテレビ局の番組制作スタッフから連絡が入った。番組の撮影のために、マンションの共用部分への立入許可がほしいというのである。ほかの理事と相談する必要があるので少し時間がほしい旨を伝えると、撮影は明日だという。それではとても間に合わないということで、立入りは許可できない、次回はもっと時間的に余裕をみて連絡いただきたいと伝え、その話は終わったかに思えた。しかし、翌々日、また同じスタッフから連絡がくる。申し訳ございません、許可なしで立ち入って撮影してしまいました、というのである。怒る理事長。明確に許可できないと言ったにもかかわらず、それを無視されたら怒るのも当然である。しかも、撮影した映像は破棄できないという。増大する怒り。

　理事長からすれば、意思に反して立ち入られたという損害があるだけでなく、先方はそこで撮影した映像を使って自らの目的を実現させようとしており、そのことが、単に無許可で立ち入られただけの場合よりも一層、強い怒りを覚える理由になっている。

　一見、無関係に思えるかもしれない話をすれば、被害者に負担させて不正に利益を得るというこの構造は、窃盗と同じである。単に他人の所有物を壊す器物損壊罪よりも、他人から物を奪って自分のものにする窃盗罪の方が刑が格段に重いのであるが（器物損壊罪は最高で懲役3年、窃盗罪は最高で懲役10年）、それは、窃盗罪が、単に被害者に損害を加えるだけでなく、その分、自らが利益を得るという点で、より強い非難に値するからであるとされている。もちろん、上の事件で、撮影班は映像を撮っただけで物を盗ってはいないから、窃盗罪が成立するわけではないが、刑法を勉強すると、理事長の怒りの構造についてこのような分析もできるようになるのである。

　それはともかく、理事長はすぐにほかの理事たちと対応を協議するのである

が、その過程で、問題の番組は、理事長が大好きなタレントが看板を務める娯楽教養番組であることが判明し、それを知ったとたんに、それならば撮影班に立ち入られてもまったく問題ない、撮影した映像も是非放映に使ってほしいという気持ちになったとのこと。人の心理などというものはそういうものであるが、刑法はそれを正面から扱う危うさをもっている。

[3] 被害者の意思の想像を超えた流用

　その危うさが別の形で現れるのが、国家による被害者の意思の借用ともいうべき事態である。

　冒頭で述べたように、犯罪の成立要件と、犯罪が成立したときの国家刑罰権の内容とが、刑法の守備範囲である。刑罰権の主体が国家であることに着目すると、刑法は公法に分類される。その点では、憲法と同類である。しかし、その刑罰権を生じさせる犯罪は、多くの場合、私人が私人の利益を侵害する行為について成立する。そのように私人間の紛争が対象であるという点では、民法との共通性がある。この二重性からもたらされるのが、被害者の意思を借用した国家政策の実現という問題である。

　たとえば、暴力団員がその属性を隠して銀行口座を開設したり、ゴルフ場でプレーしたり不動産を借りたりすると詐欺罪が成立するという裁判所の判断が積み重ねられている。形式上は、銀行やゴルフ場の係員や不動産の貸主の意思に反することが詐欺罪を基礎づけている。しかし、本来、自己名義での口座開設や賃貸借契約、ゴルフプレーなどはそれ自体違法ではないし、被害者もその取引に応じたからといって直ちに財産的な損害を被るわけでもない。そうすると、ここで詐欺罪を認めることには、個々の被害者の意思に反するからというよりも、反社会的勢力の排除のために詐欺罪を流用しているという側面が強い。

　いまのところ詐欺罪の成立が認められている範囲は、学説上の根強い批判はあるものの、結論として妥当な範囲にぎりぎり収まっていると考えられるし、最高裁も、暴力団員であることを隠した取引でも詐欺罪が否定される場合があることを示して抑制を図っているから、いますでに大きな問題が起きているということではない。

　しかし、本来は国会における立法で対応すべき事態であっても、公益の代表者

である検察官が社会秩序維持の観点から看過できないと考えれば、何とか利用できる犯罪類型を無理にでも適用して対象者を起訴し、裁判所もそれを肯定して、解釈によって処罰を確保するということが広く行われると、被害者の意思は、国家の意思の隠れ蓑になりかねないので、注意が必要である。

[4] 犯罪者の意思の想像

さて、刑法の学習を進めると、被害者ではなく、犯罪者の心理を検討しなければならない場面もある。すぐに思いつくのは故意や違法性の意識であるが、ほかにもたとえば中止減免という制度がある（刑法43条ただし書）。

殺人罪を例にすれば、被害者が死亡した殺人既遂よりも、死亡しなかった殺人未遂の方が刑が軽いのは当然であるが、同じ殺人未遂の中でも、外部的な障害によって失敗に終わったという通常の場合――射殺しようとしたが弾が全部はずれた場合や、刺殺しようとして刺したが通行人の通報で病院に搬送された被害者が緊急手術により一命を取り留めた場合――より、犯罪者が「自己の意思により犯罪を中止した」場合の方がさらに軽く扱われることが明文で規定されている。一段と軽いこの扱いは、射殺しようとして1発撃ったあと、まだ弾が残っているのにそれ以上撃つのをやめたような場合や、刺殺しようとして刺したあと、自ら119番通報して被害者を救命したような場合に認められうるが、単に犯罪を中止するだけでなく、「自己の意思により」中止したといえなければならないことから、どのような動機で中止したのかを判断するために、犯罪者の心の中を覗く必要がある。

広義の悔悟――悔悟（自らの行いの悪さを悟り、後悔して心を改めること）、慚愧（自らの行いを恥ずかしく思い、反省すること）、恐懼（事の重大さにおそれを抱き、慎んだ態度をとること）、同情、憐憫（被害者を憐れみ、情けをかけること）、その他これらに類する感情――に基づいて中止したときは、自己の意思によるものとされる（クイズ番組で、りっしんべんの漢字をできるだけ多く書きなさい、と求められたときに大いに役立ちそうな定義である）。逆に、パトカーのサイレンが聞こえたので、逮捕されるのが怖くなってやめたという場合は、自己の意思によらない中止だとする見解が強い。ほかにも、黒猫が通りかかったので何やら不吉だと思ってやめた場合はどうかとか、大嫌いな虫が付いていたの

で生理的に続行できなくなりやめたらどうかとか、そういった事例が検討されている。そして、判例が示している一応の基準は、それを認識して中止する動機となった事情が、一般に犯行継続の障害になるものかどうか、である。黒猫はどうだろうか。

刑法では、このような微妙な感情が、法的に意味のあるものとして扱われるのである。少なくとも主要科目ではほかに例がないことだと思われる。

脳科学の進展に伴って、自由意思の存在が疑われ、それを前提としたときに責任とは何なのかといった問題が議論されてきたが、最近ではさらに、裁判員が量刑判断する際の脳の働きなども研究対象とされるようになってきている。21世紀は脳の時代であるから、刑法が意思の問題として脳に焦点を当てるようになると、そのうち大々的に刑法の時代がやってくるかもしれない。それは、たとえば、犯行中に黒猫を見たときと三毛猫を見たときとで脳活動がどのように異なるかが刑法の授業で語られるという、想像するだけでもわくわくする素敵な時代である。

4　学習ガイド・文献紹介

[1] 定評のある刑法入門

定評のある刑法の入門書としてまず挙げられるべきは、山口厚『刑法入門』（岩波新書、2008年）である。一般向けの新書ではあるが、後半の100頁は刑法総論の神髄であり、学部や法科大学院1年の刑法総論はすべてこれだけでカバーされうるといっても過言ではない。「一流の料理人による、薄味だが出汁の利いたお吸い物のような一冊」と評されている。

刑法だけでなく、刑事訴訟法や刑事政策なども含めた刑事法全体の入門書として最適なのは、井田良『基礎から学ぶ刑事法〔第6版〕』（有斐閣、2017年）である。頻繁に改訂されていて、各種の制度改正に対応した最新の状態が保たれている。この本は、その著者にとっても書籍執筆活動の欠かせない柱になっているようで、今後も改訂され続けそうである。

刊行から時間が経っても内容は不思議と色褪せないのが、町野朔『プレップ刑法〔第3版〕』（弘文堂、2004年）である。はしがきに、「『興奮して眠れなくな

る』というのが本書の特色」と書かれているのを知ってしまうと、読まない手はないであろう。ただし、残念ながら目下、品切れ中・重版未定であるから、図書館か古書店のお世話になる必要がある。

[2] 定評のない刑法入門

　さらに、少し変わった観点から刑法の世界に入りたい向きには、和田俊憲『鉄道と刑法のはなし』（NHK 出版新書、2013 年）と、深町晋也「家族と刑法」（有斐閣 PR 誌「書斎の窓」の連載、2016〜2019 年）をお薦めしておきたい。

　前者は、鉄道がかかわる刑事事件を数多く扱ったものであるが、鉄道ファンでなくても読める内容になっている。自分で書いたことを差し引いても、これまでに読んだあらゆるジャンルの新書の中で屈指の面白さを誇る。

　後者は、鉄道とは違って誰でもいくらかの興味があると思われる家族という観点から刑法を見渡すものである。刑法を一通り勉強した後でも十分すぎるくらいの読み応えがあるので、これが無料で読めるウェブサイト（http://www.yuhikaku.co.jp/shosai/backnumber）にアクセスするのは、気力がある朝か、眠れなくてもよい夜にしよう。

第4章 国際法
主権国家間関係の規律と国際問題への対応

東京大学教授
森 肇志

1 国際法とは何か

[1] 意外と身近な国際法

　「国際法」と言われて、みなさんはどんなイメージを思い浮かべるだろうか？ なんのイメージも浮かばないという人もいるかもしれない。そこでまずは、案外身近に見聞きしているということを確認してみよう。

　2018年4月にアメリカ、イギリス、フランスの三国が、シリアへのミサイル攻撃を行ったことは大きなニュースとなった。その際、同国のアサド政権が同国民に対して化学兵器を使用したことが同攻撃の理由に挙げられた。さまざまな問題が指摘される中で、同攻撃が国際法上合法か否か、という点も問題になった。

　最近サンマの豊漁・不漁といったニュースを聞いたことがある人もいるだろう。2018年は豊漁だったが、その前数年間は不漁だった。そうした不漁は、サンマが日本近海に来る前に中国や台湾の漁船が大量に漁獲することが原因とされる。太平洋上では、日本、中国、台湾の漁船が漁業に従事している。そこでの各国の漁船による漁獲は、自由に行われているのだろうか？ それともなんらかのルールや調整の仕組みがあるのだろうか？ これも国際法の問題になる。

　このように、日々耳にするニュースの一部は、外国や外国との関係に関わるものであり、その背景には、国と国との関係や国際社会における国の行動などについてのルール＝国際法が存在している。そうしたニュースは、今後増えることは

あっても減ることはないだろう。しかもそれらは、一見すると日本の外の遠く離れた世界の出来事のようでありながら、日本の法制度や私たちの生活にも影響を及ぼすことが多くなってきている（→**3**［1］）。

こうしたニュースに出てくる場合も含め、「条約」という言葉は聞いたことがあるだろう。たとえば日米安全保障条約がその１つだが、○○条約というのはいろいろ思い浮かぶのではないだろうか。条約も国際法の１つの類型である（→**2**［1］）。

さらには、みなさんが高校で「政治・経済」や「現代社会」を学んだとしたら、実は国際法もすでに学習しているはず。手元に教科書があれば、「国際関係と国際法」とか、「国家間の関係を律するきまり」といったセクションを見てみよう。そこには国際法の基礎が述べられている。

みなさんは、このようにすでに国際法について学び、日常的に見聞きしているし、社会と広く関われば関わるほど、国際法との接点はますます増えていくことになる。国際法って案外身近なんだなと思っていただいたところで、あらためて国際法の定義を見てみよう。

［2］国際法は可能か？

さきほどざっくりと、国際法を、国と国との関係や国際社会における国の行動などについてのルールと定義したが、より精緻には、「主として主権国家相互の関係を規律する法」と定義されることがある（小寺彰ほか編『講義国際法〔第２版〕』〔有斐閣、2010年〕１頁）*1。主権国家とは主権を有する国家を意味するが、国家が主権を有するとは、自国領域にあるすべての人・物を統治・支配し、対外的にはなにものにも従属しないことを意味する。したがって国際法は、「主として、なにものにも従属しないもの相互の関係を規律する法」ということになる。

しかし、「なにものにも従属しないもの相互の関係を規律する」ことなどでき

---

*1 「主として」とされているのは、主権国家だけでなく、国際連合のような国際組織や個人も、国際法によって規律されることがある（増えてきている）からである。

るのだろうか？　まさにこの点が、国際法の難しさと面白さにつながるポイントである。この点を出発点に、国際法の世界を概観してみよう。

2　国際法の形成・適用・執行・遵守

[1]　国際法の形成

　国際社会には、国内社会における国会や議会のような集権的な立法機関は存在しない。国連総会も、国家を拘束する決定を行うことはできないので立法機関とは言い難い。では国際法はどのようにして形成されるのだろうか？

　国際法の主要な存在形式として、条約と慣習国際法とがある。

　条約は国家間の文書による約束（明示の合意）である。条約（treaty）という名称に限られず、国際連合憲章（Charter）、世界貿易機関（WTO）協定（Agreement）、国連連盟規約（Convention）、京都議定書（Protocol）といった様々な名称のものが含まれる。主権国家は「なにものにも従属しない」ので、他者が勝手に決めたことには従わない。自国が同意して、相手国も同意して、そこで成立した合意（条約）に従うことになる。

　慣習国際法は、多数の国家が繰り返した慣行があり、その慣行が権利の行使または義務の履行であるという諸国の認識（法的信念 opinion juris）に支えられる場合に成立する。諸国の認識をどのように理解するかは本当に難しい問題だが*2、ここでも、国家の認識が重要な役割を果たしている。

　慣習国際法は原則として世界中のすべての国が拘束されるものと考えられるのに対し、条約は明示の合意なので、同意をした国＝条約を結んだ国（締約国、当事国）だけを拘束する＝従わなければならない。二国の間で結ばれる条約（二国間条約。たとえば日米安保条約）がそれを結んだ国だけを拘束する、ということはすぐに理解可能だろう。しかし、多くの国の間で結ばれた条約（多数国間条約）もそれを結んだ国だけを拘束する。現在世界には 200 前後の主権国家がある

---

*2　酒井啓亘＝寺谷広司＝西村弓＝濱本正太郎『国際法』（有斐閣、2011 年）144-153 頁を読んでみよう。

が、国連憲章（193）、国連海洋法条約（167）、国際自由権規約（169）、WTO協定（163）といった、高校の教科書にも出てくるような重要な多数国間条約であっても、すべての国を拘束するわけではない（括弧内は締約国数）。

　このように、国際法や条約は、国内社会における法律とは大きく異なる。第1に、国際法の場合は、憲法典や民法典のようなまとまった法典（「国際法典」なるもの）は存在しない。第2に、国内社会では、国会で法律が制定されれば原則としてすべての者が拘束されるが、条約はそれを結んだ国だけを拘束する。国内法の法典を集めた『○○六法』によく似たものとして『国際条約集』が出版されているが、そこに収録されているすべての条約がすべての国を拘束しているわけではない。そのため、具体的問題について検討する際には、関係する国家が関連する条約に拘束されているか＝当事国であるかについて、条約集の「条約の当事国表」で確認しなければならない。言い換えれば、ある国（たとえば日本）が拘束されている条約（という名の国際法）のリストと、別の国（たとえば米国）が拘束されている条約のリストとは、一致しない。世界中の国は、自国にとって必要と考える条約を必要と考える相手と結び、自国が必要と考える条約に参加するのである。国際法の世界は、この点でも複雑であり、そうであるからこそ面白い。

[2] 国際法の適用・執行・遵守

　国際社会には、今のところ国内社会におけるような警察も存在しないし、裁判も当然に行われるわけではない。裁判は当事者たる双方の国が合意してはじめて行われるというのが基本である（最近は、一定の事項について裁判に付託することにあらかじめ同意しておくことが増えてきている）。このように国際法は、法の適用・執行についても、国内社会のように集権化されておらず、分権的である。にもかかわらず、貿易、国際通信、国際航空など、さまざまな分野において、条約が結ばれ、それにしたがって日々の活動が行われている。あまり意識されることはないが、こうした分野では、日常的に国際法が遵守され、実現されている（もちろん、国家が国際法を守らないことはある。2003年の米国によるイラクに対する武力行使（イラク戦争）は、国際法上違法と解されている）。

　では国家はなぜ、国際法を守るのだろうか？

　第1に、国家は国際社会において国際法というもの・制度を必要としているか

らである。国家は、なんらのルールもない国際社会よりは、一定のルールがある国際社会を望んでいる。したがって、国際法の存在を完全に否定するとか、それをむやみに破るということは、国家自身の利益に反することになると考えている（上述のイラク戦争に際しても、米国は国際法に違反していないと主張した。国際法など守る必要がないと主張したわけではない）。

　第2に、国際法は、そもそも国家間の合意によって作られ（条約）、あるいはその形成において国家の認識が重要な役割を果たす（慣習法）からである。とくに条約について言えば、上から押し付けられるのではなく自ら合意して作るのであって、守ることのできるルールを作りそれを守る、ということが基本となる（守れないと思ったらその条約を結ばない（入らない）という選択も可能であり、守れなくなったらその条約から脱退することも一般に可能である）。

　第3に、とくに冷戦後は条約の履行・遵守を確保するための手続き（履行確保手続）が充実してきており、これも国家が国際法を守ることを促している。

3　国際法の歴史

　国際法は約400年の歴史を持ち、その中で大きく変化してきており、同時にそうした歴史に裏打ちされた特徴を有している。まずその歴史を概観してみよう。

[1] 国際法の歴史

　国際法の直接の起源は、主権国家が誕生し、主権国家によって構成される近代国際社会が誕生したとされる17世紀のヨーロッパに見出される[*3]。当時の国際法は近代国際法と呼ばれる。

　近代国際法は、国家同士が、互いが主権国家であることを認め合い、相互に領域を区切り、国家の主権・独立・平等を認め合い、他国の内政には干渉しないことを基本とする（主権平等、内政不干渉）。しかし複数の国家が近接する場合、

[*3] もちろん一夜にして近代国際社会が誕生したわけではない。柳原正治『国際法』（放送大学教育振興会、2014年）9-21頁を読んでみよう。

相互に無関係というわけにはいかない。国境を越えるような商業活動はそれ以前から行われていたのであり、その他の点も含め、国家間の関係を調整する必要がある。そのため、外交関係に関するルールが形成され、通商条約などが多数結ばれることになる。海洋の線引きについてもルールが作られ、犯罪人の引渡しについても条約が結ばれた。戦争を行うこと自体は禁止されていなかったが、戦争の遂行方法に関する法なども形成されていく。国家間の同盟条約や、戦争の終結に関する講和条約も重要だった。まさに「主権国家相互の関係を規律する法」である。こうした特徴をとらえて、「共存の国際法」と言われることもある。

近代国際法は19世紀に入って大きく発展する。欧米諸国において、産業革命、交通・通信手段の進歩、国際貿易・金融の拡大、植民地をめぐる利害対立などにより、国家間関係が拡大し、それを調整する必要性が増大したことに対応するものである。17世紀から見られた分野のルールがより精緻化されたことに加え、電信・郵便の普及など新たな交通・通信手段が普及した結果、それらについてヨーロッパ全体での調整が必要となり、多数国間条約が結ばれ、いくつかの国際組織が設立された。後に触れる「協力の国際法」の萌芽とも言える。その一方で、アフリカを対象とした植民地獲得競争を背景として、領域取得に関するルールも形成された。

日本に近代国際法が及ぶようになったのは、欧米諸国の世界進出を背景とする19世紀後半のことである。日本が最初期に結んだ条約は日米和親条約（1854年）や日米修好通商条約（1858年）であり、これらはまさに、外交関係を設定し、国境をまたぐ商業を円滑に進めるための条件（高校の日本史で習ったであろう「領事裁判権」もそれに含まれる）を整えたり、逃亡犯罪人逮捕への協力などを定めるものであった。まずは「共存の国際法」に基づく関係が整備されたとも言える。その後19世紀末以降、日本は上記の国際組織にも加入していった。

20世紀以降、国際法は大きく展開していく。その中で重要なことは、第1に、第一次世界大戦以降、戦争の違法化が進められ、国連憲章に至って国家間の武力行使が原則として禁止されたことである（武力行使禁止原則）。国連憲章は、国際紛争を平和的に解決する義務を確立するとともに武力行使を禁止し、それに違反して武力が行使された場合の集団安全保障体制を規定した。

第2に、第二次世界大戦後、ヨーロッパなどの植民地だった地域が次々と独立

を果たした。その結果、国際法は世界中の国によって形成され、適用されることとなった。

第3に重要なことは、20世紀前半まで各国の裁量が広く認められていた分野が、国際法による規律の対象となったことである。たとえば人権問題であり、貿易に関わる国内政策や地球環境問題などである。20世紀半ば以降、人権の保障、貿易の自由化、地球環境の保護などが国際社会の共通の利益（共通利益）である＝国際的に解決することを必要とする問題であると認められた結果、多数国間条約が結ばれそれらに対する規律が強化されてきた。こうした側面は、共通利益のための協力を実現するという意味で、「協力の国際法」と呼ばれることもある。そこでの規律は、国家間関係自体というよりは各国における政策のあり方を対象とするものである。したがって、そうした規律を国家が国内（法）でどう受け止め、対応していくかという点が重要となる。そのため、国内法学者や国内の実務家からも、条約を中心として国際法が注目されるようになってきているのである。

［2］共通利益の実現と国家の裁量の余地の減少

最後に述べた点をもう少し広げてみよう。

国際社会の共通利益の実現を促進するため多数国間条約が結ばれてきたが、その際、国際組織や会議体（締約国会合）が設立されることが増えている。たとえば自由貿易促進のためのWTO協定によってWTOという国際組織が設立され、地球環境保護のための気候変動枠組条約によって締約国会合（COP）が設置されている。

こうした国際組織や会合は、条約の目的を実現、推進するために新たなルールを作成したり、その条約の実施や履行を促すことを任務としている。気候変動枠組条約は名称通り枠組みだけを作るものであり、具体的なこと、たとえば地球温暖化ガスとしてなにが削減されるべきか、どの国がどの程度削減すべきかといったことはなにも決めていなかった。こうしたことは、条約が発効した後に締約国会合で決めることとされていた。実際、3回目の締約国会合である京都会議（京都で開催された）で具体的なルールが決められた（京都議定書）。具体的なルールを守らせる手続きも、その後の会議において作成された。京都議定書は一定期

間で役割を終えることとなっていたので、2015年にパリで開催された締約国会合において、新たなルールであるパリ協定が作成され、2018年にはパリ協定を実施するための指針が作成された。同様の構造が、WTOや人権条約などに関しても見出される。

このように、現代の国際法においては、国際社会の共通利益を保護・促進するために、多数国間条約を作成し、そうした条約によって設置された国際組織や会議が、条約目的の実現に向けて新たなルールを作成したり、ルールの実施や履行を促すというサイクルが見出される（多数国間条約体制と呼ばれる）。条約目的の実現・促進のために条約が進化していくというイメージであり、こうしたダイナミックな働きによって国際社会の共通利益の促進が図られている。

国際社会の共通利益の促進というと、もちろんよいことのように聞こえる。その一方で、国家の裁量の余地が減るということに注意が必要である。

たとえば地球温暖化ガスの代表的なものは二酸化炭素であり、それは石油や石炭の燃焼などから生じる。京都議定書やパリ協定で課せられた義務を果たすためには地球温暖化ガスの排出を減らすことが必要となり、そのために火力発電所を減らす必要が生じるかもしれない。環境政策、裏返せばエネルギー政策は、もともとは各国が自由に決めることができる＝裁量を有するものであったにもかかわらず、多数国間条約が結ばれ、それが進化することによって、裁量の余地が減少してきているのである。こうしたことは人権や経済政策などについても同様であり、この点が近年大きな問題となってきている。ブレグジット（英国のEUからの離脱）推進派のスローガンが「主権を取り戻す」だったことは象徴的である。

4　国際法の特徴

3［2］では国際法の最先端部分とも言えるところを強調したが、国際法がそうした部分だけで成り立っているわけでは全くない。「共存の国際法」と言われる部分が基層をなし（その内容自体はアップデートされてきている）、その上に「協力の国際法」が積層をなしているという点に注意してほしい。そのことを踏まえた上で、400年の歴史（とくにここ200年程度＝19世紀以降が重要）を思い出しつつ、国際法を勉強する上でとくに意識するとよい点を挙げてみよう。

[1] 国際社会の共通利益と各国の個別的利益

　現代の国際法を理解する上でもっとも重要なことは、国際法によって保護される利益（保護法益）として、国際社会の共通利益（国際社会全体の場合もあれば、諸国の共通利益の場合もある）が認められることになったことである。それ以前は各国の個別的利益のみが認められていたのに対し、現在では、個別的利益と共通利益の双方の存在が（国家自身によっても）認識されている。

　国際社会の共通利益が認められたことは、国際法の義務の構造（特定の国家に対する個別的な義務に対して、すべての国に対して負う義務（対世的義務）の出現）、国際法の役割（「共存の国際法」か「協力の国際法」か）、国際的な紛争あるいは問題のあり方や対応の仕方（裁判と異なる、条約の履行を確保するための手続きの整備）などに大きな変化をもたらした*4。共通利益の認識は、遅くとも19世紀後半には見られるが、そのことが国際法を変化させていると主張されるようになったのは戦間期であり、それが一般的に認められるようになったのは第二次世界大戦後のことである。ただし、共通利益の認識とその発現の時期・態様は、分野によって大きく異なることに注意が必要である。

　また、共通利益を強調していくと、多数国間条約体制における新たなルールの作成や実施・履行の手続きなどを通じ、もともとの各国の合意の範囲を超えていく危険性が生じる。それが現実に生じると、**3** [2]で触れた国家の裁量余地の減少という問題、ひいては条約からの離脱といったことにもつながる。

[2] 国際法の規律密度

　ここまで述べてきたように、国際法は——増築を重ねてきた旅館のように——なかなか複雑なものだが、そうした複雑さを理解するために、最近流行りの（？）「規律密度」という視点から見てみよう*5。規律密度というのは、「法令に

---

*4　国際法が国際組織や個人を規律するようになったのも、共通利益の実現のために国際組織が必要とされ設立されたからであり、また個人の保護や個人の刑事責任を問うことが共通利益であると認識されたからである。

*5　規律密度という視点をさらに立体的にしたものとして、「法化」という視点がある。これについては、森肇志「国際条約のダイナミズム——多数国間条約体制の意義を中心に」法学教室439号

おいてどこまで詳細な規定によって行為者の判断や行動を拘束しているかを示す概念」とされる（磯崎初仁「法令の規律密度と自治立法権」ジュリスト1396号〔2013年〕146頁）。

　従来から、「国際法は国内法とはちがって『穴だらけ』であり（法の欠缺）、諸国は自国に有利な法を『作って*6』、それを埋めようと日夜努力している」と言われてきた（小寺彰『パラダイム国際法』〔有斐閣、2004年〕i頁）。不干渉原則のように、国際法のもっとも根本的な原則の1つでありながら、「学説が主張するような［不干渉原則に関する］法規則はそもそも国家実行上確立しているとは言えず、したがってその意味で、学説上の規則が現実に遵守も適用もされないのは驚くに値しない」とさえ言われる分野もある（藤澤巌「国際法における不干渉原則論の構図（6・完）」千葉大学法学論集31巻1号〔2016年〕33頁）。まさに巨大な「穴」が空いているのである。

　その一方で、現在では、3［2］で述べたように、国家の裁量の余地が減ってきていると言われるほど、国際法の規律が密になってきている分野もある。WTOのように、紛争処理のための仕組みや履行確保のための手続が整備され、さかんに利用されることによって、規律密度が高まってきている分野もある。

　このように、国際法には規律密度がきわめて低い分野から、かなりの程度高くなってきた分野まで、さまざまに存在している。そのこと（規律密度の違い）を意識することは、国際法の各分野を勉強し、国際法を理解する上で有用だろう。

　たとえば国際法による武力の規制はどう位置づけられるだろうか。武力行使禁止原則の構造を、厳格な禁止と明確な例外（集団安全保障と自衛権）として理解するならば、ある武力行使は、明確な例外に該当しなければ違法と判断されることになる。そうだとすれば、規律密度は高いと言えそうである。しかし実際には、［1］で触れたシリアへのミサイル攻撃のように、明確な例外に該当するとは言い難い武力行使は少なくない。しかし、その正当性が主張されるだけでなく、その違法性を主張する国がきわめて限られることもある。このことはどう理

（2017年）99-101頁を参照。
*6　新たな条約を作成するというだけでなく、解釈を通して「穴」を埋めることも含まれる。

解すべきだろうか。もしかしたら、武力行使禁止原則の規律密度はそれほど高くないのかもしれない。

　サンマ漁はどうだろうか。漁獲に関する問題は、まずは国連海洋法条約によって規律される。同条約は320条および9つの附属書からなる、かなり詳細な規定を有する条約である。それでも太平洋上におけるサンマ漁については「穴」があり、その穴を埋める努力が続けられているのである（西村弓「公海漁業規制」法学セミナー765号〔2018年〕31-36頁）。

　このように、国際法の世界は、国際社会のあり方を反映してかなり複雑である。そもそも、「なにものにも従属しないもの相互の関係を規律する」という、不可能とも思えることを行おうとしているのだから、複雑なのも当然だろうか。だからこそ面白いとも言えるだろう。

　どのようにして不可能を可能にするか、その可能な程度はどの程度か（規律密度の問題）、それが行き過ぎれば国家からの反発が生じるのか、それに対してどう対応するか。そうした観点から、国際法の教科書を読み、授業に出てみてはどうだろうか？

5　学習ガイド・文献紹介

①寺谷広司「国際法――国際法は惜しみなく奪ふ。そして与ふ。」南野森（編）『法学の世界』（日本評論社、2013年）44-58頁、玉田大「国際法入門／世界を覆い尽くす法」法学セミナー699号（2013年）7-11頁。

　いずれも本稿と同じ狙いで書かれた国際法入門。どちらも個性的であると同時に、文献紹介も含めて本稿と補完的である。ぜひこれらも読んでみよう。

②森川幸一＝森肇志＝岩月直樹＝藤澤巌＝北村朋史（編）『国際法で世界がわかる――ニュースを読み解く32講』（岩波書店、2016年）

　一般市民や社会人、学生などに向けて、最近のニュースに触れながら国際法を解説する本。予備知識なしで読めるように工夫されている。まずはこの本を読んで、国際的なニュースと国際法がどのように関連しているかを感じてみよう。国

際法を勉強するモチベーションが上がるだろう。

③授業で指定される教科書を読むときに、一部分でもよいから他の教科書類と比べて読んでみよう。案外違ったことが書いてある。さて、いずれが正しいのだろう。なぜそうした違いがあるのだろう。そういったことを考え始めると、（国際）法学の勉強も楽しくなるだろう。比較対象として、いわゆる教科書と少し違ったものとして小寺彰『パラダイム国際法』（有斐閣、2004年）、松井芳郎『国際法から世界を見る〔第3版〕』（東信堂、2011年）を、詳細な教科書として酒井啓亘＝寺谷広司＝西村弓＝濱本正太郎『国際法』（有斐閣、2011年）を薦めたい。

④各条約がどんなことを定めているのか、あるいは国際法上どのようなことが最近議論されているのかといったことは、教科書には書かれていない場合も多い。前者については、3［2］で触れた条約のダイナミズムや国内法との関係も含めて『法学教室』の連載（2015年10月号から2017年9月号）「国際条約の世界」を、後者については『法学セミナー』の特集（2018年9月号）「国際法の最新論点」を読んでみよう。

⑤本稿執筆者の著作として、『自衛権の基層』（東京大学出版会・2009年）がある。「自衛権」について、19世紀半ばから国連憲章の作成時期までの議論の展開を追ったものである。2人の代表的な論者が「まったく違ったことを書いている」ということを出発点として検討を始め、「全然違った」結論に辿り着いた。まずは問題設定のプロセス（序論・第1部）に注目してほしい。

海外留学よもやま話❶

[ドイツ]
究極の国際都市ハンブルクでの在外研修

ハンブルク・マックスプランク研究所の正面
建物の後ろにはアルスター湖が広がる

大阪大学准教授
青竹美佳

1　ハンブルクの自然と人々

　ドイツのハンブルクにある、マックスプランク外国私法・国際私法研究所（Max-Planck-Institut für ausländisches und internationales Privatrecht Hamburg）で、客員研究員（Gastwissenschaftler）として1年8カ月間在外研修をしている。2017年3月末にハンブルク入りした時には、大都会にもかかわらず自然が豊かで公園の数が多いことに驚かされた。4月には桜が咲きはじめ、5月くらいからはアジサイ、バラ、チューリップを始めとする様々な種類の植物が街を華やかにする。リスは年中見ることができるし、野生のウサギなどに道路で出くわすこともある。

　ハンブルクの休日の午後には、ボールを持って、ひいきのサッカーチームのユニフォームに身を包んだ男の子が、1人、また1人と公園に向かって歩いて行くのをよくみかける。サッカーは、ハンブルクで一番人気のスポーツで、大人も子どもも一緒になって公園でプレーをする姿がみられる。公園のサッカーは、もとから知っている友達だけでプレーするのではなく、たいていは、誰かがサッカーをしていると、次々に近所の人が来て加わっていくというスタイルである。国籍、男女、年齢を問わず、初対面であろうと、下手であっても、そんなことは全く関係ない。サッカーが好きな人は誰でも大歓迎なのである。

　公園ではお互いに気さくに声をかけ合うのが通常で、家族や趣味の話などで盛り上がることが多い。初対面なのに、家族の複雑な関係などを当たり前のように話す人が稀ではない。ハンブルクの人は本当に話好きで、フレンドリーな

人が多いと感じる。また、異文化に興味をもつ人が多く、時々、日本の食べ物や気候、観光スポットのことなど質問攻めにあうこともある。

　特に印象的なのは、ハンブルクのほとんどの人が英語を話すということである。ドイツ語を母語にしない人がハンブルクには多く住んでいるので、英語を話す環境が備わっているといえる。ある夏祭りで、ウィンナーを買うために並んでいると、小学生の男の子が、「あなたは行列（Schlange ドイツ語で蛇の意味）に並んでいますか？」という内容を、こちらがドイツ人ではないとみて、英語で"Are . . you...snake?（あなたは蛇ですか？）"と話しかけてきたのが可笑しくまた可愛かった。間違いをおそれずに知っている英語を使おうとする姿勢に感心したし、小さな男の子が、明らかにドイツ人ではなく知り合いでもない者にも抵抗なく自然に話しかけることがその時の筆者にとっては異文化のことであり素晴らしいことのように思えた。しかし、ハンブルクにいる時間が長くなるにつれて、これは特別なことではなく、当たり前のことと感じるようになった。

　また、環境や食生活に対して強い信念や志向を持った人にもよく出会った。プラスティックは環境への配慮から極力あるいは一切使うべきではない、と主張する人が非常に多い。食べ物に関しては、ビオ製品志向の人が多く、卵や肉など、通常の 1.5 倍以上の値がついてもあえて選んで買っている人がいる。また、アレルギー以外の理由でも肉・魚を食べないベジタリアン、肉・魚・卵や乳製品など動物由来の製品を一切食べないヴィーガンの人が 10 人に 1 人以上いるように感じる。そして、周りの人たちも、多様な個人の信念や志向を尊重しようとする傾向がある。

2　研究所の様子

　研究所は、外国私法と国際私法を専門としていることもあり、研究者の出身地は様々であり、驚くほど国際的である。例としてこれまで筆者の机の隣に座っていた研究者の出身国を順にあげると、オーストリア、エストニア、ブラジル、ドイツ、再びブラジル、イタリア、ハンガリー、スイスである。研究所内ではドイツ語か英語が共通の言語になっているが、研究所内のカフェでは、トルコ語、スペイン語、イタリア語、アラビア語、それに日本語もよく耳にす

る。自分の研究領域に近い分野を研究している人に出会うと、その人の母国での法律関係や議論はどうなっているのか、という話が展開することになる。また、学問的な話だけではなく、政治や宗教の話から、食べ物や気候の話など、色々な情報を交換することができる。ある時、研究所のカフェで、ドイツ人の研究者と、トルコ人の研究者、ギリシャ人の研究者が、お互いの信仰する宗教の教義がどの点で共通するか、どの点が異なるかということを真剣に話す場面に出くわした。日本では宗教の話をすることは、タブーというほどではなくても場の空気が悪くなる可能性を考え、避けた方がいいという雰囲気がある。しかし、研究所の中での議論では、宗教はその国の文化や国民性に深くかかわることとして重要なトピックとみられている。そこでは、相手の信じる宗教を否定しようとする姿勢は全くみられず、一貫してお互いを理解しようという姿勢がみられ、互いに敬意を払っておりそれは感動的な光景であった。

　研究や政治、宗教の話で真剣に議論されることもあるが、もちろんその他の雑談で盛り上がることが多い。研究所の雰囲気は明るく、ユーモアのある人が多い。筆者が日本語の論文などを読んでいるのをのぞき込んで、"It's all Greek to me（私にはギリシャ語のように全く分からない）"と、ギリシャ人の研究者が言って、その場を笑いの渦で包んだことがある。

3　研究会

　研究所内では週に1回程度研究会、論文の報告会が開催され、いつも議論が活発である。使用される言語は、ドイツ語以外に英語のこともあり、まれではあるがスペイン語や中国語での報告もあった。報告者がドイツ語で報告し、参加者は英語で質問し、これに報告者が英語とドイツ語で答えるということもあるし、報告者がドイツ語で報告しながら必要に応じて英語で説明するということもある。場合によってはイタリア語、中国語、アラビア語などの法律用語が議論に登場することもある。このように必要に応じてドイツ語や英語を操り、その他の言語も場合に応じて登場するというのが、ハンブルクスタイルである、と思う。

　テーマも外国私法、国際私法の中で偏りがなく、様々であり、毎回とても興味深い。この間取り上げられたテーマの一例を挙げると、「ドイツ法とオース

トリア法での契約の解消における価値評価の調和」、「中国の資本会社における決議の瑕疵を争う訴訟」、「イスラム法における私的自治と改正：サウジアラビアの身代金離婚の例をもとに」、「契約の締結：意思表示の効力発生での契約の成立」（比較法：ドイツ法、イギリス法、日本法）、「自動運転車の責任：改正の必要性があるか？」（ヨーロッパ法）、「相続財産の清算と法文化」（比較法：ローマ法、フランス法、イギリス法、ドイツ法）、「地域研究と比較法研究の歴史的および政治的広がり―ヨーロッパからみた日本」などである。

ハンブルク大学法学部の図書館
平日は朝7時から夜11時まで開いている

　ヨーロッパ法とは根本的に異なる法を比較法の対象にした報告の場合に、やはり比較する意味が問われてくるのはもちろんのことであるが、異なる法から何かを学び取るという姿勢をもっている人が研究所には多い。あるドイツ人の研究者が、イスラム法を比較の対象にした研究会の終了後に、「違っていて面白いですね」という発言をしたことが象徴的である。

4　日本法研究

　ところで、研究所では、日本法シンポジウムも開催される。また、日本法をテーマにしてドイツ語または英語で書かれた法学雑誌である日本法ジャーナル（Zeitschrift für japanisches Recht）が発行されている。ここの研究所には、外国私法の看板が掲げられているため、中国法、ラテンアメリカ法、イスラム法、ロシア・CIS法などの研究部門があり、それらとならんで、日本法の研究部門が存在する。日本でも著名であるが、バウム（Harald Baum）教授が日本法研究部門を率いていらっしゃる。バウム先生はドイツの研究者と日本法の研究者の共同研究を盛り上げるために尽力され、しかもいつも大変親切に接してくださる。筆者は、この日本法の研究部門の方にドイツ語を含めた研究の面やハンブルクでの生活の面で大変お世話になり、勉強させていただくことができた。

　筆者の滞在中の2017年には、日本では債権法改正が成立した。また、同年

には相続法の改正案が法制審議会で盛んに議論され、中間試案のあとの要綱案が発表された。そして、2018年7月には改正相続法が成立することとなった。筆者は相続法を研究テーマにしているために、バウム先生には、筆者が研究所に入るとすぐに、日本の相続法改正のドイツ語での紹介と分析を、ガブリエル・コツィオール（Gabriele Koziol）先生と共同研究で行うことをご提案いただき、共同研究の成果を上述の日本法シンポジウムや日本法ジャーナルで発表した。コツィオール先生と共に日本の相続法改正の最新の情報を研究所で様々な国の研究者に発信し、各国の研究者から直接意見を聞くことができたのは、大変貴重な経験であった。

5　ハンブルク大学

ところで、研究所から徒歩5分くらいのところにハンブルク大学がある。大学は、学生ではなくても、興味がある研究者の聴講を歓迎する雰囲気に包まれている。現在（2018年12月）は冬セメスターの時期であり、マンコウスキ（Peter Mankowski）教授の相続法の講義を聴講させていただいている。200人以上が履修登録をする大きな講義である。マンコウスキ教授の講義は少し誇張して表現すればまるで舞台でお芝居を観ているようである。ドイツ語のもつアクセントやリズムを有意義に活用され、抑揚があってインパクトがあるために内容が耳に入りやすい。受講者も、寝ている者がいないだけではなく、眠そうにしている人は一人もいない。日本語の講義でもこのような力強くリズムのある講義ができるであろうか、と思いをはせながら受講している。

講義室は法学部の図書館とつながっていて、普段は図書館で法曹を目指して勉強しながら、講義の時には、図書館の座席をキープしながら講義室に移動する学生を見かける。法学部の図書館はガラス張りで現代的なお洒落な建物である。法曹を目指して勉強する人が多いために、机の数が多く、勉強するためのスペースが広く、かなり充実した環境である。

また、法学部の学生で、法律事務所の実習に出る人が多く、それもドイツ国外に出る学生が珍しくない。ハンブルク大学法学部の女子学生と知り合いになったが、彼女は10月から2か月間、スペインのマドリッドの法律事務所に実習に出かけ、文化の差や言葉の壁を乗り越えながら充実した期間を過ごしたと

いうことであった。国外で自分が外国人として生活する経験をすれば、ハンブルクに戻ったあとも、ドイツ国外から来た人に対して寛容になることができるであろう。ハンブルクが色々な文化や人種に対して寛容な理由の1つは国外で暮らした経験のある人が多いことにある。

　以上とりとめなくハンブルクとマックスプランク研究所、ハンブルク大学で見聞きしたことを述べてきたが、このコラムでは書き切れないたくさんの面白い経験をすることができ、筆者にとってハンブルクでの経験は人生の宝になっている。したがって、国外で研修をすることを迷っている人がいたら、ちょうど2年前の筆者が諸先輩に勧められたように、ぜひ行ってください、と勧めることになるであろう。

[第2部]
実践的科目
―― 現実社会の中心的な法領域

第5章 行政法
法律に基づく行政、基づかない行政

神戸大学教授
興津征雄

1 行政法とは何か

[1] 行政法の対象——行政とは

　行政法とは、読んで字のごとく、「行政に関する法」である。ここでいう行政は、さしあたり、国家作用から立法権の作用と司法権の作用とを除いた、行政権の作用をイメージすればよい。憲法学およびそれを受けた行政法学の議論では、行政の概念をめぐって学説上の争いがあり、いわゆる控除説（行政とは、国家作用から立法と司法を控除した残りの作用すべてを意味するというように、消極的にのみ定義する学説）が通説であると説明される。本稿も、理論上、このような説明の仕方に異を唱えるものではない。しかし、控除説を前提にすると、行政法の対象がいったいどのような性質や特徴を有するものかが明らかにならないので、以下では、主として学習上の便宜のために、行政法が前提とする行政の概念について、具体的なイメージを与えておくことにする。

　そのような観点からすると、行政の特徴として、以下の2点は異論なく挙げることができると思われる。

　①公益（公共の福祉）の実現
　②人々（私人）の行動の規律（コントロール）

つまり、公益実現のために世の中の人々の行動をコントロールする作用が、行政法が念頭に置く行政であり、行政法とは、それに関する法である。以下、もう少し詳しく述べよう。

[2] 法律による行政の原理

前述のとおり、行政は、公益の実現のために、私人の行動をコントロールしようとする。しかし、私人は、本来は国家に対して行為の自由を持つ。この行為の自由に基づいて、私人が追求する利益を、公益との対比で「私益」という。行政による私人の行動のコントロールは、私人の自由な意思による私益の追求を制限することになるため、公益と私益は対立する面がある。このような面において、公益と私益との関係をどのようにとらえるか、それらの対立をどのように解決するかが、行政法の重要な課題であり、存在意義そのものといっても過言ではない。

しかし、行政は、公益さえ理由に掲げれば、私益を自由に制限できる、というわけではもちろんない。そもそも、行政は、何が公益に当たるかを、自由に決められるわけではない。現代の立憲民主主義のもとにおいては、以下の2つの理由により、行政は議会（国会）が制定した法律に従う必要があるとされる。

①民主主義——公益を決めるのは誰か？

ある社会において、何が公益として実現されるべきかを決めるのは、その社会の構成員である人民（国民）であるということが、人民主権（国民主権）によって根拠づけられる。国民の意思をどうやって決定するかは、当該社会における決め方の問題であるが、日本を含む多くの近代国家が採用しているのは代議制民主主義であり、国民によって選挙された議員により構成される議会の決定をもって、国民の決定とする方法がとられている。

議会による決定の方式としては、法律の制定が重要であるが、単なる議決もありうる。日本国憲法のもとでは、予算その他の財政事項（83条以下）や条約の承認（61条・73条3号ただし書）などが、法律ではなく国会の議決の対象とされている。

②法治主義——法律による私益の保護

　前述のとおり、私人は、国家に対して行為の自由を持つので、その自由を制限するには、本来は当該私人の意思に基づく必要がある。しかし、行政が私人の自由やそれに基づく私益の追求を制限する際に、いちいち同意を求めていたら、行政活動は成り立たないであろう（納税者の同意がなければ税金を払わなくてもよい制度だったら、誰も税金を払わなくなってしまうだろう）。

　そこで、国民の代表者からなる議会が、公益実現のために必要であると認める場合には、同意なくして私益を制限できるとする制度がとられた。その際、議会は、法律の形式を用いて、どのような場合に、どのような目的で、どのような私益を、どのような態様で制限できるかを、あらかじめ定めておかなければならない。適用・執行の平等や公平、法的安定性や予測可能性の確保のためには、その都度その都度の議決によるのではなく、法律という一般的な規範形式を用いることには、合理性がある。この場合の法律は、行政に対する授権と同時に、行政活動を法律の定める範囲内に閉じ込めて、それ以上に私益の制限を許さないという、私益保護の意味を持つ[*1]。

　このように、民主主義と法治主義の2つの契機から、行政活動は法律に従って行われなければならないという「法律による行政の原理」が導かれる。行政法の教科書の一般的な説明によれば、法律による行政の原理は、次の3つの原理に細分化される。①法律の法規創造力、②法律の優位、③法律の留保。

　これらのうち、①法律の法規創造力は、法規範は国会が制定する法律によって定立される――その反面として、行政機関が制定する命令（政省令などの総称）によっては（法律の委任なくして）法規範を定立することができない――こと、②法律の優位は、法律以外の法形式（行政機関の制定する命令および地方公共団体の条例を主として念頭に置く）と法律との上下関係を定める（法律が優位し、

[*1] 地方公共団体の行政活動は、法律のほかに、地方議会の議決により制定される条例を根拠として行われることがある。法律と条例の関係については複雑な問題があるが、本稿では扱えないので、以下の説明では、地方公共団体の行政活動に関する限り、法律と条例とを互換的に考えてよい。

それに違反した法形式は効力を持たない）ことを、それぞれ内容とするが、本稿では詳しく扱えない。以下では、③法律の留保の分析を通じて、行政法が行政と法律との関係をどのように取り扱っているかを示し、行政法の世界への案内を試みることにしたい。

2 法律の留保の意味

[1] 法律の留保とは

　法律の留保とは、ある一定の行政活動が法律に留保されていること、すなわち、法律の根拠がなければ行うことが許されないことを意味する（明治憲法のもとでは、憲法上の権利を法律で制限しうることを「法律の留保」と呼んでいたが、ここでの問題とは直接は関係がない）。このようにいうと、次のような疑問が生じるかもしれない——「ある一定の行政活動」ということは、逆にいうと、法律に留保されていない行政活動も存在するのか？　そのような行政活動は、法律の根拠がなくても行うことができるのか？　だとすると、法律による行政の原理に反することにはならないのか？　これらの問いに対する答えはすべて「はい」（最後の疑問に対しては「反することにはならない」）である。法律の留保という概念は、法律の留保に服さない行政活動の存在を前提にしたものであり、それには理由がある。2つの観点から説明しよう。

　第1に、法律の留保は、ただ単に「行政活動は法律に従って行われなければならない」とう要請にとどまらない、内容の濃い原理だということである。その濃さは、法律の留保が要求する法律の根拠の内容にある。これも教科書的な説明によれば、行政活動を規律する法律の規定は、次の3つに分類できる。①組織規範——行政組織の設立と、その任務および所掌事務を定める規範。②根拠規範——行政活動の権限を授権し、その要件と効果について定める規範。③規制規範——行政機関がある行政活動をしうることを前提として、その行政活動が適正に行われるための手続などを定める規範。法律の留保の原理は、これらのうち、②根拠規範による根拠づけを要求するものである（なお、その前提として、当該行政活動が当該行政機関の所掌事務の範囲に含まれること——①組織規範による根拠づけを伴うこと——もまた要求される）。

たとえば、国土交通省設置法という法律は、国土交通省という行政組織を設置し、その任務および所掌事務を定める組織規範であるが、同法4条1項6号は、同省の所掌事務として、「土地の使用及び収用に関すること」を挙げている。しかし、道路建設などの公共事業のために用地の取得が必要になったとしても、この規定を根拠として、土地所有権を強制的に取得する土地収用を行うことは許されない。法律の留保の原理によれば、土地収用法という法律が、しかるべき行政機関に土地収用の権限を授権し、その要件および効果を定めてはじめて、土地収用という行政活動が可能になるのである。この場合の土地収用法（の当該規定）が、根拠規範である。

　第2に、根拠規範による根拠づけを伴わない行政活動も現に存在するし、その必要性も認められる。たとえば、大災害など法律の予期していない緊急事態が生じた場合に、行政機関が既存の法律には抵触しない形で、しかし明確な法律の根拠なく、対応措置をとることがある。2011年の東日本大震災に際して、当時の内閣総理大臣が、電力会社に対し原子力発電所の運転停止を要請したのは、その例だとされる（後記 **4** の原田論文参照）。このような場合に、法律の根拠がなければ行政は何もできないと考えるのは現実的ではないし、多くの場合には国民の期待にも反する。緊急事態でなくても、地方公共団体の行政機関は、日常生活のさまざまな局面で市民の相談に乗ったり、その他もろもろのサービスを提供したりしているが、明確な根拠規範がないことも多い。議会としても、ありとあらゆる行政活動の根拠を法律や条例に書き込んでおかなければならないとすると、議事がパンクしてしまうので、根拠規範なくして行政が活動しうる余地を認めざるをえない。

　もちろん、だからといって行政にフリーハンドを与えてよいことにはならないから、あらかじめ、根拠規範がなくても行えることと、なければ行えないこととを区別しておく必要がある。法律の留保とは、後者のタイプの行政活動の範囲を定めるものであり、その基準の探求が、行政法学説の課題となる。

[2] 侵害留保原理

　法律の留保が及ぶ最小限の範囲を画する基準として、学説および実務が一致して認めるのが、侵害留保原理である。侵害留保原理とは、侵害的行政活動——私

人の権利を制限し、または義務を賦課する効果を伴う行政活動——は、法律の根拠がなければ行えないとする考え方である。租税の賦課徴収や、土地収用は、財産（権）の剥奪を伴う侵害的行政活動の典型例であり、根拠規範がなければすることができない。飲食店の営業を許可制とすることは、許可を与えるという局面に限れば侵害には当たらないように見えるが、許可を受けなければ飲食店の営業をしてはならないという禁止（不作為義務の賦課）を伴うので、結局は法律の根拠が必要である。

　逆に、侵害留保原理によっては当然には法律の根拠が必要とされないタイプの行政活動としては、次の２つがある。１つは、行政機関による財やサービスの提供を目的とした給付的行政活動である。各種の社会保障給付（年金、生活保護など）や、補助金の交付が、これに当たる。もう１つは、私人の任意の協力や同意を前提として行われる任意的行政活動（非権力的行政活動ともいう）である。公共事業のための用地取得は、通常は土地収用の手続を発動する前に、用地を必要とする事業主体が土地所有者と買収交渉を行い、代金その他の条件が折り合えば、民法上の売買契約を締結することにより用地取得が行われる。これを任意買収というが、土地収用と異なり、相手方の同意が存在するので、侵害的行政活動には当たらず、法律の根拠は必要ないとされる。前述した電力会社に対する内閣総理大臣の要請も、あくまでも要請であって電力会社を義務付ける効果は持たない（つまり電力会社は要請に従うかどうかは任意である）から、任意的行政活動の一種である行政指導と位置づけられる。

　これを踏まえて、侵害留保原理の対象を正確に言い直すと、次のようになるだろう。つまり、侵害留保原理は、相手方私人の同意を得ないで行われる侵害的行政活動について、法律の根拠を要求する考え方である、と。私人の同意を得ないで行われる行政活動を、任意的（非権力的）行政活動との対比で、権力的行政活動ということがあるから、侵害留保原理の対象は、侵害的かつ権力的な行政活動ということになる。そこで、【図】のように、行政活動を侵害—給付の軸（横軸）と権力—任意の軸（縦軸）とで切って４つの象限に分けると、侵害留保原理は、第Ⅰ象限を対象とする原理である。このことは、一般的な行政法の教科書ではあまり強調されないこともあるが、注意しておく必要がある。

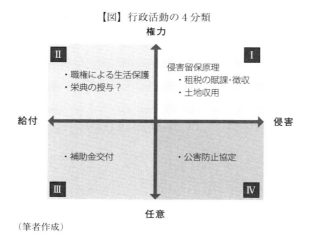

　このように、侵害留保原理は、基準としてわかりやすいし、また、侵害的かつ権力的な行政活動を議会の制定する法律の下に置くという発想は、**1**［2］「法律による行政の原理」で述べた民主主義と法治主義の契機からも自然に導かれるので、出発点としては適切な考え方である。だが、法律の留保の及ぶ範囲がこれに限られるとすると、狭すぎはしないだろうか。行政活動は【図】の第Ⅱ・Ⅲ・Ⅳ象限に広がっているのである。行政法学説は、このような問題意識から、法律の留保が及ぶ範囲の拡張を模索している。以下項目を改めて、このような学説を取り上げる。

3　法律の留保の射程

［1］法治主義

　1［2］で法治主義は私益保護の意味を持つと述べたが、厳密にいえばこれは正確ではない。**2**［1］「法律の留保とは」で述べたとおり侵害留保原理の対象は、第Ⅰ象限（侵害的かつ権力的）だから、侵害留保原理は、私人の利益と意思とが同時に制約される場合のみを対象としている。しかし、侵害留保原理が、私人の利益の保護を目的とするものだとすると、第Ⅳ象限（侵害的かつ任意的）も対象になってよさそうである。そうではなくて、侵害留保原理は私人の意思に反する行政活動からの保護が目的だというのであれば、第Ⅱ象限（給付的かつ権力

的)が対象に含まれそうである。

　たとえば、第Ⅳ象限の例としては、公害防止協定を挙げることができる。公害防止協定は、地方公共団体と公害発生事業者との間で締結される一種の契約であり、法律の定める規制よりも事業者にとって厳しい内容の規制が契約条項として盛り込まれることが多い（法律上許可期限の定めがないのに、公害防止協定において施設の使用期限を設けるなど）。事業者としては、それと引換えに、地域住民の理解を得て、事業場（工場や産業廃棄物処理施設など）の設置を受け入れてもらうなどの目的で協定を締結する。この種の契約は、事業者が反対給付としてどのような利得を得るのかが明確ではないにもかかわらず、地域住民やその意を受けた地方公共団体の圧力により、やむなく締結されることも少なくないと推測される。もっとも、だからといって強迫（民法96条）などの取消事由に該当するとまで解されるケースは少なく、公序良俗（民法90条）などの強行規定にも違反していなければ、契約として有効であり、法的拘束力を有するとされる。そして、事業者は自らの任意の意思でそのような負担を引き受けているのだから、侵害留保原理によれば法律（条例）の根拠は不要と解されている。

　とはいえ、たとえ事業者の意思が制約されているとはいえないとしても、法律の規制の範囲内で事業を営む利益が定型的に害されやすいということはでき、侵害留保原理の趣旨を及ぼすことには合理性がある。もちろん、侵害的かつ権力的な行政活動と同程度に要件・効果を明確に定めた根拠規範が必要か、そしてそのような根拠規範がなければ協定は無効だと解すべきかは、検討の余地がある。しかし、任意的（非権力的）手法だからといって、私益の侵害がないとはいえないことを、この例は示している。仮に法律の留保が及ばないとしても、比例原則（行政目的との関係での手段の相当性を要求する原則）などの法理による統制が必要であろう。

　第Ⅱ象限との関係では、権力留保説という有力説に触れておく必要がある。この説は、給付行政であっても、権力的手法によって行われるものについては、法律の留保が及ぶと説く。具体的には、補助金の交付が、贈与契約などの合意（契約）ではなく、補助金交付決定という行政処分（行政行為）によって行われる場合には、法律の根拠が必要であるとする。行政処分（行政行為）とは、合意によらずに法律関係を変動させることが法律上認められた行政庁の決定の形式であ

る。権力留保説は、補助金債権の発生という法律関係の変動が行政庁の判断だけでなされる点に、権力性を見出しているのである。

　しかし、合意によらないとはいえ、補助金の交付は通常は相手方の申請に基づいてなされるので、相手方の意思が害されているとはいえない。権力留保説は、合意（契約）か行政処分（行政行為）かという法律関係の変動の原因を問題にしているのに対し、法律の留保は本来行政活動による私人の利益ないし意思への影響を問題にするので、問題意識がずれている。第Ⅱ象限に挙げるべき例は、給付的行政活動が、私人からの申請を前提とせずに行われる場合である。そのような例は多くはないが、現行法から実例を探せば、職権による生活保護（生活保護法7条ただし書）がそれに当たるだろう。他の例として、勲章・褒章などの栄典の授与はどうだろうか。現在では法律の根拠なく行われているが、辞退ができるならそれでよしとするか、国家が対象者を勝手にノミネートすること自体が意思の侵害に当たると見るべきか。応用問題として考えてみてほしい。

　なお、権力留保説が指摘した、法律がなければ行政処分（行政行為）の存在が認められないこと自体は、実はすべての学説が承認している。だが、これは法律の留保とはレベルの異なる問題として捉えるのが、他の学説の立場である（後記**4**の中川論文がこの点について論じている）。

[2] 民主主義

　最後に残った第Ⅲ象限（給付的かつ任意的）はどうだろうか。ここには、契約に基づく補助金交付などが含まれるが、利益の保護の観点からしても、意思の保護の観点からしても、侵害や制約があるとはいえない。したがって、侵害留保原理は及ばない。

　この象限にも法律の留保を及ぼそうとする学説も存在するが、それらは、権利保護の観点ではなく、民主主義の観点からの国会による行政活動のコントロールの必要性を主たる根拠に挙げている。たとえば、そのような学説の1つである本質性理論（重要事項留保説）は、行政活動のうちの本質的（重要）な事項については、議会がその基本方針を民主的に決定すべきであるとし、補助金行政であれば国家の基幹的政策にかかわるものについては、法律の根拠が必要だと主張している。

この説は、たしかに民主主義の健全な感覚には適うものであり、学説上の支持も多い。しかし、日本国憲法のもとでは補助金の支出には国会による予算の議決が必要とされており（85条・86条）、法律の根拠がないからといって民主的統制が働かないわけではない（前記1［2］も参照）。また、補助金交付を公益に適合させるためには、補助事業以外への流用（目的外使用）などを厳しく取り締まる必要があるが、そうした事後的チェックの方法についてもあわせて検討される必要がある。さらに一般的なことをいうと、行政活動の民主的コントロールの観点からは、情報公開や説明責任（アカウンタビリティ）の制度の拡充も不可欠である。第Ⅲ象限を含む国家の基幹的政策については、こうした制度を規制規範・組織規範を含めて整備していくことが重要であり、あくまでも根拠規範を要求する法律の留保の原理からは切り離して議論するほうが生産的であるように思われる。

4　学習ガイド・文献紹介

　本稿では、法律による行政の原理という抽象論から行政法の世界への案内を試みた。専門的な論点に踏み込んだ箇所もあるが、読者には、行政活動と一口に言ってもいろいろな種類があること、それぞれに法的統制が必要とされる理由が異なること、ある法理や学説がどういう事象を念頭に置いて、何を保護するために提唱されたものであるかを分析的に考える必要があること、などを読み取っていただければ幸いである。

　こうした抽象論を踏まえて、具体的な法律が個々の行政活動をどのように規律しているかを知ることも、行政法の学習では重要である。その観点からの入門案内を筆者が試みたものとして、大内伸哉（編）『働く人をとりまく法律入門』（ミネルヴァ書房、2009年）第6章「労働者のために、行政は何をしてくれるのか」がある。さらに、単独の著者による特徴的な入門書として、藤田宙靖『行政法入門〔第6版〕』（有斐閣、2013年）と大橋洋一『社会とつながる行政法入門』（有斐閣、2017年）とを読み比べれば、行政法には実に多様なアプローチがあることを感じることができるだろう。

　法律による行政の原理は、上の入門書を含め行政法のどの教科書でも扱われて

いるが、本稿で扱えなかった論点を含めて問題の所在を手際よく整理したものとして、原田大樹「法律による行政の原理」法学教室 373 号（2011 年）4-10 頁がわかりやすい。そのうえで、当代随一の理論的体系書である小早川光郎『行政法（上）』（弘文堂、1999 年）第 1 編第 2 章「行政と立法」をひもといて、法学の世界において概念や言葉の持つ重みを思い知ってほしい（しばらく改訂されていないが、理論的分析はまったく古びていない）。さらに、斬新な発想と分析的思考が同居する書き手による中川丈久「議会と行政」磯部力ほか（編）『行政法の新構想Ⅰ　行政法の基礎理論』（有斐閣、2011 年）115-166 頁を読めば、古典学説の大胆な現代的再解釈に接することができる。

　残念ながら筆者自身は、法律による行政の原理について論文を書いたことがないのだが、その基礎の 1 つである民主主義については、断片的な考察を公にしたことがある（興津征雄「行政過程の正統性と民主主義」小早川光郎先生古稀記念『現代行政法の構造と展開』（有斐閣、2016 年）325-345 頁）。行政法の世界で「民主主義」という言葉は、一方では議会からの正統性の伝達という非常に硬い意味で、他方ではどのような帰結でも正当化しうるマジックワードとして、用いられる嫌いがあるが、そうした理解とは異なる民主主義の可能性を模索したものである。それは本稿の 1［2］や 3［2］の民主主義に関する記述にも反映されている。

第6章 労働法
産業革命の波に翻弄される法

神戸大学教授
大内伸哉

1 労働法学とは何か

[1] 2つの代表的な体系書

　労働法における最も代表的な体系書である菅野和夫『労働法』（弘文堂。2018年12月時点で第11版補正版。以下、菅野『労働法』と略称）は、その冒頭で、労働法を「労働市場、個別的労働関係および団体的労使関係に関する法規整の総体」と定義している（1頁）。

　一方、もう1つの代表的な体系書である西谷敏『労働法』（日本評論社。2018年12月時点で第2版。以下、西谷『労働法』と略称）は、その冒頭で、「働くということは、労働者にとって、経済生活の基礎であり、生きがいの源泉ともなる。人は、労働によって、また労働にかかわる集団的関係を通じて、人格的に成長する。労働は、その条件次第でときに苦痛となりときに喜びとなるが、いずれにしても人間存在の根源である。そこで、労働のあり方は社会の基本的性格を規定し、労働にかかわる法は最も重要な法分野の1つとなる」と書いている（2頁）。

　菅野は、労働法の「法」的側面に着目し、その「法」が何を対象として規整するのかに着目した「定義」を示したのに対して、西谷は、労働法の「労働」的側面にまず着目し、個人や社会にとっての労働という営為の意義を指摘し、そこから「労働にかかわる法」である労働法の重要性を指摘している。ここにみられる

着眼点の違いを知ることが、現在の日本の労働法学を理解するための第一歩となる。

[2] 解釈法学と運動法学

菅野は、かつて、次のように述べていた。

「労働法の世界では、解釈法学の任務は現行法の原理・体系・内容を明らかにし、究極的には裁判の場で結論を導き理由づけを行うための解釈理論を提供することである、という法律学上の大方のコンセンサスが存在せず、労働法学の任務を労働者の利益とそのための運動の擁護にあるとする考え方が根強い」（菅野和夫「労働法学一考——労働法の普遍性と特殊性」日本労働研究雑誌300号〔1984年〕58頁）。

こうした労働法学の伝統的な考え方に批判的な立場から執筆された菅野『労働法』は、まさに解釈法学としての労働法の業績の頂点だった。一方、西谷『労働法』は、沼田稲次郎らを代表とする運動法学の系譜をひくが、再び菅野の言葉を借りると「運動法学も裁判を運動の重要な場としており、そのために裁判法学の装いをこらした多数の理論を提供してきた」（菅野・前掲論文58頁）。西谷『労働法』は、こうした運動法学的な解釈論（プロ・レーバー法学）の精緻化を進めた業績の頂点だった。この2つの体系書は、同じ解釈論を扱うものであっても、そのライトモチーフは異なっていたのである。

もっとも、菅野『労働法』と西谷『労働法』のどちらも、フランス革命により確立した近代市民社会における法的ルール（労働法研究者は、これを労働法と対置させるために市民法と呼ぶ）では、産業革命以降に高度に発達した資本主義社会の引き起こす諸問題に対処できないこと、とくに生産過程における労使の不均衡（欧州大陸法系の国では、これを労働（者）の従属性と呼んできた）に対処するためには、市民法を修正する立法、すなわち労働法が必要であるという認識は共有していた。そして、このような労働法の出発点は、先進諸国ではほぼ共通であり、それが、契約自由の原則を修正して労働条件の最低基準を強行規定により設定し、過失責任主義を修正して労働災害について使用者に無過失責任を課し、労働組合による団結やストライキを違法とする刑法や民法の原則を修正して、刑事免責や民事免責を定めることであった。

[3] 政策法学——労働市場にどう臨むか

　日本の労働法の発展史を振り返ると、第2次世界大戦の終結直後から始まった基本法（労働組合法、労働基準法、職業安定法等）の整備が一段落した後、しばらく静穏期が続いたが、1980年代半ばから「立法の時代」に入り、それが2018年のいわゆる働き方改革関連法まで続いている。

　「立法の時代」になると、労働法学は、裁判を意識した解釈法学だけでなく、政策法学にまでテリトリーを広げることになった。政府（中心は労働省、2001年の中央省庁再編後は厚生労働省）が進める政策立案の過程では、労働法学は、それ以外の分野、とりわけ労働経済学との協働の機会が増えてきた。そして、自由主義経済の思想を基礎として、市場メカニズムの機能を重視する労働経済学者との対話のなかで、労働法学は、労働市場にどのように向き合うかという問題に直面することになった。

　伝統的な労働法学は、労働市場は、使用者が一方的に権力をふるうことができる場であり、それをいかにして規制するか（市場メカニズムの作用をコントロールするか）に関心を払ってきた。そのようななか、1994年に菅野和夫＝諏訪康雄「労働市場の変化と労働法の課題——新たなサポート・システムを求めて」（日本労働研究雑誌418号〔1994年〕）が、「労働法を、労働市場での取引に労働者に対し不可欠な諸種のサポートをする市場経済のサブシステムであると再把握して、その再編成を図るべきときに立ち至っている」（9頁）と述べたことは、多くの労働法研究者に少なからぬショックを与えた。同論文の革新的な貢献は、「個人としての労働者」の台頭を視野に入れながら、交渉力格差を所与のものとして取引の結果に介入するのではなく、むしろ取引がうまく機能するように、労働者の交渉力をいかに引き上げるかに関心を向けた点にあった。菅野および諏訪の政策実務への影響力の大きさもあり、その後の労働政策のかなりの部分は、この論文が示した方向で展開された。

2　労働法に未来はあるか

[1] 第4次産業革命の到来

　菅野・諏訪論文は、労働市場が変わると、労働法のコンセプトも変わるべきだ

と述べていたが、それからほぼ四半世紀経過した現在、労働市場はより根本的な変化にさらされようとしている。

18世紀後半に起こった産業革命により広がった機械制大工業では、生産過程において多数の労働者が分業に基づき協働する状況にあった。経営者は、その分業体制が効率的に機能するよう労働編成をし、協働する労働者を階層構造の下で指揮命令するようになる。分業が進むほど、効率性は高まるが、その内容が単純労働であれば、労働者は単なる機械の歯車にすぎなくなり、その従属状況（人的従属性）が深まる。一方、特段のスキルを必要としない単純労働では、労働市場での労働供給は過剰であり、それだけ労働者の交渉力は小さくなる（経済的従属性）。工場の安全衛生などの労働環境は劣悪であり、児童が学校に行かずに工場で働かされ、多くの労働者が健康問題をかかえていた。まさに労働者の人的従属性と経済的従属性が、深刻な社会問題を引き起こしていたのである。労働法が誕生したのは、このような問題を解決するためであった。

それから約200年経過した現在、生産現場での分業と協働の仕組みは、大きく変わりつつある。そのカギとなるのが技術革新である。世界史でも学ぶ最初の（第1次）産業革命（上述）により、蒸気機関などの動力の活用による生産が始まり、その後、電気を動力源とした分業による大量生産に進み（第2次産業革命）、さらにコンピュータによる自動化が進められた（第3次産業革命）。そして21世紀の現在、デジタル経済（財、サービス、情報、金銭などのあらゆるモノがデジタル化され、インターネットを介して流通する経済）をベースにした新しい技術革新が起きている（第4次産業革命）。その特徴は、あらゆるモノがインターネットにつながり、そこから情報を収集できるようになるなか（「モノのインターネット」「IoT」）、集積されたビッグデータを人工知能（AI）が分析し、新たな価値を生み出す点にある。

[2] 第4次産業革命の雇用へのインパクト

技術革新には雇用を奪う効果があるが、そのスピードが緩やかであれば、企業内での訓練や配置転換で対応することができ、実際、日本企業は、そのように対応してきた。しかし、現在の技術革新のスピードは桁違いである。そう遠くない将来、定型性の高い業務は機械により代替されていくことは確実である。そのと

きに企業内での訓練や配置転換で対応するのには限界がある。

　法学部の卒業生の多くが従事してきた間接業務（生産に直接関わらない業務）は、すでにデータが豊富で、処理の定型性が高いので、機械により代替される典型的な業務とされている。

　また最近話題のRPA（Robotic Process Automation）は、厳密な意味でのAIではないが、ホワイトカラーのパソコン業務を自動化する事務系ロボットであり、その導入は急速に広がりつつある。さらにAIが本格的に活用されるようになると、日本の雇用のボリュームゾーンにあるミドルスキルのホワイトカラーの雇用は壊滅的な打撃を受けると予想されている。

　もちろん、技術革新があっても、これまでは新たな雇用が生まれたので、深刻な失業問題は起きてこなかった。今後もAIが発達するなかで、AIに何をさせるかを決めたり、AIをどのように活用するかを技術的にサポートしたりする業務は必要となるだろう。とくにデータサイエンティストなどの理系人材は不足しており、それをどう確保するかは重要な政策課題になっている。ただ、文系人材は、こうした労働需要にうまく対応できない危険があり、そうなると、人材不足なのに失業問題が起こることにもなりかねない。

[3] 雇われずに働く

　いずれにせよRPAやAIが活用されていくと、人間が担当できる業務の範囲が激減することになる。人間は、機械によって代替されない非定型的で知的創造性を必要とする業務に特化して従事するようになり、スペシャリスト化する。今日のスペシャリスト化は、かつてのような工場内の分業における熟練性の向上を意味するのではない。第4次産業革命は、AIやロボットなどの先端技術と既存の産業技術とを融合させ、これにビッグデータと掛け合わせることによって新たな価値を生みだす時代であり、そこで最も必要とされるのは、アイデアや知的創造性に富んだプロ人材という意味でのスペシャリストである。ところが、こうしたプロ人材は、企業が抱えてきた自前の人材のなかからは見出し難い。

　第4次産業革命の時代では、事業を効率的に遂行するための労働編成は、工場内労働のように、物理的に労働者を集めて垂直的な指揮監督下で働かせるものではない。むしろプロジェクトごとに、ネットワークを使ってプロ人材を集める水

平的な労働編成のほうが効率的となる。

　働く側にとっても、自分の知的創造性を発揮するうえでは、大企業に組み込まれて協働する必要はない。ICT（情報通信技術）の発達は、労働者が、時間や場所に関係なく自由に働ける可能性を広げている。第1次産業革命時のように、土地、工場、機械などの資産をもつ経営者（有産者階級：ブルジョワジー）に雇用されて働くしか生きていく方法がなかった労働者（無産者階級：プロレタリアート）とは異なり、智慧と創造性を発揮して個人で自営したり、起業したりできる環境が生まれている。

　もちろん、どれだけデジタル経済が発展しても、雇用というアナログ的な働き方が完全になくなるわけではない。AIが苦手な分野もまだまだある。しかしトレンドをみると、企業に雇われて働く人は大きく減っていくだろう。働く人の法を考えるうえでは、雇用されて従属的に働く労働者を対象とする労働法は主役から降り、自営的に就労する人たちを対象とした、いまはまだ具体的な形をみせていない新たな法分野に取って代わられることになろう。もちろん、これも広義には労働法に含めることができようが、労働法の基本理念を従属労働とする立場からすると、新たな法分野は労働法とは異なるものと評価されよう。

　このような将来展望をもつならば、現在の労働法を学ぶ意義は、かなり限られたものとなる。

3　法学教育は必要か？

[1] 職業教育の重要性

　雇われずに働く人が増えると、日本の教育のあり方にも根本的な変化が起こることになろう。日本の学校では、大学も含めて、職業教育をほとんど行ってこなかった。職業教育は、企業が担ってきたからである。

　欧米では、労働者の採用は、ある労働編成のなかの分業態勢のなかで、何をさせるかをあらかじめ決めたうえでなされる。労働者が採用されるためには、その職務に必要な技能をもっていることが必須の条件であり、賃金もその職務の内容に対応したものである（産業別労働協約などにより企業横断的に決められていることが多い）。一方、日本では、採用段階では、その労働者に何をさせるかを決

めないで、とりあえず大学を卒業した者をすぐに採用し、企業のほうで職業教育（とくにOJT）を通して技能を向上させながら、本人の適職を探していくというスタイルをとる。賃金も、職務の内容に関係なく勤続年数により上昇する職能給（年功型賃金）である。

こうした独特の「日本型」雇用システムの下では、いったん雇った労働者（無期雇用の正社員）を、どのような職務に配置し、どのように育成していくかは、企業の判断と責任にゆだねられており、それゆえ特定の職務を行う能力が欠けていても、賃金が減額されたり、解雇されたりすることは基本的になかった。企業別に組織される労働組合は、企業と対立するのではなく、むしろ密接な関係を構築しながら、企業が賃金や雇用の安定を保証するという暗黙の約束を守ることをチェックする存在だった。年功型賃金、長期雇用、企業別組合が、日本型経営の三種の神器と呼ばれるのは、これらが日本型雇用システムの中核にあることと対応している。そして、それは基本的には、企業目的の実現に必要な人材を確保して育成するのに適合的なものだった。

ところが、前述のように、雇われずに働く個人自営業者が増えればどうなるだろうか。現在の個人自営業者は、企業での就職経験のある人が多いが、今後は最初から自営で働く人が増えていくだろう。個人自営業者は、技能の形成について企業を頼りにすることはできない。プロ人材として活動するのに必要な技能は、自分で習得しなければならない。こうした自学の環境もまた、デジタライゼーションの進展のなかで高まりつつある（自助）。同業者がネットワークを構築して、様々な情報を交換し合うようにもなるだろう（共助）。さらに国民の多くが、こうした自助ないし共助により技能を形成しようとするなかで、それをサポートすべく国が基本的なインフラを整備する役割（公助）の重要性も自ずから高まってくるだろう。

[2] 個人自営業者のための職業教育

働く人の9割が雇用労働者である現在とは異なり、自営で働く人が増えていくと、職業人として経済的に自立できるようにすることが職業教育の役割として重要となる。とくに個人自営業者としての独立や起業は、低年齢でも考えられることから、職業教育は義務教育段階で提供される必要がある。

こうした職業教育には、さしあたり3つのタイプのものが考えられる。第1が、最新の技術に対応した実践的な教育をする「職業先端教育」である。ただ、技術革新が加速するなか、公教育でこうしたサービスを取り込んで提供するのは容易ではない。新たな専門スキルは、いったん身につけても、たちまち陳腐化する危険があるからである。先端的な職業スキルは、ICTとAIを活用しながら、個人が必要なものを必要なときに習得するという形に変わっていくだろう。

　むしろ公教育として重要なのは、いかにして必要な情報にアクセスし、それを実際に活用するかという自助を支えるための実践的なテクニックを習得させることである。これが第2の「職業基礎教育」である。職業基礎教育には、このほか職業人として独立するための基礎的なスキルの習得も含まれる。情報リテラシーは当然だし（そこにはAIと共生できる能力も含まれようが、デジタルネイティブ世代には不要かもしれない）、契約書を書いたり、読んだりできる能力や法律に関する基礎知識（契約リテラシー・法学リテラシー）、金融のノウハウなども、国民すべてが標準的に習得しておくべきものだろう。

　さらに知的創造性が重要となる今後、それを生み出す源泉となる教養教育の強化も必要となる。現在のリベラル・アーツには、STEM（Science, Technology, Engineering, Mathematics）教育のような、いわゆる理系教育もあるし、これに芸術（Art）を加えるべきとする見解も有力である（STEAM教育）。AI時代には、機械にはない感性などを磨くことにより人間の価値を見出すことが重要となるからである。もちろん、いわゆる文系科目である哲学、思想、歴史などが教養の源泉であることは言うまでもない。これらは理系や文系といった従来の区別にかかわりなく、すべての国民が身につけておくべき基礎的な能力である。

[3] 法学教育の未来

　[2]でみたような観点に立てば、法学教育はどう位置づけられるだろうか。大学の法学部を卒業した人の進路としては、法曹、公務員（法律職）などがあるが、そうした法学の素養を活用できる職業についている人は必ずしも多数ではない。法学部の卒業生の多くは、雇用されて間接部門で働くことになるが、これは前述のようにAI時代の到来により、なくなる可能性が高い職業である。だからといって法学教育が、ただちに不要となるわけではない。

まず法律に関する職業先端教育は、現在では法科大学院などで教えられている。法律専門職の教育内容は、他の業務と同様、先端技術の活用を念頭において、大きく見直す必要はある（リーガルテックの導入など）が、実践的な職業教育の場は、今後も必要とされ続けるだろう。

　一方、これと区別されるべきは、すべての国民に習得してもらいたい教養としての法学である。具体的に何が教えるべき内容に含まれるかについては見解が分かれようが、私見では、人間社会の統治のルールとしてとしての法制度が、なぜ存在するようになったのかという歴史（裁判制度、人権保障、デュープロセス、所有権、契約などにかかわるもの）は、教養としての法学として教えるべきものと考えている。

　他方、すべての国民に学んでもらう必要のある職業基礎教育としての法学教育もある。そのなかでまず挙げられるべきは、前述した契約や法律に関する実用性の高い知識である。多くの国民が、個人自営業者として、独立した契約主体として生きていくことが必要となる以上、こうした知識は必須のものとなる。いずれAIなどにより自動化が進み不要となる可能性もあるが、それまでは国民が標準的に習得しておくべきものだろう。

　このように、法学教育は、実務的な知識を付与する専門分野、経済主体として独立していくうえで標準的に身につけておくべき基礎分野、そして知的創造性に必要な教養分野に分類して、再編成する必要がある。そうなると、法学教育が展開される場は、法科大学院や専門学校（専門分野）と義務教育の学校（基礎分野と教養分野）に二分され、大学の学部で教育するものはなくなるかもしれない。

[4] 小括

　国民の多くが企業に雇用されて働く時代には、従属的な労働からの法的保護が求められ、労働法はそのために重要な役割を果たした。しかし、国民の多くが雇用されずに独立して働く時代が到来すると、そこで求められるのは受動的な法的保護ではなく、個人が職業的に自立できるためのサポートとなる。そのようなサポートのなかでもとくに重要なのが教育である。具体的に必要となるのは、学校教育のなかに、企業がその任務を果たせなくなった職業教育（職業先端教育、職業基礎教育、教養教育）を組み入れていくことである。

またそうした知識を伝える方法では、ネットが活用されるようになるだろう（MOOC 型など）。「人生 100 年時代」には、継続的な教育が必要となるため、いつでも、好きなときに、好きな内容の教育を受けるニーズが高まる。ICT の活用により、そうしたニーズにあったコンテンツをネットを通して供与するビジネスが発達していくだろう。そうなると、教育・学習の場としての大学という施設そのものが不要になる可能性もある（大学は、研究所のような研究者養成機関に特化していくようになろう）。

4　学習ガイド・文献紹介

3 で述べたような改革が実際になされるまでは、実務的な専門知識は法科大学院で教えるとしても、基礎分野と教養分野は法学部で担当せざるを得ないだろう。ただ少なくとも労働法に関していえば、将来的に現在の労働法はなくなっていくと主張する筆者の立場からは、研究者にでもならないかぎり、菅野『労働法』や西谷『労働法』が必読とはいえない。むしろ働くうえで必要な労働法規の知識は、学問としてではなく、実践的な知識として学生に提供しておくべきであろう。

　もっとも、学生の知的好奇心に応える必要はある。とくに労働法の歴史や、日本型雇用システムの形成過程などは社会常識としても知っておいてよいことである。たとえば西谷敏「労働法学」日本労働研究雑誌 621 号（2012 年）25 頁以下は、労働法の歴史を振り返りながら、引き続き労働法学に大きな期待をかけている論考であり、本稿での筆者の見解とは異なる見解を知ることができる。日本型雇用システムについては、菅野和夫『新・雇用社会の法〔補訂版〕』（有斐閣、2004 年）がやや古くなったがなお有用であるし、濱口桂一郎『日本の雇用と労働法』（日本経済新聞出版社、2011 年）は入門書として最適である。

　こうした歴史に加え、いま法学部にいる学生たちは、法曹になろうが、公務員になろうが、民間企業に就職しようが、人生の途中で働き方の激変に直面することになる以上、未来のことも知っておかなければならない。筆者が執筆した『君の働き方に未来はあるか——労働法の限界と、これからの雇用社会』（光文社新書、2014 年）は、労働法による保護や正社員の特権的地位に満足することに警

鐘を鳴らしたものである。AIなどの先端技術の発達により、働き方がどのように変わり、それによりどのような労働政策が必要となるかを論じた『AI時代の働き方と法――2035年の労働法を考える』（弘文堂、2017年）と合わせて読んでもらえれば、自分がいま何をすべきか考えるための材料を得られるだろう。

　本文で述べた雇用社会の未来予想図がどこまでリアリティがあるかを知るためには、デジタル経済時代の産業社会の将来像をみておくことが有用である。この分野では、社会に大きな影響を与えた、エリック・ブリニョルフソン＝アンドリュー・マカフィー『機械との競争』（日経BP社、2013年）、は一読に値する。

　「機械との競争」に直面し、徐々に労働から解放されていくことになる人間にとって、労働とは何か、さらに機械とは異なる人間の特徴や存在意義はどこにあるのかが、今後は重要な問題となる。前者については文献は汗牛充棟だが、さしあたり橘木俊詔編著『叢書・働くということ　第1巻　働くことの意味』（ミネルヴァ書房、2009年）を挙げておきたい。後者については、ユヴァル・ノア・ハラリ『サピエンス全史――文明の構造と人類の幸福（上・下）』（河出書房新社、2016年）を薦めておく。

第7章 社会保障法
人々の安心で安定的な生活のために

上智大学教授
永野仁美

1　社会保障法とは何か

[1]　社会保障法とは
①生活に関係する身近な法

　社会保障法は、誰もが知らないうちに関係を持つ、とても身近な法である。病気になれば医療保険を利用して医療サービスを受ける。65歳になったら老齢年金を受け取る。子どもがいる場合には児童手当を受け取る。医療保険や老齢年金、児童手当は、社会保障の仕組みの1つであり、その社会保障の仕組みについて定めているのが「社会保障法」である。現在の日本には、これらの他にも、介護保険や障害福祉サービス等の社会福祉、各種の社会手当、生活保護、労災保険や雇用保険など、たくさんの社会保障の仕組みが存在している。これらを定める様々な具体的な法律を総称して、「社会保障法」と呼んでいる。

②社会法の1つ

　社会保障法は、一般に社会法に分類される。社会法とは、民法等の市民法によってもたらされる経済的不平等などの社会的問題を解決するために制定されている法である。同じく社会法に分類される法には労働法があるが、社会保障法は、労働法と強い関係を有している。背景には、社会保障の一分野である社会保険の仕組み（上記の老齢年金や医療保険）が、労働者を対象とするものからスタート

したことがある。労働力を売って賃金を得る労働者にとって、老齢で働けなくなったり、病気や怪我で働けなくなったりすることは、大きなリスクである。それゆえ、資本主義の発展により労働者の数が増えていく中で、まず、これらのリスクを保障する必要性が高まっていった。そうして作られたのが、労働者を対象とする社会保障の仕組み（社会保険）である。しかし、その後、社会保障制度は、労働者以外の者も含む、何らかの保障ニーズを有する者を対象とする仕組みへと発展していく。そうした中で、社会保障法の労働法との結びつきは、次第に薄れていくこととなった。現在では、むしろ、社会保障法は、行政の作用を扱う行政法の一分野（「給付行政」の領域）としての性格を強めている。国や地方公共団体等が個人や世帯に対し金銭給付や現物給付を行うことを定めているからである。ただし、社会保障法の労働法との関係は依然として強い。とりわけ、雇用の不安定化により様々な問題（非正規雇用の増加、ワーキング・プア層の出現等）が生じている中で、社会保障法と労働法の双方の観点から研究を行う意義が、再確認されている（水島郁子「社会保障法と労働法の関係性――独自性の発揮と連携の模索」社会保障法34号85-99頁〔2018年〕）。

③憲法上の根拠

　社会保障法の憲法上の根拠は、憲法25条にある。同条1項は、「すべて国民は、健康で文化的な最低限度の生活を営む権利を有する」と定め、同条2項は、「国は、すべての生活部面について、社会福祉、社会保障及び公衆衛生の向上及び増進に努めなければならない」と定めている。憲法25条1項が規定している「生存権」の保障は、社会保障法の目的の1つとなっている。ただし、現在の社会保障法が保障する内容は、最低限度の生活に留まるものではない。憲法25条2項が定める義務を受けて、国は、最低限度の生活を超えて、人々の生活保障のために様々な金銭給付や現物給付、各種の規制を行っている。

　また、近年では、社会保障法の憲法上の根拠の1つとして、「個人の尊重」や「幸福追求権」を規定する憲法13条を掲げる学説も登場している。社会保障法には、個人が尊厳をもって主体的に生きていくために必要な前提条件を整備するという目的もある。

④他者との連帯

　社会保障法は、また、自身と他者とをつなぐ法でもある。私たちは、社会保障の仕組みを通じて、様々な他者と関わりを持つことになる。自らが納めている税金や保険料が、何らかの生活上の困難を生じさせる事由（疾病や老齢、失業、貧困等）に直面した者の生活保障のために使われる。どんな人も、知らず知らずのうちに他者と連帯している。それを可能にしているのが、社会保障法である。

[2] 社会保障法学とは

①社会保障への多様なアプローチ

　社会保障法が定める社会保障の仕組みについての研究は、様々な立場からなされている。経済学や財政学、政策学、社会学、福祉学等も、それぞれのディシプリンに基づいて社会保障制度の研究を行っている。それでは、「社会保障法学」とは、社会保障の仕組みに対してどのようにアプローチする学問なのだろうか。

②社会保障法学のアプローチ

　社会保障法学には、次の３つの役割があると考えられる。（ⅰ）制度を法律の規定に沿って正確に把握・理解すること、（ⅱ）生じている問題・トラブルについて法的な解決方法を提示すること、（ⅲ）これからの社会保障政策を考えること、の３つである（黒田有志弥＝柴田洋二郎＝島村暁代＝永野仁美＝橋爪幸代『社会保障法〔有斐閣ストゥディア〕』〔有斐閣、2019 年刊行予定〕［島村暁代執筆部分］）。

　社会保障の仕組みに「法学」の視点からアプローチする際には、まず、社会保障の各制度が、いかなる目的のもと、どのように作られているのかを法律の条文に沿いながら正確に把握・理解することが求められる。制度を正確に把握・理解することは、社会保障の仕組みが抱える問題・課題を捉えるにあたって、非常に重要であると言える。

　また、社会保障に関して生じている問題・トラブルに関して、どのような法的な解決方法があるのかを提示することも、社会保障法学の重要な役割である。たとえば、社会保障制度からの給付を必要としているにも関わらず、それが支給されない等の問題・トラブルが発生しているとき、それにどのように対処すればよ

いのか。その法的な解決方法を提示することが、社会保障法学には求められる。これに際しては、社会保障法の規定をどのように解釈するのかという作業が伴う場合もある。

そして、これからの社会保障政策はいかにあるべきかということを考えることも、社会保障法学の重要な点である。法の制定や改正により、社会保障の仕組みをどのように改善させていくのかということに関する検討を社会保障法学は行う。「法解釈学」が中心であることの多い他の法分野と比較して、立法論・政策への関心が強いことは、社会保障法学の大きな特徴である。

2　社会保障法学の一場面

[1] 社会保障法上生じている問題
①具体例の検討

以上の3つの点が、社会保障法学の重要な役割である。続いて、この3つの点から、社会保障法上生じている具体的な問題についてみていきたい。題材として、最近、地裁判決が出され、また、関連法の改正もあった、いわゆる「65歳問題」を取り上げたい。「65歳問題」は、介護保険と障害福祉サービスの利用調整に関して生じた問題である。

②65歳問題とは

人々の介護ニーズに応える仕組みとして、日本には、介護保険の仕組みと障害福祉サービスの仕組みとがある。主として65歳以上の高齢者の介護ニーズに応えるのが介護保険であり、主として65歳未満の障害者の介護ニーズに応じるのが、障害福祉サービスである。65歳以上の障害者も、障害福祉サービスを利用することは可能であるが、介護保険から障害福祉サービスと同様のサービスを受けられる場合には、介護保険からの給付を優先して受けなければならない。この原則は、「介護保険優先原則」と呼ばれている。

この原則の適用は、次のような問題を生じさせていた。1つめは、障害福祉サービスを受けていた障害者が65歳になると、それまでの慣れたサービスを継続して受けることができなくなるという問題である。2つめは、介護保険と障害福

祉サービスとでは、自己負担の仕組みが異なることから、障害福祉サービスを自己負担なしで受けていた者についても、65歳になり介護保険の給付を受けることとなると、自己負担が発生するという問題である。

[2] 制度の正確な把握・理解

①問題となっている条文の確認

この社会保障法に関連して生じている問題に対して、法学的にアプローチするにあたっては、まず、この問題が、社会保障法のどの条文に関連して生じているのかを確認することが必要である。この作業は、社会保障法学の役割の1つめ、「制度を法律の規定に沿って正確に把握・理解すること」に関連している。

②障害者総合支援法7条

「65歳問題」に関しては、障害者総合支援法7条が問題となる。7条は、同法が定める給付と他の法令による給付等との間の調整について、次のように定めている。「自立支援給付は、当該障害の状態につき、介護保険法…の規定による介護給付、健康保険法…の規定による療養の給付その他の法令に基づく給付又は事業であって政令[*1]で定めるもののうち自立支援給付に相当するものを受け、又は利用することができるときは政令で定める限度において、当該政令で定める給付又は事業以外の給付であって国又は地方公共団体の負担において自立支援給付に相当するものが行われたときはその限度において、行わない」。

こうした内容の7条から、介護保険を利用することで障害福祉サービスと同様のサービスを受けられる場合には、介護保険からの給付を障害福祉サービスの給付（＝自立支援給付）に優先しなければならないという「介護保険優先原則」が導き出されている。

---

*1 障害者総合支援法施行令2条が、政令で定める給付又は事業や、政令で定める限度について規定している。

③社会保障法の整合的理解

なお、このような原則が採られている背景には、社会保障法においてみられる「保険優先」の考え方がある。自らが保険料を支払って備える社会保険からの給付（＝介護保険からの給付）の方が、税財源の制度からの給付（＝障害福祉サービスからの給付）に優先されるという考え方である。社会保障制度を正確に把握・理解するためには、条文の内容を確認するだけでなく、このような社会保障法についての一般的な考え方も確認する必要がある。

[3] 社会保障法上の問題の解決方法
①法的な解決方法

社会保障法上生じている問題が、どのような規定から生じているのかを確認できたら、次に、社会保障法学の役割の2つめ、「生じている問題・トラブルについて法的な解決方法を提示すること」が求められる。

「介護保険優先原則」の存在により、65歳に達したことを理由に障害福祉サービスを利用することができなくなったケースでは、障害福祉サービスについての不支給決定（＝行政処分）について不服申立や取消訴訟等の行政争訟で争うことが、1つの手段となりうる。

②浅田訴訟

実際、この手段を利用して、司法の場で「65歳問題」を解決しようとしたものとして、浅田訴訟がある。上下肢重度麻痺により1級の身体障害者手帳の交付を受けていた浅田さんは、65歳以降も介護保険からの給付ではなく障害福祉サービスからの給付を受け続けることを希望していた。しかし、岡山市は、浅田さんが65歳になるときに、介護保険の給付を申請するよう勧奨を行った。上記の「65歳問題」（特に自己負担の問題）からこの勧奨に従うことはできないと考えた浅田さんは、介護保険の支給申請をせずに、障害福祉サービスの支給申請をすることにした。この申請に対して、岡山市は、「介護保険優先原則」に反することを理由にこれを却下する決定を行った。そこで、この却下決定は違法であるとしてその取消等を求めて訴訟を提起することとしたのが、浅田訴訟である。

③法7条の解釈と判断枠組み

　浅田さんの訴えについて、岡山地裁は、却下決定は違法であるとの結論を出した（岡山地判平成30・3・14賃社1707号7頁）。この結論を導き出すに際し、裁判所は、「本件については、自立支援法7条*2の解釈・適用の点から、まず検討するのが相当である」とした。社会保障法の1つである障害者自立支援法の規定を「解釈」することにより、社会保障法上生じている問題の解決を図ろうとしたわけである。

　岡山地裁は、自立支援法7条については、次のように解釈すべきであるとした。すなわち、障害福祉サービスを受けていた者が、介護保険の給付申請を行わないまま、65歳到達後も継続して障害福祉サービスの申請をした場合には、①当該利用者の生活状況や、②介護保険給付の申請を行わないままに障害福祉サービスの申請を行うに至った経緯等を考慮し、加えて、③他の利用者との公平の観点を加味してもなお障害福祉サービスの給付を行わないことが不相当と言える場合には、介護保険の給付が優先される場合には当たらないと解釈すべきである。

　この判断枠組みに浅田さんのケースを当てはめ、岡山地裁は、障害福祉サービスを不支給とした場合、浅田さんがその生活を維持することは不可能な状態に陥ることは明らかであり、また、介護保険給付についての月額1万5000円の自己負担分を支払うことは経済上厳しい状況にある浅田さんが介護保険給付の申請を行わなかったことには理由があることからすれば、市としては、浅田さんの納得が得られるように引き続き介護保険の給付申請の勧奨を行うべきであったにもかかわらず、障害福祉サービスの給付を一切行わないこととしたのは、法7条の解釈・適用を誤っており、違法であると結論付けた*3。

　岡山地裁は、「65歳問題」を解決する方法として、自立支援法7条の解釈という方法を提示し、解釈のための判断枠組みを示したうえで、その判断枠組みに浅田さんのケースを当てはめて、本件問題の解決を図ったと言える。

---

*2　浅田訴訟では、2012年改正前の障害者自立支援法7条の解釈が問題となった。ただし、現行の障害者総合支援法7条の解釈との間で、その解釈に大きな差はないと言ってよい。

*3　なお、岡山地裁判決は、③他の利用者との公平の観点については、具体的な検討を行っていない。

[4] 社会保障政策を考える

①立法的な対応の必要性

　浅田訴訟では、浅田さんは勝訴判決を得ることができた。では、この勝訴判決によって、「65歳問題」は解決されたと言えるのだろうか。浅田さんのようなケースでは、今後も、同じような判決を得ることは可能かもしれない。しかし、市が、繰り返し丁寧に介護保険の申請を行うよう説明と勧奨を行った上で、障害福祉サービスについて不支給の決定をしたような事案では、本判決と同様の結論を導き出すことは難しくなろう。

　この問題を根本的に解決するためには、法改正を検討する必要がある。これは、社会保障法学の3つめの役割、「これからの社会保障政策を考えること」に関連する。

②2つの法改正

　実際、この「65歳問題」に関しては、法改正による解決も同時に図られた。

　1つめの法改正は、2017年の地域包括ケア強化法*4による共生サービスの新設である（総合支援法41条の2）。これは、障害福祉サービス事業所が、容易に介護保険事業所にもなれるようにするためのもので、「65歳問題」の1つめの問題に対処するものである。

　2つめは、2016年の障害者総合支援法改正による、介護保険の利用者負担を障害福祉制度によって軽減（償還）する仕組みの導入である（総合支援法76条の2）。これは、「65歳問題」の2つめの問題に対処するもので、65歳に至るまで相当の長期間にわたり障害福祉サービスを利用してきた一定の高齢障害者がその対象となる。

　これらの法改正は、介護保険優先原則を譲ることのできない原則としつつ、法を見直すことで「65歳問題」を解決しようとしたものであると性格づけることができる*5。

---

*4　正式名称は、「地域包括ケアシステムの強化のための介護保険法等の一部を改正する法律」。介護保険法等の「等」の中に障害者総合支援法が含まれている。

*5　ただし、法改正を経た現在も、「65歳問題」は完全には解決されていない。利用者負担の償還の

3 社会保障法と司法／立法

[1] 訴訟をきっかけとする法改正

　社会保障法学では、社会保障法に関して生じた問題について、司法の場や立法の場で解決することが目指される。浅田訴訟は、訴訟と法改正とが平行して検討された事例と言えようが、訴訟がきっかけとなり、それが新たな法の制定や法令の改正につながった事例もある。その具体的な例として、2つ紹介したい。

①学生無年金障害者訴訟
　1つは、学生無年金障害者訴訟である。これは、20歳以上の学生の国民年金への加入が任意とされていた時代に任意加入しておらず（現在は、強制加入）、当該期間中に障害を負った元学生らが、障害年金を受給できなくなってしまったことに関して起こした訴訟である。元学生らは、学生を任意加入としたことが憲法14条1項（法の下の平等）に違反する等と主張し、障害年金の支給を求めて争った。
　この訴訟では、地裁レベルで3つの違憲判決（東京地判平成16・3・24判時1852号3頁、新潟地判平成16・10・18賃社1382号46頁、広島地判平成17・3・3判タ1187号165頁）が出され、大いに注目を受けたが、最終的に最高裁（最二小判平成19・9・28民集61巻6号2345頁、平成19・10・9裁時1445号4頁）は、学生を任意加入としたこと等について憲法違反はないとの結論を出し、訴訟自体は、原告の敗訴で終わった。
　しかし、この訴訟を通じて学生無年金障害者の存在が明らかになったことで、国会議員が動いた。2つの違憲判決が地裁で出た2004年の12月に、議員立法で新たに「特別障害給付金」の仕組みが作られることとなったのである。特別障害給付金は、国民年金への加入が任意加入とされていた時代に任意加入をしていなかったがゆえに無年金となっている障害者に対し、税財源で金銭給付を行うもの

仕組みについては、対象となる高齢障害者の範囲が狭いという批判もある。

である。障害年金の支給額には及ばないが、これにより一定の金銭給付が行われるようになったことで、元学生らの生活に対する不安は一定程度解消されることとなった。

②障害等級における男女間の差異

　もう1つは、労災保険法において見られた男女間の外貌障害に関する取扱いの差異が争われた訴訟である。外貌障害については、労災保険法施行規則別表において、女性よりも男性に不利な等級付けがなされていた。たとえば、外貌に著しい障害が残った場合、女性には障害等級7級として障害補償年金が支給されるのに対し、男性には障害等級12級として一時金しか支給されないこととなっていた。そうした中で、業務上の火傷で外貌障害を負った男性が、この取扱いの差異について憲法14条1項違反を訴えたのが、この訴訟である。

　京都地裁（京都地判平成22・5・27判時2093号72頁）は、男女間でこのような大きな取扱いの差異が生じていることは著しく不合理であり、憲法14条1項に違反するとの結論を出した。この違憲判決に対しては、厚生労働省が動いた。厚生労働省内に「外ぼう障害に係る障害等級の見直しに関する専門検討会」が立ち上げられることとなり、同専門検討会の報告書（2010年）の結論を受けて、上記別表の改正がなされ、現在では、外貌障害の障害等級について男女間の差異は解消されている。

[2] 社会保障法における司法／立法の役割

　社会保障法に関して生じている問題の解決方法としては、訴訟による解決と立法・法令改正による解決とがある。ただし、前者については、特に、学生無年金障害者訴訟のような政策の是非を問う訴訟では、原告敗訴という結果に終わる可能性が高い。社会保障の仕組みをどのように構築するのかに関しては、立法府に非常に広い裁量が与えられているからである（最大判昭和57・7・7民集36巻7号1235頁〔堀木訴訟〕）。

　しかし、訴訟には、社会保障の仕組みに関して生じている問題を「社会問題化」するという役割がある。社会保障の給付に関して困った状況に置かれている人は、社会の中でも少数者であることが多い。それゆえ、大多数の人がその人た

ちが抱えている問題に気づけないということがある。しかし、訴訟を提起し、「社会問題化」することで、多くの人がその問題に気づくことが可能となる。訴訟による「社会問題化」は、問題を解決するための「立法」につなげるためにも、非常に重要と言える。

4　学習ガイド・文献紹介

　社会保障法学が社会保障に関して生じる様々な問題に対しどのようなアプローチをするものであるか、伝わっただろうか。また、社会保障法学は面白いと感じていただけただろうか。もう少し社会保障法についてのイメージを摑みたい場合には、ぜひ本書の旧版にも手を伸ばし、笠木映里「社会保障法——社会保障法学のイメージをつかむ」南野森（編）『法学の世界』（日本評論社、2013年）186-197頁も読んだうえで、次のステップへと進んでいただきたい。

　では、次のステップとして、どのような本を読むと社会保障法についての理解は深まるのだろうか。社会保障法についてしっかりと学習したい場合には、まず、菊池馨実『社会保障法〔第2版〕』（有斐閣、2018年）や、笠木映里＝嵩さやか＝中野妙子＝渡邊絹子『社会保障法』（有斐閣、2018年）を一読して欲しい。どちらの本も、社会保障法の教科書として、社会保障法を細部にわたり詳細に解説してくれている。社会保障に関する問題を考える上で重要な、法令や裁判例の正確な把握・理解は、これらの教科書を利用することで可能となろう。ただ、いきなり上級者向けの本を手に取ることに躊躇を覚える場合は、黒田有志弥＝柴田洋二郎＝島村暁代＝永野仁美＝橋爪幸代『社会保障法〔有斐閣ストゥディア〕』（有斐閣、2019年刊行予定）を手に取っていただきたい。この本では、非常に平易な言葉でわかりやすく社会保障法の解説がなされている。また、これらの他に、ちょっと変わった趣向の教科書としては、西村健一郎＝水島郁子＝稲森公嘉（編）『よくわかる社会保障法』（有斐閣、2015年）もある。この本は、4人の学生が香里先生という架空の教員との対話を通じて社会保障法を学ぶという構成になっている。対話形式なので、どんどん読み進めることができるはずである。

　次に、社会保障法を「司法」と「立法」の双方の観点からみたい場合には、社

会保障・人口問題研究所から刊行されている『社会保障研究』という雑誌の中の「社会保障と法」というコーナーを読むことを薦める。このコーナーでは、社会保障法の研究者が、裁判例をきっかけとして、関連する法政策上の問題を解説すると同時に、当該裁判例の評釈を提供してくれている。このコーナーを読むことで、社会保障法学の2つの役割について深く考えることができるようになるだろう。

　もっと進んで学習してみたい場合には、テーマを絞った専門書を手に取るのもよい。本稿で取り上げた障害者に関する施策を扱った専門書としては、永野仁美『障害者の雇用と所得保障』(信山社、2013年) がある。また、その他の社会保障法のテーマに関心がある場合は、社会保障法学会が刊行した「新・講座社会保障法」シリーズ(『これからの医療と年金』、『地域生活を支える社会福祉』、『ナショナルミニマムの再構築』の3巻(法律文化社、2012年))から読み始めるとよいだろう。これらの本の中では、社会保障法学会に所属する研究者が、様々な社会保障法に関する現代的課題について考察している。これらは、皆さんがこれからの社会保障政策について考える手助けをしてくれるだろう。

第8章 商法
いくつものアイデンティティ・クライシスを超えて

東北大学准教授
得津 晶

1 商法とは何か

　法学部の学部生にとって「商法」として提供される科目には以下のようなものがある。会社法、商法総則、商行為法、保険法、運送法、海商法、手形法、小切手法などである。大学によっては商法第○部という形で提供されることもあれば、科目名はすでに「会社法」となっており、担当教員の専攻欄に「商法」と記載されているので「商法」の一分野であるということをうかがい知ることができるだけということもあろう。ただ、最近は、教員の専攻欄にも「会社法」と記載する例も増えている。実は、会社法が商法の一部と聞いてぴんと来ない法学部生・卒業生も増えているのかもしれない。

　これらのうち、六法に掲載されている商法という法律（形式的意義の商法）に含まれるのは、商法総則と商行為法、海商法（運送法は商行為と海商にまたがって配置されている）のみであり、会社法や保険法、手形法、小切手法は、それぞれ別の法律である。これらの法律も、六法の掲載順序では、商法のうしろ、民事訴訟法よりも前に掲載されているので、どうも六法の編集者は商法に関連の深い法律と考えていることくらいまではわかる。

　実は、会社法は2005年改正まで、保険法は2008年改正まで商法の中に含まれていたところ、改正を機に商法から切り離されて単行法化したものである。さらにいえば、手形法や小切手法もそれぞれ1932年、1933年に単行法化したもので

あって、これらの法律の施行される1934年までは商法の中に手形・小切手に関する規定が含まれていた。すなわち、これらはどれも歴史をたどれば商法典の中に含まれていたのである。このことから、切り離されて単行法となった今でも広い意味で「商法」の一部と考えることができる。

ただ、法学者というのはこういう説明だけでは飽き足らないものである。歴史的に形式的意義の商法に含まれていたからというだけではなく、単行法化した今でも、これらの分野は、実質的な意味での商法という理論的な分類に含まれるという説明がなされる。しかし、それでは、どういう分野を「実質的意義の商法」というのかというと、これは論者によって異なる。

たとえば、田中耕太郎は、商的色彩を帯びる事実を対象に規律する法律が商法であるという比喩的な表現でその範囲を指摘した。だが、現在多くの学者が支持するのは、「企業」に関する法が商法という考え方（企業法説）である。ただし、そこでいう企業とは会社のことだけではなく個人が事業を行うような個人企業も含まれており、その範囲はやはり明確ではない。

しかし、ここで気を付けてほしいのは、実質的意義の商法とは何かという大上段な議論が意味を持つことはほとんどないということである。たとえば、〇〇大学では実質的商法の意義について□□説を採用しているので手形法・小切手法の講義を民法の研究者が行っているなどという話は聞いたことがない。消費者と事業者の間の契約（消費者契約法）や消費者がお金を借りたり支払を繰り延べてもらう契約（消費者信用法）については、かつては商法研究者による研究が盛んであったところ（落合誠一『消費者契約法』〔有斐閣、2001年〕）、現在は、民法の研究者による研究のほうが多いようにみえる。しかし、これも、各研究者が自身の問題関心に従った研究対象を選択した結果にすぎず、実質的意義の商法の定義の理解とは関係がない。

現在、商法研究者の中では、会社法とりわけ株式会社に対する研究が最も盛んであるのも、現実の経済において会社・株式会社の占める重要性が高いが故、多くの研究者が関心を持ったからであり、実質的意義の商法という理論体系の中で説明することを考えている論者はむしろ少数ではなかろうか。このように、実質的意義の商法として会社法その他の法律が含まれるとされているものの、必ずしも商法という統一的な理論枠組みがあるとは信じられていない。商法に理論的な

統一性というアイデンティティは確立していないのである。

2 「お勉強」としての商法

　商法の範囲に含まれる科目には雑多な内容があり、それらを理論的一貫性のある体系で位置づけることができるとしても、実際の各分野の研究がそのような「体系」に従って展開されていないとすると、各分野の授業でもそれぞれ特色は大きく異なる。そこで、いくつか分野に分けて、学習の仕方を整理してみたい。

[1] 会社法

　会社法は、現在の日本において経済活動の担い手となっている会社についてどういう仕組みがルールとして定められているのかについて学ぶ科目である。会社には、株式会社と持分会社（合名会社、合資会社、合同会社）とがあるが、現在の経済活動に占めるウェイトから株式会社を中心として扱うことが多い。

　ただし、日本全国にある株式会社250万社のすべてがトヨタ自動車のような大企業というわけではない。その多くは個人や家族経営の中小企業であり、その株主もごく少数や近親者等に限られた閉鎖会社ないし閉鎖的な会社である。これに対して、証券取引所に株式が上場され誰でも容易に株主になることのできる上場会社は、2018年現在で3600社ほどに過ぎない。

　株式会社法を学ぶといった場合に、上場会社のような大規模公開会社のことを想定するのか、それとも中小企業ないし閉鎖的な会社のことを想定するのかによってその内容は大きく異なる。実際に、会社法は、株式の譲渡の際に会社の承認が必要な会社（閉鎖会社）と会社の承認なしに譲渡できる会社（公開会社と定義する）とに分けて、異なるルールを適用している。数の上で圧倒的な閉鎖的な中小企業についてのルールは大事であるが、他方で日本ないし世界経済へのインパクトという意味では上場会社も数は少ないながらも非常に重要である。

　さらに、証券取引所に上場している会社には、会社法だけではなく、金融商品取引法が適用される。金融商品取引法（講学上は「証券法」などと呼ばれることもある）は投資家保護のために開示規制などを定める公法規制（行政法の一種）である。しかし、この法律は実質的な意味で上場会社のための特別の会社法とい

う側面も有する。「会社法」の授業では、一方では会社法に定められているのに株式会社以外の持分会社は軽視され、他方で、上場会社を念頭に置くと金融商品取引法という行政法が学習の範囲に入ってくる。

　法学部に進学して会社法の授業が配当されるのは専門課程の2年目以降が通常であり、普通はそれまでに民法総則や刑法総論など専門科目の学習がある程度進んでいる。そのような学生からも「会社法は難しい」という声を聴くことがある。これは、会社法の学習では民法や刑法とは少し異なる点にウェイトがあるからである。

　たとえば、民法で「契約」や「売買」ときいて全くイメージがつかないなんてことはない。だから、法学部の授業では「二重譲渡」や「代位」、「受領した物があとから契約で定めた品質に適合していないことが発覚した場合の責任」（かつての瑕疵担保責任）など、イレギュラーな事態が発生した場合の処理を中心に学ぶ。刑法でも、「殺人」がまったくわからないということはない。だから刑法の講義では事実の錯誤といったイレギュラーな事態を学ぶ。「真理は細部に宿る」というので、このようなイレギュラーな事態に論理を突き詰めることが制度全体を正しく理解することにつながることを否定するつもりはない。だが、民法や刑法では、細部を見る前から全体としてのイメージを持った上で学習できていたのである。

　これに対して、会社法で取り扱う事項は、高校を卒業してそのまま大学に進学した学生には、そもそも制度の本丸がわからないという点に独自の難しさがある（田村諄之輔『新法学案内85』〔有斐閣・1985〕69頁）。たとえば、株式会社には「取締役」という機関を設置しなくてはならないのであるが、この「取締役」というのが何をする人なのかわからない。経営者そのものなのか、経営者の部下として「経営陣」の一員となる者なのか、それとも経営者に助言する人なのか、はたまた経営者を監督（モニタリング）する者なのか。ここで「監督」といった場合にも、その意味は、経営者の経営判断についてアドバイス・コーチングすることを指すのか、それとも違法な経営をしないように注意することなのか、はたまた経営者の業績（成績）を評価することなのか。

　もちろん、会社法でも、民法や刑法で展開されるようなイレギュラーな事象も取り扱う。たとえば、取締役が自身の職務を怠り、そのせいで会社に損害が発生

した場合、取締役は会社に対して損害賠償責任を負うことになる（会社法423条）。そして、この場面を舞台に様々な議論が展開されている。しかし、この場面を論じるには、そもそも取締役の負っている職務とはどういうものなのかという制度のど真ん中の理解が必要となる。

そこで、会社法の授業は、このような会社という制度のど真ん中の説明が中心となる。そのため、イレギュラーな場合にどう処理すべきか、という発想が身に付いてしまった勉強熱心な法学部生ほど、これまでとは勉強のモードを変える必要があり、困難にぶつかる。他方で、これまで法学部の科目が苦手だった学生にとっては、会社法ならわかるということもある。これまでの勉強に躓いている学生も、会社法がとっかかりになって法律学を面白いと思えるようになることもあるので、ぜひ精力的に取り組んでほしい。

[2] 商法総則・商行為法

これに対して、会社法以外の分野は、民法の財産法分野の特別法という性格が強く、これまでの民法の勉強の延長に捉えることができる。民法と商法の違いは、商法は「商人」というビジネスのプロを想定した法律であるということである。民法はプロ以外のアマチュアを想定した法律ということになるはずなので、このプロとアマの差から、特別なルールが必要になると考えて商法が、民法・財産法とは異なるルールを定めている。

しかし、民法のうち、消費者と事業者との間で契約するような場面は消費者法（消費者契約法）という分野に吸収されている。すなわち、民法の規定は、建前としては「対等な当事者間の取引」の場面に適用される法律ということである。対等な当事者であるならば、民法の想定するアマ同士も、商法の想定するプロ同士も、必要なルールに大きな違いはなさそうである。特に、取引法のように法律上の規定の多くが任意規定であるならば、プロは必要な契約条項を用意することができるのだから、仮にプロ同士で特に必要な規定があったとしても、法律でわざわざあらかじめ定めておく必要はないということになる。

このように、商法は民法と異なるルールが必要であるとはいうものの、その必要性は必ずしも高くない。そのため、商法でプロ同士であるというだけで適用される規定、商法総則および商行為法総則の規定は必ずしも多くない。民法の規定

では問題があり、かつ当事者に任せておくよりも任意規定を予め用意しておいた方がよい場合に限って商法に規定が設けられているので、商法総則・商行為法総則の規定は非常に断片的なものになる。そのため、商法総則・商行為法総則だけを勉強しても、民法まで含めて検討しないと商取引の全体像が摑めない。商法総則・商行為法総則には、統一体としてのアイデンティティが存在しないのである。

[3] 保険法、運送法・海商法

これに対して、商行為法の各則は、特定の契約類型を定めている。たとえば、問屋営業や倉庫営業といった契約が定めてある。こういった契約類型のうち独立して授業科目となることがあるのが保険法と運送法・海商法である。

保険法は、生命保険や損害保険といった保険契約を規律する法律であり、2007年に商法から単行法化された。生命保険は、人が死亡した場合や反対に〇〇歳以上生きていた場合に保険金が給付されるものであり、損害保険では、火災や盗難などあらかじめ定めておいた事項で損害が発生した場合に保険金が給付される。これらをまとめると、保険とは、同種のリスクに晒されている者が保険料を支払い、その中で、実際にリスクが実現して損害が発生した場合には、それを填補するための給付（保険金の支払い）を行うものである。

このような保険契約は、リスクという目に見えないものを扱うという点や事故が起きるかどうかによって保険金がもらえるかどうかが決まることから賭博（ギャンブル）と似ているという点、当事者の間で情報の偏在があるという点（保険の技術的な専門的知識・情報は保険会社〔保険者〕側が有しているのに対し、実際に損害が発生したか否か、その規模、損害発生確率の算定の基礎となる事情といった情報は契約者側が有している）など様々な特殊性がみられる。このような特殊性に応じたルールが作られており、そのうち保険契約の成立や効力、保険金支払責任の有無など私法的な側面について規律するのが保険法である。他方で、金融業の一種として事業者の監督に関する規制は保険業法に委ねられている。

運送法・海商法も2018年に改正された。運送契約には、陸上運送、海上運送、航空運送があるところ、このうち海上運送と航空運送においては、国をまたぐ国際運送契約も多い。この場合、そもそも日本法が準拠法として選択されるのかすら定かではない。そして、日本法が適用される場合も、海上運送であれば国

際海上物品運送法、航空運送であればモントリオール条約が適用されることになり、商法の規定は適用されない。

　保険契約や運送契約などは、商取引法の各則というべきものであり、民法典に定められた契約類型同様、典型契約と呼ぶことができる。商法で展開されるこれらの契約類型は、民法の売買契約に比べれば学生には馴染みがないであろうが、民法の中にも終身定期金契約のように馴染みのない契約もあるので、民法と商法の典型契約の間に大した違いはない。

［4］手形法・小切手法

　手形法・小切手法も手形（約束手形と為替手形）や小切手という対象を基準に範囲を定めた法律である。手形や小切手は、これらの「紙」（有価証券とよぶ）が、金銭に代わる支払手段として用いられるのと同時に、証券の呈示や支払期日まで金銭の支払いを待ってもらう機能も有する（信用手段と呼ばれる）。小切手や為替手形は支払手段としての側面が強く、約束手形は信用手段としての側面が強い。

　手形法や小切手法は、かつては、大学の商法科目において重要なものとして扱われ、旧司法試験でも商法の論文式試験二題のうちほぼ毎年一題は手形法（特に約束手形）から出題されていた。

　だが、現在、紙ベースの手形の利用量が大幅に低下している。全国の手形交換所での手形交換高は、金額ベースで1990年には年間4797兆円だったものが2017年には374兆円と10分の1以下に減少している。枚数ベースでも1980年代末には年間約4億枚だったものが2017年は5500万枚となっている。1つの理由は、手形法や小切手法の定める手形、小切手は「紙」ベースである必要があり、しかも、両法は国際条約を国内法化したものであるので、会社法や金融商品取引法のように、電子記録ベースの手形、小切手を認めるための改正を日本だけで行うことはできないという事情がある。

　そこで、日本は、電子記録債権法を制定し、その中で「電子手形」的なものを可能にしたほか、クレジットカードや電子マネー（前払式支払手段）といった他の支払決済手段も活用されている。このような状況を踏まえて、近時は、かつてのような手形法、小切手法という枠組みにこだわらず、他の支払手段も踏まえて

「決済法」「支払決済法」などの形で授業を展開する学部も増えている。

3 研究としての商法

[1] 研究「対象」としての商法

だが、研究としての商法学の研究領域は、授業としての商法とは必ずしも一致しない。

たとえば、運送契約というのは商法の運送法のど真ん中の領域である。しかし、民法の契約において、契約で定めた結果を実現できなければそれだけで契約違反として損害賠償責任を負う結果債務という類型と、約束した結果が実現せずとも、実現に向けて一定の注意を払わなかった場合に限って契約違反の責任を負う手段債務という類型との2つの類型に分類することの意義という、民法学の中でも華々しい議論がなされた舞台の1つは運送契約であった。

他方で、金融取引にかかわる領域は商法研究者と民法研究者の双方が研究対象としているし、前述の通り消費者法も民商両面から研究がなされていた。さらには、憲法・表現の自由についてまで進出するものもある。

[2] 研究「手法」としての商法

このように研究としての「商法学」の対象は民法その他の法分野と大きく重なっている。研究としての商法の特殊性を探るとすれば、対象よりも研究手法（discipline）にあるのかもしれない。

商法では、現在、「法と経済学」という経済学の知見を活用した研究手法が盛んである。この手法は、まず会社法の領域で用いられるようになり、現在は、取引法でも盛んとなっている。あるルールの下で当事者はどのように行動するのかを分析し（記述的研究）、また、当事者を望ましい行動へと導くための望ましいルールはどのようなものかを研究する（規範的研究）という手法である。そこで用いられる経済学は、数式を用いるなど理論モデルによるものが中心であったが、近時は、ただのモデルにとどまらず、実際のデータを収集して仮説が正しいかを検定する実証分析を伴う研究が志向されている。

商法のトレンドの原因にはいくつかの点が挙げられよう。会社法・商法は、経

済活動に密接にかかわる領域を対象としているため、このような領域では経済的な分析はどうしても必要となる。また、法改正が頻繁であることから、裁判所での解釈論のみならず、立法論すなわち「制度はいかにあるべきか」を論じることが多く、そのためには経済学その他の社会科学が必要となるということもある。さらに付加的には、商法・会社法領域は世界一の経済大国であるアメリカの影響が強いところ、アメリカの会社法学においても経済分析の活用が進んでいるということも挙げられよう。

法と経済学に限らず、商法では、当事者・現実社会にどういう影響を与えるのか、という研究手法が非常に盛んである（田中亘「商法学における法解釈の方法」民商154巻1号〔2018年〕38頁）。これに対して、民法ではフランスやドイツ、英米の比較法研究だったり、日本民法の起草過程からさらに日本法に影響を与えた「母法」にまでさかのぼる歴史研究が盛んである。

だが、これは、きれいに分かれるものではなく、民法でも、少し前までは社会にとってどちらの結論が望ましいかという利益衡（考）量論が主流であったし、今もなお有力に用いられている。民法における利益衡量論は事後の観点からの公平を重視し、商法の法と経済学は事前の観点から当事者の行動に与える影響を分析する点で異なる、と事前・事後の違いが強調されることもある。だが、必ずしも民法の利益衡量論に事前の観点が欠けるわけではない。むしろ、民法の利益衡量論をよりフォーマルにしたのが法と経済学というほうがよいであろう。

商法研究も完全に「法と経済学」一辺倒というわけではない。近時も、丹念な歴史研究・比較法研究に基づいて新たな知見を提供する論文も公表されている。他方で、経済学以外の他の社会科学分野の摂取もなされている。近時は政治学の成果を取り込むいわば「法と政治学」による論文も登場している。

このように研究手法を取り上げても何でもありの「無差別格闘流」状態にある。このため、商法学とは、研究対象を指すだけで、固有の研究手法は存在しないとも言われる。経済学その他の社会科学の隆盛から、商法はもはや法律学ですらないのかもしれない。他方で、研究対象としての商法も、実は統一性がないというのは前述の通りである。

最終的に商法の論文ないし商法の研究者と言えるかどうかは「人」（執筆者）によって決まるのかもしれない。その研究者が普段ローテーションで担当する授

業がどういうものなのか、デビュー論文のテーマが何だったのか、さらには大学院時代の指導教員が何を専攻していたのか。こうなってくると、もはや「商法」というアイデンティティを考えることの正当性すら怪しくなってくる。

4　学習ガイド・文献紹介——お勉強から研究への架橋

　このように学生にとっての「商法」から研究としての「商法」に進むためには、その間にギャップがある。しかし、このギャップを埋めるためのマニュアルが今のところ存在しない。商法の研究が無差別格闘流に「面白い」ことを求めるものであるとすれば、商法の論文を読み漁り、その中でそれぞれが「面白さ」を実感し、自分なりの「面白さ」を発見してもらうしかない。

　個人的な経験をいえば、筆者は大学院に入って「勉強」と「研究」のギャップに苦しみ悩んでいたところ、田中亘「敵対的買収に対する防衛策についての覚書」（『企業買収と防衛策』〔商事法務、2012 年〕所収）の草稿を読んだときに、鳥肌が立つほどゾクゾクしたことを今でも覚えている。15 年ほど前の話であるため、今の学生が当時の筆者と同じような感動を味わえるかは定かではない。15 年後の商法学界があのような興奮を今の学生に生み出せているとよいのだが。

　そうして執筆した筆者のデビュー論文は「持合株式の法的地位」であるが、これは井森美幸のホリプロスカウトキャラバンのダンス（若い読者には「四次元からきたマヨラー星人白石麻衣」と言えばわかるだろうか）同様、「黒歴史」となっている。同論文を執筆するにあたり大きな影響を受けたのがオリバー・ハート（鳥居昭夫訳）『企業　契約　金融構造』（慶應義塾大学出版会、2010 年）（当時は邦訳がなく原著 Oliver Hart, FIRMS, CONTRACTS, AND FINANCIAL STRUCTURE, 1995 であった）である。当時は、必ずしも経済学では評価されていないといわれていた Hart の議論（その後、Hart が 2016 年ノーベル経済学賞を受賞したことで筆者の溜飲は下がったが）に、自分の問題意識に差し込む一筋の光明を感じた。

　この Hart の議論の面白さの光源に筆者なりに迫った（つもりの）論文が、「2 つの残余権概念の相克」（岩原紳作＝山下友信＝神田秀樹編集代表『会社・金融・法〔上巻〕』〔商事法務、2013 年〕111 頁以下）と、やや入手しにくいが「上

場会社における種類株式の新たな利用形態」日本台湾法律家協会雑誌13号（2016年）56-73頁（入手しやすい要約版として「種類株式」法学教室444号〔2017年〕17-23頁がある）の2本である。

第9章 民事訴訟法
民事訴訟法を学ぶということは、どんなことを意味するのか

東京大学教授
垣内秀介

1 民事訴訟法とは何か

　民事訴訟法は、技術性の高い法分野だと言われる。専門技術的な法概念や細々としたルールが無数に存在し、しかもその細かいルールが日常生活にどのように影響を与えているのかが見えにくい、ということである。そのため、民事訴訟法の勉強は無味乾燥であり、「民訴」ならぬ「眠素」だと揶揄されることもある——もっとも、実際には、この「眠素」なる表現を好んで用いるのは外ならぬ民訴教員であり、それは自身が密かに信じる民事訴訟法の面白さを際立たせるための、一種の枕詞に過ぎないことも多い。筆者もその1人ということになるが、自身の専門分野の面白さをそうした韜晦した言い回しによって表現せざるを得ないこと自体が、民事訴訟法という分野の特質を反映していると言えよう。

　民事訴訟法という法分野の内容そのものは、授業やその教科書、体系書類に委ねることが適当であり、ここでその単なる要約をしても、それこそ無味乾燥以外の何者でもないであろう。そこで、以下では、本書の共通の構成に従い、まず、そもそも「民事訴訟法」とは何かについてみた上で（**1**）、「民事訴訟」という手続の特質（**2**）、「民事訴訟法」という分野の特質（**3**）についてふれ、最後に学習上の留意点や文献（**4**）を述べることにする。これらを通じて、民事訴訟法を学ぶということが何を意味するのかについて、筆者なりの見方を示すことになるが、「何でこんな小難しいことを勉強しなければならないのか」という疑問が湧

き上がって来た際に、読者の皆さんが自ら考えるための手がかりの1つともなれば、筆者としては幸いである。

[1] 「民事訴訟」とは何か

「民事訴訟法」とは、一言でいえば、「民事訴訟」を規律する「法」ということになる。それでは、「民事訴訟」とは、いったい何だろうか。この言葉から一般的に想起されるイメージは、何か裁判所で行われる手続で、法廷で証人や各種の証拠を取り調べて弁護士が丁々発止のやり取りをし、最終的には裁判官が判決を下して決着をつける、といったものであろう。関係者の法廷での実際の立ち居振る舞いと一般的なイメージとの間に、若干のずれがあるかもしれないことを別とすれば、こうしたイメージは決して間違ったものではない。

とはいえ、「民事訴訟」というものを厳密に定義しようということになると、ことはそう一筋縄ではいかない。まず、「民事訴訟」とは、言葉からすれば、「民事」の「訴訟」ということになるが、それでは、「民事」とは何で、「訴訟」とは何なのか。また、「訴訟」と似た言葉に「裁判」というものがあるが、「訴訟」と「裁判」は同じなのか、違うのか、といった問いが次々と生まれることになる。

なお、すでに法律を学び始めている読者の中には、「民事訴訟とは、民事訴訟法という名前の法律で定められている手続のことだ、と定義すればよい」と考える方もいるかもしれない。もちろん、それはそれで1つの正しい定義である（「形式的意義の民事訴訟」と呼ぶ）。しかし、それでは、たとえば、日本にも民事訴訟はあるが、アメリカやドイツなど、他の国にももちろん民事訴訟という制度はある、しかしそれは互いに少しずつ異なっている、などという場合に、そこでいう「民事訴訟」とは、事柄の実質として何を意味しているのか、という問いに答えることはできない。ここで問題としているのは、そうした事柄の実質のレベルでの「民事訴訟」の定義である（「実質的意義の民事訴訟」と呼ぶ）。

さて、まず、「民事」とは、一般に「刑事」との対比において用いられる用語である。ここで「刑事」とは、ある者が犯罪を犯したかどうかや、それに対して科すべき刑罰の確定や執行に関する事柄、要するに、国家の刑罰権発動に関わる事柄を指す。したがって、そこでの登場人物は、刑罰権行使の主体としての国家と、その相手方としての市民（個人や法人）、ということになる。これに対して

「民事」とは、基本的に、自由で対等な主体（個人や団体。これらを「私人」と呼ぶことが多い）間の関係（権利義務）に関わる事柄を指す。したがって、民事訴訟における登場人物は、こうした自由で対等な主体であり、民事訴訟は、そうした主体間の権利義務（これを「私法上の権利義務」と呼ぶことが多い）に関わる営みだ、ということになる。

　次に、「訴訟」とは何か、であるが、「訴訟」という言葉そのものは近代以前から存在する日本語であるものの（たとえば『平家物語』に用例がある）、ここで問題となるのは、明治期に外来のものとして導入された制度の名称としての「訴訟」、言い換えれば、翻訳語としての「訴訟」である。そこで、その原語をみると、英語では、process ないし procedure、フランス語では、procès ないし procédure、ドイツ語では Prozess ないし Verfahren が対応する。ここで、process とか procedure という言葉は、いずれもラテン語の pro cedere、すなわち「前へ」「進む」に由来しており、そこから、何かに向って進行していく、文字通り「プロセス」、言い換えれば、「手続」を意味することが分かる。それでは、この「手続」は何に向って進んでいくのか、ということであるが、「裁判」という言葉は、まさにこの点に関わる。

　「裁判」という用語は、訴訟法上の用語としては、「裁判機関がその判断を法定の形式に従って表示すること」などと定義され、判決、決定、命令の3種がある、などと言われるが、ここでは、もっぱら「判決」を考えればよい。そして、民事の訴訟においては、私人間の権利義務が問題となるのであるから、判決においては、そうした権利義務の存否について、裁判機関、つまり裁判所が、その判断を示すことになる。したがって、訴訟とは、そうした判決へ向って進んでいく手続である、ということになる。

[2]「民事訴訟法」とは何か

　「民事訴訟法」とは、以上で述べたような意味における「民事訴訟」を規律する法だ、ということになるが、念のために確認しておけば、終着点となる判決の内容については、民法や商法といった他の法令に従って定まる。そこで、こうした判決の内容＝実体を規律する法を、一般に「実体法」と呼ぶ。それに対して、民事訴訟法は、すでに述べたように、そこに至る手続を規律するものであり、一

般に「手続法」と呼ばれる。

　こうした意味での民事訴訟法の内容を定める法律としては、文字通り「民事訴訟法」という名前の法律（平成 8 年法 109 号）があるほか、民事訴訟規則（平成 8 年最高裁規則 5 号）などの関連法令がある*1。

2　民事訴訟という営みの特質

　1 では、民事訴訟とは私人間の権利義務について判断する判決を目指して進められる手続である、と説明した。しかし、それだけでは、そうした営みが意味するところを十分に理解することは難しいと思われる。そこで、以下では、少し違った角度から、民事訴訟という営みの特質を考えてみることにしたい。その際、出発点となるのは、裁判とは、物事を決めるやり方の 1 つであり、したがって、民事訴訟とは、物事を決めるための手続の一種である、ということである。

[1] なぜ決定するのか——民事訴訟と紛争

　まず、民事訴訟が何か物事を決定する手続であるとして、その対象となるのは、すでに述べたように、私人間の権利義務ということになる。それでは、なぜ権利義務の存否について決定する必要があるのか、何のためにそうした決定をするのか、という疑問が生じるが、この問題に対しては、従来、民事訴訟の目的論という形で、様々な見解が主張されてきた。それらを大別すれば、当事者の権利を保護するためだ、という見解（権利保護説）と、当事者間の争いないし紛争を解決するためだ、という見解（紛争解決説）とが有力な潮流といえる。とはいえ、いずれの見解によるにせよ、民事訴訟が、そうした決定を必要ならしめるよ

---

*1　ただし、以上で述べたのとは異なり、民事訴訟ないし民事訴訟法という言葉をより広い意味で用いることもある（広義の民事訴訟ないし民事訴訟法）。その場合、上記のような判決を目指して行われる手続（狭義の民事訴訟）のほか、権利義務の強制的実現に関わる手続（執行手続、保全手続）や倒産処理手続をも含むことになる。実際、これらのうち執行手続や保全手続については、民事執行法（昭和 54 年法 4 号）や民事保全法（平成元年法 91 号）の制定までは、民事訴訟法の中に規定が置かれていたところである。もっとも、本章では、以上のうち、狭義の民事訴訟（「判決手続」とも呼ばれる）ないし民事訴訟法のみを取り扱う。

うな状況、言い換えれば、「争い」ないし「紛争」に関わる営みであること自体は、否定されていない。権利保護を目的とみる立場においても、民事訴訟という方法による権利保護が必要になるのは、そうでなければ当事者の権利が実現されない状況があるからであり、それは、当事者の権利について、広い意味で争いがある状況だといえるからである。もっとも、実際には、「紛争」というものをどのように理解するか自体について多くの議論があるが、ここでは、ある主体の他の主体に対する具体的な要求が成立しているが、それが実現されていない状況といったものを広く想定しておけば足りよう。

このように考えると、民事訴訟という制度の究極の目的をどうみるかはともかくとして、民事訴訟を、紛争解決という機能を持つ様々な手段のうちの1つ、と位置付けることが可能になる。そして、このような視点からは、民事訴訟以外の紛争解決手段もまた、視野に入ってくることになる。一般に、裁判外紛争解決手続あるいは裁判外紛争処理と呼ばれるもの（英語の Alternative Dispute Resolution の略称として、ADR と呼ばれることも多い）が、それである。そうした裁判外の紛争解決手法としては様々なものがあり、大別すれば、第三者の関与なしに、当事者間のみで交渉を行う相対交渉、第三者の関与の下で当事者間の合意を目指す調停、当事者間の合意に基づいて解決内容を第三者の判断に委ねる仲裁といったものがある。したがって、民事訴訟という紛争解決手法の特質は、これらとの対比において語ることが可能である。

もっとも、上で挙げた各種の紛争解決手法と訴訟との間には、実は重要な共通点もみられる。そこでまず、そうした共通点について確認しておくことにしよう。

[2]「決定する」ということの意味──"In the beginning was the Word"

紛争解決手法の基本的な類型として相対交渉、調停、仲裁、裁判などを挙げる場合、そこでは、暗黙のうちに、武力による相手方の圧倒、というような実力行使による紛争解決は認めない、という観念が前提とされている。言い換えれば、これらは、全ていわば正当な紛争解決方法の諸類型だということである。そして、これらの諸類型の重要な共通点として、いずれも、実力行使ではなく、言語を媒介とした紛争処理である、という点が挙げられる。そもそも、物事を「決定する」ということ自体、言語の使用を前提としている。「決定」とは、一定の内

容を言語で定式化することを意味するからである。上記の諸類型における紛争の「解決」とは、和解合意、仲裁判断、裁判というようにその形態は異なるものの、いずれも、一定の解決内容を言語で定式化することを意味しているのである。

　言語を使用する、ということは、ごく当たり前で基本的なことではあるが、すでに重要な含意をもつ。言語というものをどのように理解するかについても様々な考え方があり得るが、ごく一般的には、言語とは、記号の体系であるということができる。そして、最も基本的には、記号（signifiant）は、それに対応する一定の現実（signifié）を指示するのであるが、たとえば餅の絵が現実の餅とは異なるように、記号は現実そのものではない。

　このような特質から、言語の使用には、物理的な現実とは異なるレベルでの思考空間を生み出す、という基本的な作用がある。まず、目前の現実を言語でどのように表現するかについては、一定の幅、あるいは解釈の余地があるし、言語を使用することは、今、目前にあって直接に知覚し得る現実を超えた思考、たとえば、遠い地球の反対側の出来事や、過去の経緯、あるいは将来の展望を語ることを、可能とする。言い換えれば、言語の使用は、空間と時間を超えた思考を可能とするのである。その意味で、言語の使用とは、物理的な現実からの自由、また直接の知覚からの自由を意味すると言ってもよい。基本的には、記号の世界では何を言うのも自由なのである。

　その結果、言語を使って物事を決定する、ということは、決定内容の現実の諸条件からの自由をもたらすといえる。このことは、言語が一切媒介しない紛争処理というものを仮定してみれば、いっそう明らかになろう。たとえば、獲物をめぐって争う２頭のライオンを考えてみよう。この場合、言語なき実力闘争の下では、その帰結は、強く、速いほうが勝って獲物を獲得する、という単純な物理法則の適用でしかない。これに対して、言語を使用する場合には、単なる物理法則の適用としての解決以外の可能性が開かれるのである。

　もっとも、以上のことは同時に、言語の使用は、決定（＝言語）と、その履行（＝現実）との乖離をもたらすということをも意味する。決定過程と履行過程の分節といってもよい。すなわち、言語の使用によって現実から自由な決定を形成したとしても、その決定が直ちに現実を変えるわけではなく、決定の内容を実現するためには、むしろ現実に対する積極的な働きかけが必要になる、ということ

である。その意味で、言語による決定は、現実の諸条件との間の緊張関係を本質的に孕んでいるといえる。

そしてこのことはさらに、言語の使用が現実からの自由を生み出すとしても、そうした自由は、とりわけ紛争処理のような場面においては、決して無制約なものではない、ということを意味する。「絵に描いた餅」という言葉があるように、解決が単なる記号のままにとどまり、現実がそれに対応しない、という事態は、紛争解決という場面においては深刻な問題となるからである。これは、根本的には、人間は物理的な肉体を持っており、観念だけでは生きられない、ということに由来する。したがって、紛争解決のための決定においては、様々な形で現実世界との対応関係が問題とされることになる。もっとも、現実のどのような側面に着目するかは、手法によって様々であり、この点に、民事訴訟という営みの重要な特質の一端が潜んでいる。

[3] 民事訴訟の特質

[2]で述べたように、紛争処理という場面における決定においては、決して全くの白地に自由な絵を描くというわけにはいかず、現実世界との対応関係がチェックされる必要がある。たとえば、交渉や調停においては、合意形成に際して、その合意内容の実現可能性の確認（feasibility check などと呼ばれる）が不可欠の作業である。弁済資力がまったく不十分であるにも関わらず、巨額の支払いを合意するなどということは、意味がないと考えられるのである。「現に払えないのだから仕方がない」といった考慮は、こうした処理手法の場合には意味をもつ。言い換えれば、この種の紛争処理手法においては、その限りで現実との緊張関係は弱く、現実との関係は妥協的である、と言える。

実は、その対極にあるのが民事訴訟である。もちろん、民事訴訟においても現実との対応関係は厳密にチェックされるが（証拠調べによる事実の証明）、そこで決定的とされるのは、過去の事実関係に関する主張が現実と対応しているかどうかである。逆に、決定内容の現実的な実現可能性といった考慮は、むしろ排斥される。「現に払えないのだから仕方がない」などと主張しても、判決においては原則として意味をもたないのである。その意味で、民事訴訟においては、目前にある現実の諸条件との緊張関係が極大化し、現実との妥協は排斥される。いわ

ば「妥協しない自由」を保障するのが民事訴訟であり、そこには、規範として現実と対峙する、という法の一側面が、まさに現われているといえる。

このように、解決内容を法（ここでは、1 [2] で述べた実体法）に従って決める、ということが民事訴訟という制度の重要な特質の1つであるが、そのほかにも、民事訴訟における裁判（判決）には他の決定方法とは異なる特質がみられる。そうした特質として、ここでは次の点を挙げておきたい。

まず、決定が公的な性格をもつ、という点がある。言い換えれば、民事訴訟における決定は、当事者の属する政治的な共同体、典型的には国家の中において、構成員全員によって決定の正当性が認められるような性格をもつ。現代の社会においては、こうした公的な性格の源泉は主として国家に求められるから、裁判を担うのは一般に国家機関としての裁判所ということになる。裁判の公開といった点も、このことと関係する。

次に、決定の強制的な性格、言い換えれば、いったん決定がされれば、それが否応なく当事者を拘束する、という点がある。また、このことは、いったん決定が確定すれば、それはもはや動かせない、という決定の終局的な性格とも結びついている。いつまでも決まったようで実は決まっていない、いつでも覆せる、というのとは対極にあるのである。

これらのような決定としての性質、すなわち公的な性格や強力な拘束力という点は、一方で、決定内容についての厳しい吟味と、他方で、決定に至る手続の厳密さを要求することとなる。これらのうち、前者は、すでに述べた法に基づく裁判という特質に結びつく。それに対して後者の手続のあり方は、まさに民事訴訟法が規律するところであり、どのような質の手続を当事者に対して提供し、保障するか、ということが、そこでは問われることとなるし、逆に、そうした手続を経たのであれば、それを経てされた決定にどのような効果を認めてよいか、ということも、民事訴訟法の分野における重要な課題である。

3 民事訴訟法という法分野の特色

以上を踏まえて、民事訴訟法という法分野の特色について、何点かふれておくことにしたい。

第9章　民事訴訟法──民事訴訟法を学ぶということは、どんなことを意味するのか　109

[1] 手続の大枠としてのルール

　民事訴訟法は手続に関する法であるから、民事訴訟という手続は、民事訴訟法に従って進められる、と一応はいうことができる。しかし、ここで誤解してはならないのは、手続の具体的な進め方が全てルールによって定まっているわけではない、ということである。むしろ、民事訴訟法の定める各種のルールは、手続のいわば大枠を定めるにとどまるものであり、そうした大枠の中で、定められた権限分配に従って関係者（裁判所と当事者）の行為が積み重ねられることによって、実際の手続が進むことになる。

　その意味では、民事訴訟法の規律には、たとえば野球とかサッカーといったスポーツのルールと似たところがある。こうしたスポーツの試合の場合、どんなボールを投げるか、誰にパスするか、といったことがルールによって決まっているわけではなく、むしろルール上許された範囲内で選手が自由にプレイすることによって試合が進行するが、それと同様に、民事訴訟においても、関係者のその都度の判断に委ねられる部分は大きいのである。

[2] 手続の動態的性格──「行為規範」と「評価規範」

　次に、手続というものは時を追って展開するプロセスであり、民事訴訟の場合、訴えに始まる当事者及び裁判所の行為の積み重ねによって手続が進められていく、ということと関係して、いわゆる「行為規範」と「評価規範」の区別が強く意識される、ということが挙げられる。

　これらのうち、行為規範とは、これから手続を進めるにあたって、何をすることが許され（＝適法）、何をすることが許されない（＝違法）のかを指示する規範を指す。こうした規範が明確でなく、何が違法となるのかが明らかでない場合には、手続を円滑に進めることは困難と考えられることから、ある規範が行為規範として機能する場合には、明確性の要請が強調されることとなる。

　これに対して、評価規範とは、すでになされた手続を回顧的に振り返る際に、そうした過去の行為の有効性を判定するための規範を指す。この局面では、手続の安定性という要請が強く意識される。すなわち、過去のある行為が無効とされると、それが有効であることを前提として積み重ねられた行為が全て覆り、以後の手続をやりなおさなければならない、ということになりかねないが、場合によ

っては、それが相当でないと評価されることもあるからである。結果として、行為規範からみれば違法と評価される行為であっても、評価規範からみればその瑕疵がいわば治癒され、有効性が維持される、という事態、言い換えれば、両規範の乖離という事態が生じ得ることになる*2。

[3]「神は細部に宿る」

最後に、民事訴訟法の分野においても、基本的な原理・原則はもちろん重要であるが、その一方で、一見細かく見えるような規律が重大な結果をもたらすこともままある、という点を指摘しておきたい。

たとえば、やや応用的な問題となるが、債権者が主債務者と保証人とを共同被告として訴えを提起したところ、主債務者は請求を争ったが保証人は答弁書も提出せず、期日にも出頭しない、というような場合、保証人に対してどのような判決をすべきだろうか。この問いに答えるには、「共同訴訟人独立の原則」（民訴39条）といった基本的な原則が前提となることはもちろんであるが、それだけでは不十分であり、具体的な処理を導くには、保証人に対する訴状及び呼出状の送達がどのような方法によったのか（民訴159条3項参照）、主債務者はどのような点で請求を争っているのか（請求原因事実を否認しているのか、抗弁事実を主張しているのか）、といった点を検討しなければならない。したがって、たとえば民訴159条3項ただし書のような規定の存在を見落とすと、重大な誤りを生じることもあり得るのである。

4　学習ガイド・文献紹介

3で述べたような民事訴訟法の特色は、いずれも民事訴訟法を学ぶ上で留意しておくべき点でもあるが、それらに加えて、民事訴訟法を学ぶ上で初学者が難

---

*2 また、このこととも関係するが、民事訴訟法の分野においては、ある行為が法に反している場合に、その瑕疵がどのような形で治癒され得るか、という点が重要な問題となる。軽微な瑕疵であれば、直ちに異議を述べないと治癒されてしまうが（民訴90条）、最も重大な瑕疵になると、判決が確定した後でも、再審の訴えによって争える（民訴338条）、といった具合である。

しさを感じるであろう点がいくつかある。そこで、最後に、そうした難しさについて言及しつつ、それらを乗り越えるための文献について紹介したい。

[1] 民事訴訟法の技術性

　まず、冒頭でもふれたが、民事訴訟法の各種の規律はとかく技術性が強い上に、民事訴訟に実際に関与した経験があるというのは稀であるから（筆者も、当事者として民事訴訟に関与したことはない）、自己の生活経験からはその適用場面を具体的に想像しにくい、ということがある。

　この観点からは、①山本和彦『よくわかる民事裁判——平凡吉訴訟日記〔第3版〕』（有斐閣、2018年）が、手続の流れを物語仕立てで分かりやすく説明しており、お薦めできる。また、民事訴訟手続において重要な意味をもつ争点整理のあり方を代理人・裁判官双方の視点からみることができる書物として、②林道晴＝太田秀哉（編）『ライブ争点整理』（有斐閣、2014年）も参考になろう。その他、折に触れて民事訴訟に関する書式集などを手に取ることも有益である。

[2] 民事訴訟法の「円環」構造

　次に、民事訴訟法は「円環」構造をもつ、としばしば言われる。すなわち、民事訴訟においては最終的には判決が予定されているが、一方で、その判決のあり方は訴えに始まる手続によって規定されるとともに、他方で、逆に、手続のあり方は、予定される判決のあり方やその効力によって規定される、というように、相互にフィードバックし合う関係にある、ということである。そのため、判決について勉強しないと手続のことが十分に分からないし、逆に手続のことが分からないと判決についても十分に理解できない、ということになる。

　この観点からは、コンパクトな教科書をまずは一通り読む、ということが1つの対応となる。その種のものは多数刊行されているが、ここでは、共著のものとしては、③山本弘＝長谷部由起子＝松下淳一『民事訴訟法〔第3版〕』（有斐閣、2018年）、単著のものとしては、④長谷部由起子『民事訴訟法〔新版〕』（岩波書店、2017年）を挙げておきたい。なお、分量は[3]で挙げる体系書類にやや近づくが、筆者が共著者となっているものとして、⑤三木浩一＝笠井正俊＝垣内秀介＝菱田雄郷『民事訴訟法〔第3版〕』（有斐閣、2018年）がある。

[3] 問題設定の多様性

　さらに、民事訴訟法において問われる問題の多様性、ということが挙げられる。すなわち、たとえば民法であれば、複雑な問題であっても、結局のところ、ＡとＢとの間にどのような権利義務が成立するか、という一点に問題が帰着する面があるし、刑法であれば、Ａの行為についていかなる犯罪が成立するか、あるいはしないか、という点に問題が集約されると言えるが、民事訴訟法上の諸問題については、そのような単一の問題形式に集約することは困難である。これも、民事訴訟法が手続を対象とすることに関係する。民事訴訟法において、民法における権利義務や刑法における犯罪に対応するものを探すとすれば、それは判決、とりわけその効力としての既判力、ということになろう。しかし、民事訴訟法の場合には、そこに至るプロセスで生じる様々な問題が、たとえば主張の規律や証拠法といった形でそれぞれ独立の法的問題として分節化されているために、具体的な問題設定が多様なものとならざるを得ないのである。

　この点については、本格的な体系書を読み込み、必要に応じて注釈書や個別の論文等にあたる、ということにならざるを得ないが、現時点での代表的な体系書としては、⑥伊藤眞『民事訴訟法〔第５版〕』（有斐閣、2016年）が挙げられる。また、さらに進んだ勉強への橋渡しとしては、⑦高橋宏志『重点講義民事訴訟法（上）（下）〔第２版補訂版〕』（有斐閣、2013年、2014年）をお薦めする。これらの書物が読みこなせるようになれば、民事訴訟法の「学習」はひとまず卒業であり、その先は研究の世界が広がっている、ということになろう。

　また、同様の事情から、民事訴訟法の分野における代表的な研究論文を１つだけ挙げる、ということも不可能であるが、ここでは、本章でふれた民事訴訟制度の基本的性格をめぐる古典的な論考として、⑧兼子一「民事訴訟の出発点に立返って」同『民事法研究（第１巻）〔再版〕』（弘文堂、1950年、初出1947年）477頁以下、また、関連する拙稿として、⑨「民事訴訟の目的とADR」伊藤眞先生古稀祝賀『民事手続の現代的使命』〔有斐閣、2015年〕127頁以下を挙げておきたい。

第10章 刑事訴訟法
矛盾した要請を克服するために

一橋大学教授
緑 大輔

1 刑事訴訟法とは何か

　刑事訴訟法とは、刑法を実現するための手続を定めた法律、あるいは、刑罰権の具体的実現を目的とする手続に関する法律だと説明される。罪を犯したと疑われる被疑者に対して、警察官・検察官が捜査を行い、場合によっては、検察官が公訴を提起する。これにより、被疑者は被告人へと身分を変え、検察官は被告人を訴追し、被告人は防御する。裁判所はその攻防から心証を抱き、最終的には判決を下す（その後、有罪ならば刑罰が執行される）。

　このように、刑罰権を発動するか否かを判断するための手続について、法律で定めていることには、理由がある。それは、犯罪が行われたと疑われる場合に、私人の間での弱肉強食によって制裁（私刑）が恣意的に加えられ、あるいは加えられないことを回避しようとするためである。法律の下で、手続をルールとして設定することを通じて、言葉による論争と、証拠とによって、刑罰権を行使すべきか否かを決することこそが、公正であり、人々の納得を調達できる——このような理解を前提としているからだといえる。

　このことを裏返せば、訴訟そのものが「力関係としての訴訟関係」になってしまっては、公正さを欠くことになりうる。法律の定めがあるとしても、言葉による論争を阻害し、あるいは証拠を用いることを阻害する状況を放置したまま、被告人に対する刑罰権を行使するか否かが決せられるとすれば、特に刑事裁判に関

わる人々の納得を調達することは、難しくなる。そのため、刑事訴訟法として条文に定められていることのみならず、その運用も含めて、公正さをどのように担保するかが重要なのである。

ただ、「公正さ」をどのように保つかが、様々な人々の納得の調達とかかわっているのだとすれば、「公正さ」の担保は容易ではない。

おそらくニュースで犯罪事件を見るとき、多くの人は、自分が加害者の立場になることを想像しない。むしろ、犯罪被害者となる立場に想像力を働かせて、自分が犯罪被害者であれば抱くだろう感情を想像することが多いだろう。その感情は、被告人の立場とは矛盾するものであることも多いであろう。他方で、法曹実務家、特に検察官や弁護人は、それぞれの立場から主張を通すために、技術的・専門的な観点から訴訟法を利活用することを意識することになる。刑事訴訟において被告人に対する訴追を行う検察官と、被告人を防御する弁護人との間では、矛盾する要請が衝突することも少なくない。そもそも、刑事訴訟法の第1条からして、刑罰法令の適用・実現のために、「事案の真相を明らかに」することと、「個人の基本的人権の保障」を全うしつつ適正に行うことも求めている。事案の真相の究明をしようとすると、個人の権利利益が制約・侵害されることもありうるところ、その衝突を克服することを求めている（被告人の権利を害して捜査機関が違法に収集した証拠を以て、罪となるべき事実を認定して有罪としてよいかという、いわゆる違法収集証拠排除法則の問題が、この典型例である）。

このように、刑事訴訟法は、数多くの矛盾し、相反する要請に取り巻かれており、その中でどのような調整を行えば、被告人を含む社会の人々を納得させられるのかという、微妙な問題を扱うことになる。かつて、鴨良弼博士は、刑事訴訟法におけるこのような矛盾する要請に対して、訴訟関係人の倫理や信義則といったものによって克服しようとする論文を書いた（鴨良弼『刑事訴訟における技術と倫理』〔日本評論社、1964年〕47頁以下および85頁以下等）。

しかし、倫理や信義則という抽象的な観念は、刑事訴訟法をめぐる矛盾を克服するために、本当に有効に機能するだろうか。そもそも、それ以前の問題として、人々は矛盾する要請の存在を、認識して共感しうるのか。私の結論は、人々の共感のためにも刑事訴訟法学には意味があるし、矛盾した要請を克服するために倫理等にも一定の意味があるというものである。以下、少し考えてみよう。

2　刑事訴訟法、刑事裁判の難しさ

［1］学習者に難しさを感じさせる要因

　ふだん、警察や検察官、刑事弁護人、裁判官を素材としたドラマを観たり漫画を読んだり、あるいはニュースで刑事事件の報道に接することも多いだろう。そのため、刑事訴訟法を学ぶときには、一見するとイメージしやすく、学びやすく感じるかも知れない。

　しかし、先に述べたように、多くの人々はどちらかといえば、実際の刑事事件においては、犯罪被害者に対する想像力を発揮しがちである。そのせいか、刑事訴訟法を学ぶにあたって、「法曹にならない人に対しては、刑事訴訟法の大綱、あるいはその精神、とくに罪を犯したと思われる者にもなお「人権」があり、国家権力の行使に慎重な制約が設けられていることを理解してもらうだけでもよいだろう」という認識が表明されることがある（平野龍一『刑事訴訟法概説』〔東京大学出版会、1968 年〕1 頁）。相反する要請が鋭く対立することが多い刑事訴訟法において、法曹にならない一般の人々からも、刑事裁判が納得をもって受け容れられるためには、特に想像力が及びにくい、「罪を犯したと思われる者」の権利の保障や、国家権力の行使に対する制約の必要性が広く理解されるべきだ——という認識が、この表明の背景にはあるのではなかろうか。様々な立場の人に対する広い想像力がなければ、社会の様々な立場の人々の納得を調達できない。刑事訴訟法においては、納得を調達すべき人々の中に、罪を犯したと疑われる人（被疑者・被告人）も含まれる、という前提は、刑事訴訟法を学ぶ上で確認されるべきだといえよう。

　たとえば、被疑者・被告人が終始沈黙することができることを保障する黙秘権は、ときに「常識の逆転現象」と呼ばれるとおり（田宮裕『刑事訴訟法〔新版〕』〔有斐閣、1996 年〕334 頁）、その保障されるべき理由を理解しにくい権利の 1 つであろう。また、刑事裁判において検察側と被告人側の双方が立証を経て、証拠調べを尽くした結果、なお事実の存否が不明である場合には、被告人側に有利な取扱いをしなければならない。いわゆる「疑わしきは被告人の利益に（in dubio pro reo）」原則である。これも、なぜ被告人に有利な取扱いをすべきなのかとの

疑問を抱く人もいるだろう。このように、直感的にはその根拠を理解しにくい権利や基本原則が、刑事訴訟法においてはしばしば存在する。もちろん、これら権利や基本原則の根拠は、それ自体、研究対象になりうる深刻な問題でもある。ここでは、学ぶ者に対して、立場の異なる者や諸原則の論拠について、想像力を広げることが求められることになる。

[2] 実務家が難しさを感じる要因

　もっとも、法曹実務家にとっての刑事訴訟法の難しさは、さらに別のところにもあるだろう。刑事弁護の観点からの例を紹介したい。卓越した刑事弁護人の1人として評価される、あるベテランの弁護士は、20代の終わりごろ、自らの言葉が法廷においてなかなか通じず、弁護士をやめようとしていたという。これで有罪判決になったら、本当に弁護士をやめようと思っていた事件で、無罪判決を得る。その経緯を振り返って、吐露する。

　「いまのシステムに対して、挑戦し続ける以外に選択の余地はない。刑事弁護というのは、個人のキャリアだから、耐えられないでやめるというのもすごく理解できる。だけど、ちゃんとした弁護士がみんな刑事弁護をやめちゃったら、今のシステムがいま以上に幅を利かせてしまうわけだから。誰かがやんなきゃいけない。誰かがやり続けて、繰り返し打たれて、最期を迎える。そういう人たちが次々生まれてくる以外に方法はないんじゃないかということです。」「弁護士に話をして、その人に動いてもらう以外に依頼人にとって方法はない。僕らはその資格を独占しているんだから、やるしかない。」と（木谷明編集代表『憲法的刑事弁護──弁護士高野隆の実践』〔日本評論社、2017年〕221-222頁〔高野隆〕）。

　この言葉は、ある種の諦観すら感じさせる。制度を構築するのは、法である。しかし、法に命を吹き込み、制度をどのように機能させるのかを決めるのは、人である。制度に問題があるならば、その中で、用いることのできる手段を駆使して、最善の結果を生み出そうとする営みが、漸進的であれ、制度をより良くしていく。特に刑事司法制度の場合、制度を担う人々には苦痛を伴わせ、ときには被告人や犯罪被害者に対して更なる犠牲すらも強いる。それでも、目の前の人のために、法律家が最善を尽くそうとするのは、その法律家の使命感によるものだというべきであろう。先の刑事弁護人の言葉は、その使命感を表現したものだと思

う。そして、このような「使命感」を含むものとして倫理や信義則の内容を理解するのであれば、冒頭で触れた、刑事訴訟法の様々な矛盾した要請を克服する要素として倫理や信義則に着目する理解には、やはり意味があるというべきなのかも知れない。

　このことは、刑事裁判官や検察官にしても共通するところがあるだろう。それぞれの立場で、使命感のある裁判官や検察官は、自らが理想と思うことと、現実の間のギャップに悩みつつ、できる限りの最善の手段と結果を求めているのだと思う。

　実務の慣性が強く作用する中で、個々の法律家が制度をより良く機能させることは、難しい。特に、利害が手続の各段階で鋭く対立しうる刑事手続においては、法律実務家が難しさを実感する場面が少なからず存在するであろう。しかし、個々の法律家が、難しさを理由に諦めてしまえば、制度の改善の芽はない。各法律家が使命感を抱いて、どこまで最善を尽くせるのかが問われる。ここに、刑事訴訟法の難しさ——特に法律家にとっての難しさ——が存在するといえよう。

3　難しさを乗り越えるために

[1] 刑事訴訟法と想像力・創造力

　常識との距離があるようにみえる権利や法原則が存在するがゆえの理解の難しさ、そして刑事手続を担う立場になった場合には、既存の制度の中で個人がさらに良い結果を得ることの難しさがある旨をここまで述べた（後者については、使命感が鍵であることにも触れた）。まず、双方の難しさを、いずれについても乗り越える方法はないだろうか。

　先に触れた刑事弁護人は、弁護士をやめようとしたが、思いとどまった。その背景には、「絶望している暇はないというか、絶望する権利はない」と思ったことが影響しているという。

　そのように思うに至った契機として、2つのことを挙げている。第1に、アメリカに留学して、証拠法や憲法的刑事手続を学び、「こういう社会があり得るんだ、こういう方法があるんだ、だから自分がいままでやってきたのでは足りない、全然まだやれる余地はたくさんあるんだということがわかった」のだとい

う。第2に、「やれる余地」を各所で話す機会を得たことで、「福岡とか、仙台とか、北海道とか、静岡とか、それぞれのところに同じ考えを持った弁護士がいることがわかった。1人じゃないとわかった」のだという（木谷明編集代表・前掲222頁〔高野隆〕）。

　このエピソードは、刑事訴訟法にかかわる制度を想像し、創造するために重要な要素を示唆しているように思う。第1に、諸外国の制度を学ぶことは、私たちに新たな視点と知恵を授けてくれるということである。日本国内の現状の刑事訴訟法の解釈論や、実務運用を知るだけでは、制度をより良くしていくための視点が固まってしまう。外国の法を学ぶことによって、別の視点から考えることができ、それが日本の刑事司法の在り方や刑事訴訟法の解釈についての新たな考え方を生み出すことにつながる。たとえば、この弁護人が関与した事件において、控訴審裁判所が被告人の前科事実を、被告人の犯人性を認定するために用いたことの適否が争われたものがあった。弁護人の手による上告趣意書には、日本法のみならず、アメリカ法の知見がふんだんに盛り込まれた。結果として、最高裁は当該事件において、控訴審が前科事実を被告人の犯人性を証明するために用いたことを違法だとして、控訴審の判決を破棄した。実際にアメリカ法の知見が最高裁の判断に影響したのか否かは、弁護人の弁論（木谷明編集代表・前掲329頁以下〔高野隆〕）、上告趣意書・最高裁判所の判決文（最2小判平成24・9・7刑集66巻9号907頁）、そして判決に対する最高裁判所調査官の手による解説（岩崎邦生「判解」最高裁判所判例解説刑事篇平成24年度275頁以下）が公刊されているから、自分の目で確かめて、考えてみてほしい。

　第2に、「1人じゃないとわかった」という言葉は、刑事訴訟法を学び、実践していくにあたって、知的な共同体をつくることの価値を示唆しているように思う。刑事訴訟法は、犯罪被害者や被告人といった様々な人の不幸を扱う法律である。刑事訴訟法にかかわる人々は、人の不幸に相対しているからこそ、鋭く利害を衝突させ、ときには関係する人々に絶望感すら感じさせることがある。だからこそ、「1人じゃない」関係性を築き、問題意識や知恵（そしてときには感情）を共有し、あるいは知恵を出し合うことに、価値があるのだと思う。きっと、刑事訴訟法の学びに真剣に取り組むほど、知的な共同体の価値を実感するに違いない。弁護士であれば、刑事弁護に携わる弁護士同士でネットワークを構築するこ

とを通じて、このような共同体を生み出しているだろうし、裁判官や検察官であれば、裁判所や検察庁といった組織そのものが、このような共同体として機能する側面もあるだろう。あるいは、法曹三者を横断して構築される共同体もありうるだろう（これら各共同体をさらに全体的に観察しうるのは、国民であり、研究者であるのかも知れない）。

　刑事手続を担う立場であれ、これから学ぶ立場であれ、知的な共同体を構築することが、あなたの助けになる場面もあるだろう。

[2] 全体像を見渡す

　刑事訴訟法の理解を助けるための方法については、さらに補足すべきかもしれない。刑事訴訟法の場合（民事訴訟法も同様であろうが）、個々の制度・手続だけをみていても、わかりにくいことが、手続全体や制度全体を見渡すことで、わかってくることも、しばしばある。たとえば、捜査段階で警察官・検察官が刑事訴訟法に反する行為を行った場合、捜査法だけを学んでいる段階では、その効果が分かりにくい。しかし、公訴提起や証拠に関する規定や法原則を学ぶと、捜査法での議論の実益が見えてくるであろう。

　また、現行法上の手続の全体像のみならず、歴史を含めた手続の全体像を把握しようとすれば、さらにわかりにくさを乗り越え、面白さをも感じ取ることができると思う。たとえば、現在の刑事訴訟法の条文配置で、初学者がもっとも苦しむのは、強制捜査（押収、捜索、検証）や被疑者勾留に関する部分であろう。これらはいずれも、裁判所や裁判長が主宰する手続について定めている条文を、捜査機関に対して準用する形式になっている（207条1項等参照）。このような規定形式になっているのは、明治期に刑事手続について定めていた治罪法が、現行犯の場合を除いて、強制捜査の権限を予審判事という裁判官に委ねていたことが影響している。このことに関連して、「旧々刑訴、旧刑訴、現行法と並べてみて、準用規定がどのように登場してくるかを眺めてみますと、捜査主体の推移を軸とする日本刑事訴訟法の変遷が、パノラマのようによく分かります」との指摘がある（松尾浩也「刑事訴訟法は難しいか」法学教室119号〔1990年〕45頁）。これは、準用条文が歴史を刻印し、日本が捜査主体を誰にするのかについて、苦悩し続けてきたことを端的に指摘するものだといえる。

以上のように、現行法の制度全体を見るとともに、歴史を含めて把握しようとする視点は、刑事司法の在り方を考え、どの制度をどのように変えれば刑事司法制度がより良くなるかを考える際にも重要である。訴訟法のように、ある手続が次の手続へと連鎖し、その連鎖が次々と蓄積されていることで判決にたどり着く場合、ある特定の手続にかかわる制度を変化させると、結果的に手続全体に影響を及ぼすことがありうる。また、特定の立場の利益のみに着目して、制度の一部を改変すると、制度全体に大きな変化をもたらし、結果的に多くの人々に影響を与えることもありうる。その影響を予測するためには、過去の歴史の蓄積は有用である。場合によっては、上述した諸外国の法や制度も参考になる。

　現に、刑事訴訟法は、1990年代後半以降は、改正の頻度も多い。公判前整理手続や裁判員制度の導入は、波及的に日本の刑事司法の在り方を大きく変えた。特に、公判における立証の在り方が、一般市民である裁判員を意識したものに変わったことが、裁判員裁判以外においても影響しているように思われる。また、2016年の改正で導入された、捜査協力型の司法取引（協議合意制度）や取調べの録音・録画は、今後の利用状況次第では、捜査の在り方や公判での立証の在り方を変えていく可能性を秘めている。運用上も、たとえば、捜査段階から被疑者に対して福祉的な支援を行う、いわゆる「入口支援」が検察庁を中心に行われて、起訴猶予権限がこれと結びつけて活用される等の現象もみられる。このような運用は、捜査の在り方や公訴提起の基準、さらに長い目で見れば刑の量定の在り方等にも影響を及ぼすかも知れない。これは、制度・手続の一部が変わることが、刑事司法制度全体を変容させる可能性があることの一例ともいえる。

　「『改革』の方向を誤れば致命的な暴走を招くことになりかねない。いま方向舵の役割を果たすのは、『伝統』そのものを見つめる冷厳な視線であろう」との言葉は、以上のことを凝縮した表現だといえよう（松尾浩也「伝統と改革」法学教室156号〔1993年〕5頁）。30年以上前に書かれたこの言葉は、微妙なバランスを調整して、刑事司法制度全体をどのような方向に推し進めるかを考える際に、心に留めるべきものだといえるだろう。刑事訴訟法を学ぶ皆さんは、有権者として、あるいは訴訟関係人や法曹として（そして研究者として？）刑事司法制度の在り方を批評し、あるいは構想する立場になりうる。そのときに、「この制度を変えれば、刑事司法制度全体にどのような影響が生じうるか」を予測しつつ考え

ることは、説得力を増し、多くの人々の納得を調達することにつながるだろう。

[3] 言葉を鍛える

　冒頭で述べたとおり、刑事訴訟法では様々な立場の利害が衝突し、矛盾した要請の中で解決が求められることがしばしばある。多くの人々の納得を調達するためには、様々な立場、様々な価値観の人々の意見に接し、様々な事実を目にすることを経て、自ら考え、自分の言葉に力を与える必要があるだろう。

　このことにかかわって、先に触れた弁護人の手による弁論の中に、裁判員に対して訴えかける、次の言葉がある。これは、刑事訴訟法を学ぶあなたにとっても、きっと意味がある。

　「自分の意見を述べてください。他の人と議論をしてください。納得できるまで決して意見を変えないでください。議論の結果、自分の意見よりほかの人の意見が正しいと思ったら、どうぞ意見を変えてください。意見を変えることは恥ずかしいことではありません。皆さん、どうか正しい判断をしてください。証拠と常識と正義にかなった判断をしてください。皆さんの判断がここにいる若い女性〔被告人〕の将来を決定してしまうのですから。」（木谷明編集代表・前掲 328 頁〔高野隆〕）

4　学習ガイド・文献紹介

　刑事訴訟法を学ぶために、以下では、ここまでの本文で引用した文献以外のものを挙げていこう。まず、三井誠＝酒巻匡『入門刑事手続法〔第 7 版〕』（有斐閣、2017 年）は、刑事手続の流れを書式とともに簡潔かつ明快に説明する。刑事手続の全体像を把握するためには、本書を読みつつ、裁判傍聴に行くことが有効だろう。平野龍一『刑事訴訟法教材』（東京大学出版会、1977 年）を手に取ることができるならば、対比して読み、刑事裁判のかつての様子と現在の様子のうち、変わったことと変わっていないことを考えるのもよいだろう。

　また、後藤昭「疑わしきは被告人の利益にということ」一橋論叢 117 巻 4 号（1997 年）573 頁以下は、本文中でも触れた刑事裁判の重要な基本原則の 1 つ、「疑わしきは被告人の利益に」原則について説明し、その根拠を追究する。この

論文は、法学論文を読む際の作法も指南する内容にもなっている。ネット上で公開されており、無料で閲読できる。執筆者名と題名で検索してみよう。また、笹倉宏紀「AIと刑事司法」弥永真生ほか編『ロボット・AIと法』（有斐閣、2018年）233頁以下は、先端的な問題を通じて、人が刑事事件を扱い、裁くという営みの実質を炙り出す。是非読んで考えてみて欲しい。

　実務家の視点で描かれた文献として、原田國男『裁判の非常と人情』（岩波新書、2017年）は、少し肩の力を抜いて、刑事裁判の様子を垣間見ることができる。刑事裁判で何が問題なのかも、感じ取れるかもしれない。佐々木健一『雪ぐ人——えん罪弁護士・今村核』（NHK出版、2018年）は、刑事弁護人の像の1つを丁寧に描く。やや古いが、読売新聞社会部（編）『ドキュメント検察官——揺れ動く「正義」』（中公新書、2006年）は、検察官の職務を知る手がかりとなる。

　本格的に刑事訴訟法を学ぶ人は、宇藤崇＝松田岳士＝堀江慎司『刑事訴訟法〔第2版〕』（有斐閣、2018年）が、現在の議論や判例の状況について、見取図を与える。ゼミナール等で専門的に学ぶ人は、酒巻匡『刑事訴訟法』（有斐閣、2015年）とそのiii頁に挙げられている参考文献を対比して読んだり、川崎英明＝葛野尋之（編）『リーディングス刑事訴訟法』（法律文化社、2016年）を起点として、そこで紹介されている専門書や研究論文を読んだりすると、発見があるだろう。

　なお、私自身の論文も1つは紹介するのが、本書での申し合わせである。もっとも、研究書と呼べるものは未だに出せていない。ここでは、最初に書いた論文を紹介させていただきたい。「合衆国での逮捕に伴う無令状捜索——チャイメル判決以降」一橋論叢128巻1号（2002年）75頁以下は、逮捕に伴って行われる無令状での捜索の範囲について、アメリカの裁判例を紹介するものである。これは、修士論文の一部を加筆して公表したものであり、今読むと、題名から内容に至るまで、粗さが目につく。しかし、愛着もある。学部3年生のときに、大阪市立大・神戸大・一橋大の間で伝統的に行われている合同ゼミに参加した。そのときの出題内容の一部が、この問題であった。このときに取り組んだ問題が引っかかり、学部の卒業論文のテーマ、そして大学院での研究テーマとなり、今も研究対象になっている。討論会の出題者が種を蒔き、学部・大学院のゼミナールが育

む場となったと思っている。その過程——知的な共同体が与えてくれた恩恵——を強く想起させる点で、私にとって原点というべき論文である。

　なお、刑事訴訟法の学びは、刑事訴訟法そのものを扱う書物だけにあるわけではない。たとえば、日本の戦国時代のように、戦争に次ぐ戦争という社会においては、法の機能は弱く、人々は公正さよりも自らの訴えが一方的かつ迅速に解決されることを期待したようである。検断沙汰（現代でいうと刑事事件に類する）では、「疑わしきは罰する」が原則であり、そもそも、人々にとって、裁判という手続はそもそも期待できず、迂遠で面倒な裁判で争うよりも、従軍して恩賞を得る方が手っ取り早かったという（清水克行『戦国大名と分国法』〔岩波新書、2018年〕参照）。法や裁判を成り立たせる基盤が何かを知るために、歴史や他分野の知見には、意味がある。広い学びを、ぜひお勧めしたい。

第11章 少年法
「人」から「犯罪」をみてみれば⁈

九州大学教授
武内謙治

1 少年法とは何か

　「少年法」という名前の法律のことについて何か聞いたことがあるであろうか。この本を手にとっている読者であれば、きっとニュース番組や新聞報道でこの言葉に触れたことがあるはずである。読者が大学生、とりわけ法学部の学生であるならば、通っている大学の開講科目に「少年法」の授業があるかもしれない。「少年法」という名前そのものズバリでなくても、「刑事政策」や「犯罪学」といった科目で少年非行や少年法の問題も扱われることが多いのではないであろうか。

　シラバスや時間割に書かれている「少年法」の授業の担当者の名前をみてみよう。法学部であれば、刑事政策や刑法、刑事訴訟法の教員が授業担当者となっていることが多いであろう。このことからも窺われるように、少年法は、刑事法の一領域として扱われている。刑法が実体法の、刑事訴訟法が手続法の一般法であるとすれば、少年法はこれらの特別法であるといえる。刑法や刑事訴訟法は、おとなが犯罪を行った（疑いがある）場合の扱いを定めている。それにたいし、少年法は、こどもの場合における扱いを特別に規定している。

　手元の六法を開いてみてほしい。抄録かもしれないけれども、「少年法」が収められているはずである。章立てを眺めてみると、少年法が「総則」、「少年の保護事件」、「少年の刑事事件」、「雑則」という4つの章と「附則」から成っている

ことがわかる。さらに細かくみてみれば、少年法には、法の目的や「少年」、「保護者」を定義する規定から、少年に対する保護手続や保護処分のあり方、刑事手続や刑事処分のあり方、さらには資格制限や推知報道の禁止にまで至る規定が置かれている。少年法は、罪を犯したり、刑罰法令に触れたり、あるいはそのおそれがあったりする少年に関して、成人に対するものとは異なる特別な取り扱いを包括的に定めていることがわかる。

しかし、たとえば福祉系の学部で勉強している読者は、こうした説明に違和感を抱くかもしれない。というのは、少年法や少年非行の問題は、福祉法（福祉論）の一分野としても扱われているからである。困難を抱え保護を要する状態にあるこどもにたいする福祉的支援のあり方を定めるのは、児童福祉法である。少年法は、そのうち非行の問題で生きにくさに直面しているこどもの扱いを特別に定めている法律であるともいえる。

ここから示唆されるように、少年法は、司法的性格と福祉的性格を併せもっている。このうちのどちらを本質とみるべきか、両者の調和を図るとしてどのようにするのか、そもそも「司法」とか「福祉」とかいう言葉の中身はどのようなものなのか。こうした問いはアルファでありオメガである。どのような問題であったとしても、少年法のことを考える際には必ずここに行き着くことになる。

2　少年法の基本的なしくみ

少年法の基本的なしくみを概観しておこう。

少年法は目的からして刑法や刑事訴訟法と違っている。少年法では、「少年の健全な育成を期」すことが目的として規定されている（少1条）。ここでは、少年自身にかかわる事柄に関心が向けられており、刑事訴訟法のようにこれと対立しうる「公共の福祉の維持」（刑訴1条）といった事柄にも言及がない。

制度の対象にも質的な違いがある。少年法では、14歳以上で罪を犯した少年（＝犯罪少年。少3条1項1号）のほか14歳未満で刑罰法令に触れる行為をした少年（＝触法少年。同2号）、特定の事由があって将来罪を犯しまたは刑罰法令に触れる行為をする虞のある少年（＝虞犯少年。同3号）もが対象とされる。少年法は、すでに犯罪行為に及んだ疑いのある者だけでなく14歳未満の刑事未成

年者（刑法で刑事責任年齢は14歳と定められている〔刑41条〕）や将来犯罪におよぶ危険性をもつ者にまで関心を向けていることになる。

　手続や処分はどうであろうか。日本の刑事手続の制度面・運用面での特徴は、起訴裁量主義（起訴便宜主義）がとられており、裁判所による事件処理前に（不）起訴権限をもつ検察官が事件のふるい分けを行う点にある。検察庁が新たに受理した事件のうちの5割強が不起訴となっており、そのうちのほとんどは犯罪の嫌疑があるものの性格・年齢・境遇などを考慮して起訴されない起訴猶予（刑訴248条参照）である。この振り分けの基準は明らかでないものの、犯罪とそれにたいする責任の軽重、そして犯罪予防・治安維持の必要性が大きな役割を果たしていることは間違いない。刑事裁判所の公判手続での有罪認定後になされる量刑でも同様のことがあてはまる。日本の刑法には量刑の基準を定めた規定がないものの、実際上中心的な考慮要素になっているのは、犯罪行為に及び法益侵害の結果を生じさせたことにたいする責任である。刑事司法制度は、過去の犯罪に対する責任（行為責任）を明らかにし、それに見合う刑罰を選択することを基本としているのである。

　これにたいして、少年司法制度においては、犯罪の嫌疑があるかまたは虞犯として審判に付すべき事情がある限り、警察や検察は事件を家庭裁判所に送致しなければならない（全件送致主義。少41条、42条）。この原則が妥当するため、捜査機関は刑事事件における起訴猶予のような事件処理権限をもたない。少年事件は家庭裁判所に一元的に集約されるのである。その理由は、少年が抱える個別的な事情を考慮し、それに見合った対応をとることにある（個別処遇原則）。ここでは、人間行動科学領域の専門家である家庭裁判所調査官による社会調査や少年鑑別所による鑑別により、少年がどのような困難や問題を抱えているのか、それが非行とどのように結びついているのか、少年の周囲の環境や少年司法上の処分はそれにどう対応できるのかといった「要保護性」が、明らかにされる。これを踏まえて、家庭裁判所は処分を選択する。そのため、「非行」として外に表れた事実が軽微であったとしても（したがって、成人を対象とする刑事司法の発想からすれば、責任はさほど重くない場合であっても）、要保護性が深刻である場合、たとえば少年院送致など少年自身からすれば重いと感じられる処分が課されることがありうる（その逆の事態も起こりうる）。いずれにせよ、個別的な処遇

と要保護性を重視しているからこそ、少年法は人間行動科学分野の専門家を手続に関与させ、その専門家を擁する家庭裁判所へすべての事件を送致しなければならないというしくみをとっているのである。

家庭裁判所は、終局的な処分として、「保護処分」（少24条1項）——保護観察（同条同項1号）、児童自立支援施設・児童養護施設送致（同2号）、少年院送致（同3号）の3種類がある——のほか、他機関に事件を送致し最終的な処分決定を委ねる都道府県知事または児童相談所長送致（少18条）や検察官送致（少20条）の決定をなしうる。また、非行の内容（非行事実が存在しない場合も含む）や要保護性をみて、少年審判を開かずに事件を終局させる決定（審判不開始決定。少19条）や審判を開いても定式的な処分を加えない決定（不処分決定。少23条）も行うことができるし、終局的な処分を決定する前に、必要がある場合には、一定期間、家庭裁判所調査官による試験的な観察（試験観察。少25条）に付すこともできる。

家庭裁判所自身が刑罰を科すことはない。少年にたいする刑事手続や刑罰賦課も、人間行動科学の知見を踏まえて家庭裁判所が検察官送致の決定（少20条）を行うことが前提となる。全件送致主義と併せて考えてみれば、少年にふさわしい処分の実質的な第一次的な判断者は検察官（検察官先議主義）ではなく家庭裁判所である（家庭裁判所先議主義）。さらに、刑事裁判所は、保護処分を相当と考える場合には少年の事件を家庭裁判所に移送できる（少55条）。少年に対して刑事処分が科されるのは、その少年に対して刑事処分が相当であるということが、家庭裁判所と刑事裁判所により二重に肯定された場合に限定されるのである。少年司法制度全体をみた場合、刑罰よりも保護処分を優先するしくみがとられていることになる（保護処分優先主義）。

刑事裁判所が刑罰を言い渡す場合でも、行為時18歳未満の者に対しては、処断刑が死刑のときは必ず無期刑に、処断刑が無期刑のときには裁判所の裁量により有期刑に、緩和される（少51条）。また、成人には適用されない不定期刑（短期と長期を定めた幅のある自由刑）が科されることもある（少52条）。仮釈放も成人の場合より早められ（少58条）、刑に処せられたことで受ける資格制限についても有利な扱いがなされる（少59条）。

家庭裁判所の審判に付された少年または少年のとき犯した罪により公訴を提起

された者については、本人を推知することができるような記事や写真を新聞などに掲載することも禁止されている（少61条）。

3　少年法を学ぶことの効用

　このような、附則を除けばわずか61条からなるにすぎない少年法を学ぶことに、何かしら効用はあるのであろうか。
　社会福祉士や公認心理師、臨床心理士の試験には少年法の問題が出題されることがあるため、少年法の学修が「役に立つ」といえそうである。しかし、ここでは、職業選択に直接は関連づけられない、学問としての効用を考えてみたい。
　こどもを法的に特別に扱うことの意味を問うことは、おとなを扱う制度の意味を同時に考えることである。思うに、少年法の学修の学問的な効用は、この点にある。カリキュラム上多くの場合発展的な科目とされているであろう少年法の学修を通して、刑法や刑事訴訟法、テーマによっては憲法や民法、法哲学、法理学といった基本科目の理解に幅と奥行きをもたせることができよう。
　先に概観した少年司法と刑事司法との違いに少し踏み込んで考えてみよう。犯罪が行われた場合になぜ刑罰が科されるのかという問題については、刑法総論の授業（とりわけ責任論や刑罰論を扱う際に）において、おおむね次のような説明を聴くのではないであろうか。刑罰の本質の理解をめぐっては、過去の犯罪行為に対する報いとみる立場（応報刑論）と将来の犯罪予防という目的を追求することに求める見解（目的刑論）とが対立している。犯罪予防には、社会の構成員が同様の犯罪に及ばないようにするためのもの（一般予防）と、行為者本人が犯罪を繰り返さないようにするためのもの（特別予防）がある。応報刑論の核心をなすのは、自由な意思に基づき犯罪となる行為を選択したことへの責任にたいする非難にある。理性的存在である個人は事前に犯罪となる行為のカタログを示されれば合理的にそれを避けて行動できるはずである。にもかかわらずあえて犯罪となる行為に及んだというのが「責任」の本質であり、これにたいする非難を体現するのが刑罰である。この考え方は、犯罪にたいする責任を超える刑罰の賦課を許さないという論理を内在する反面、犯罪の予防効果がない場合でも刑罰を賦課する事態を招きうる。この現実的効用の問題は、目的刑論の立場をとれば乗り越

えられる。しかし、そうすると今度は、犯罪予防効果を求めて国家が限度なく個人に介入してくるおそれが生じる。ここに歯止めの論理は内在しない。そこで、責任の範囲内で犯罪予防目的を追求する相対的応報刑論と呼ばれる考え方が出てくる。しかし、元々は別の原理である応報刑論と目的刑論とを調和することができるのか疑義があり、近時はコミュニケーションなどの観点から応報の本質である「非難」をとらえなおす動きも生じている…。と、このような話である。

　長々とこの話を書いたのは、現在の日本の刑事司法制度が応報刑論を土台としていることを確認したかったからである。先の概観のように責任や犯罪の重さが重視されているのは、そのためである。そうすると、読者には、この図式が当てはまらない場合どうするのか、という新たな疑問が浮かぶに違いない。自分自身の自由な意思決定に基づいていなかったり、他の行為を選択する余地がなかったりする場合、責任を認め非難することはできないか、できるとしてもその程度は弱まるであろう。類型的にみて成長発達の途上にあり、成熟した判断の上で行動をとっているとはいえないような年齢層にある人々の行動は、その典型であろう。また、応報に基づく「罰」を科すことで却って本人が再犯に及びやすくなる一方で、社会環境を整えたり本人に教育を行ったりした方が将来の犯罪防止をよりよく達成できることがわかっているとすれば、どうであろうか。社会を安全にするためには、刑罰に代えて教育的な処分を課すようなシステムを、刑事司法制度とは別につくることは、不合理ではないであろう。

　まわりくどい説明をあえて行ったのは、19世紀末葉から20世紀初頭にかけて、少年法が刑事法から分離する際の思考を追体験したかったからである。それは、社会の近代化や急激な工業化、都市化に伴い犯罪や非行が爆発的に増加した時代であり、犯罪・非行の予防という刑事政策上の関心や社会防衛・社会秩序維持の関心が高まる中で刑法学においては古典学派（旧派）と近代学派（新派）の激しい「学派の対立」が起こった時代とも重なっている。しかし、この時代は、同時に、監獄改革や児童救済運動といった人道主義的な社会改革が盛り上がり、不平等の拡大などの近代化に伴う社会矛盾の是正を求める社会国家思想が興隆をみせた時期でもあった（憲法の社会権規定や労働法、社会保障法が誕生、発展したのも同じ時代である）。冒頭に触れたように、少年法が刑事的性格と福祉的性格を併せもつのはこのためである。

しかし、ここで読者は、またしても疑問を抱かないであろうか。類型としてそうではなくても個別のケースにおいて、たとえば精神的な病気が原因で、自由な意思決定に基づき行動できない事情があるために責任を問えず、非難を行えないことがありうるのではないか。また、たとえば行為者が高齢者や障がい者であるとき、あるいは薬物依存の問題があるときなど、刑罰よりも医療や福祉による対応の方が有効であり、根本的な問題解決にも資する場合があるのではないか。そして、刑罰以外で対応する制度を考える際、100年以上の歴史をもつ少年司法制度はひとつのモデルにならないであろうか、と。こうした疑問や直感は、おそらくは正しい。というのも、応報刑論に支えられた刑事法が過去の犯罪「行為」に焦点をあてるのにたいして、少年法は「行為」の背後にある「人」に関心を寄せているからである。そのため、外に表れた犯罪「行為」よりもその奥にある問題への対応こそが本質的解決を導くと考えられる問題群では、少年法のあり方がモデルとなりうる。現に、責任能力に問題がある場合への対応として日本で構築されている心神喪失者等医療観察制度、とりわけ医療審判制度（心神喪失等の状態で重大な他害行為を行った者の医療及び観察等に関する法律24条から32条）は、少年法をモデルとして構築されている。ドイツ語圏において「先導者の機能（Vorreiterfunktion）」といい表されているように、歴史を紐解いてみれば、刑事政策の先進的な取組みが少年法から始まることは珍しくない。近時、応報による司法と対置する形で「問題解決型司法」や「治療的司法」への関心も高まっているが、少年法はそのはしりであるともいえる。

　しかし、とりわけ刑法の学修が進むようになると、読者は、人への着目はよいことばかりなのか、応報には悪い面しかないのかという、これまでとは反対方向を向いた疑問もきっと抱くようになるはずである。過去の犯罪「行為」に着目して、責任の重さに見合った刑罰を科すことは、同時に、それ以上の不利益な介入を国家によりされないことをも含意しているはずである。「目には目を」が「目以上のものは奪われない」ことをも意味しているように。それにたいし、人に着目して、とりわけ将来の犯罪予防のために国家が介入するとなれば、それは無限定で恣意的なものになる危険性はないのであろうか。将来犯罪に及ぶ危険性を基準とするというのであれば、その予測判断はどれだけ客観的かつ正確に行いうるものなのか、と。そして、基本科目の履修が終わる頃には、次のような疑問も抱

くことになるであろう。そもそも憲法上の「人権」、とりわけ自由権の概念は、自立した「強い個人」を想定しているのではないか。「おとな」でも「弱い個人」が現実にいる以上、「人権」概念はとらえ直されるべきなのではないか。他方、国家が後見的配慮を行うことが必要な場合があるとして、そうしたパターナリズムは無限定に許されるものなのか。国家は果たして万能なのか。そもそも国家とはいったいなんなのか…。

　ここまで読まれてどうであろうか。少年法という小さなのぞき穴から眺めてみただけでも、法学の深い思索の淵にまで来ているのにお気づきであろうか。

4　学習ガイド・文献紹介

[1] 一般書

　少年法に関係するものには、一般向けでも、良書が少なくない。法学部生は、卒業するまでに一度は「永山事件」の名前を耳にするであろう。この事件は、最高裁判所が「永山基準」と呼ばれる死刑適用基準を示すきっかけにもなった。この事件を素材とした堀川惠子『死刑の基準――「永山裁判」が遺したもの』（日本評論社、2009年［講談社文庫、2016年］）と『永山則夫――封印された鑑定記録』（岩波書店、2013年［講談社文庫、2017年］）は、実に多くのことを考えさせる（同じ著者による死刑をテーマとした『裁かれた命――死刑囚から届いた手紙』（講談社、2011年［講談社文庫、2015年］）、『教誨師』（講談社、2014年［講談社文庫、2018年］）も一読を強くお勧めしたい）。丁寧な取材に基づき明らかにされる新たな事実の重みに圧倒されるはずである。佐藤幹夫『裁かれた罪　裁けなかった「こころ」――17歳の自閉症裁判』（岩波書店、2007年）（『十七歳の自閉症裁判――寝屋川事件の遺したもの』〔岩波現代文庫、2010年］）は、少年にたいする刑事裁判のあり方を素材とする。これらの書籍はどれも、無味乾燥に思える「判例」や「裁判」が生身の人間を扱うものであることを読者に改めて痛感させる力をもっている。

　清永聡『家庭裁判所物語』（日本評論社、2018年）も是非読んでみてもらいたい。少年司法の中心的存在である家庭裁判所の歴史を、貴重な第一次資料や関係者へのインタビューに基づき、精緻かつ丹念に追っている。研究書である守屋克

彦『少年の非行と教育』（勁草書房、1977年）も併せて読めば、理論と実務の営為の歴史とその重みを感じとることができるであろう。

　少年司法に従事する実務家の手による新書として、やや古くなったものの、石井小夜子『少年犯罪と向きあう』（岩波新書、2001年）、藤原正範『少年事件に取り組む』（岩波新書、2006年）がある。前者は弁護士付添人の、後者は家庭裁判所調査官の実務に精通した著者によるものである。少年司法制度のあり方は、少なくともこの20年間は厳罰化を求める世論に直面してきたといえる。佐藤幹夫＝山本譲司（編）『少年犯罪厳罰化——私はこう考える』（洋泉社、2007年）は、この論争的なテーマを丁寧に解きほぐしている。竹原幸太『失敗してもいいんだよ——子ども文化と少年司法』（本の泉社、2017年）は、少年非行に対応する法制度だけでなく実務家による実践に関する歴史研究でも第一線に立つ研究者がわかりやすい言葉で書いた一般向けの書物である。非行や少年法の問題の広がりと奥行きをよく理解できるので、是非手にとってもらいたい。

[2] 教科書・体系書

　少年法の教科書・体系書としては、現在でも、平場安治『少年法〔新版〕』（有斐閣、1987年）と澤登俊雄『少年法入門〔第6版〕』（有斐閣、2015年）が双璧をなしている。前者は、2000年以降の大改正が反映されていないものの、細かな点も含めて基礎理論から各論的な問題に至るまで体系的な記述がとられている。精緻な少年法理論が展開されているため、現在でも読むたびに新たな発見のある優れた体系書である。後者は、基礎理論から各論の問題、国際的動向に至るまで、コンパクトにまとめられている。「入門」という名が表す通り、本書の記述は極めて簡潔なものとなっている。本書の記述をわかりにくく感じる人は、同じ著者による論文集である『犯罪者処遇制度論（上）（下）』（大成書房、1975年）や『少年非行と法的統制』（成文堂、1987年）を、思い切って、手にとってほしい。「入門」とされる書物の行間に、新社会防衛論やパターナリズム論といった著者によるこれまでの少年法研究の成果を存分に濃縮した理論があることがわかるはずである。

　2000年以降の大改革を経た少年法の姿を描く比較的新しい定評ある教科書として、川出敏裕『少年法』（有斐閣、2015年）がある。制度理解や解釈問題につ

き刑事訴訟法理論との架橋が図られているのが本書の特徴である。刑事訴訟法の教科書と対照させながら本書を読み進めれば、どちらの学修も深まるであろう。

本章の著者の手による、武内謙治『少年法講義』（日本評論社、2015年）もある。歴史・実証的な犯罪学の知見・国際人権法を踏まえ、制度や問題の奥行きを伝えることを狙いとしてはいるものの、それが成功しているか否かは読者の評価に委ねざるをえない。

[3] 論文集

教科書を読んでみてもっと少年法の世界を深く知りたくなったら、論文集も手にとってほしい。ここでは、2000年以降大改正を重ねている少年法の本質的な問題を考察しているものを3冊だけ紹介する。

服部朗『少年法における司法福祉の展開』（成文堂、2006年）は、長年少年法の研究に携わってきた研究者の手による重厚な思考に支えられた一冊である。「アルファであるオメガである」と書いた、司法的性格と福祉的性格との関係が「司法福祉」の立場から突き詰めて考察されており、各論的問題の検討を通して体系化が図られている。他の刑事政策の問題を考える際にも示唆に富み、少年法をめぐる思考の広がりを感じてもらえるであろう。本庄武『少年に対する刑事処分』（現代人文社、2014年）は、これまでの研究史で手薄であった刑事処分や刑事手続の分野に焦点をあてている。未踏の地を拓いた本書は、おとなとこどもの違いに着目して刑事処分や刑事手続をとらえた場合の新たな風景を読者にみせてくれるだけでなく、刑事司法制度における諸原則の意義を改めて考えさせてくれる。少年法と刑事法の深みを同時に味あわせてくれる一冊である。

最後に——執筆担当者による研究業績にも絶対に触れよとの編者からの厳しい命令にしたがって紹介すると——武内謙治『少年司法における保護の構造』（日本評論社、2014年）という論文集もある。歴史的な構造、とりわけ旧少年法と現行少年法の連続性と断続性をできるだけ掘り下げて2000年以降の大改正の主要な論点を検討し、こどもにたいする適正手続保障と成長発達権保障の観点から法運用上の課題を指摘することを試みている。とりわけ若い世代の読者にご批判を頂きながら著者自身も成長していきたいと考えながら書かれた本である。

[4] プラスアルファの学修方法

　書物を読む以外の学修方法として、実際に自分が少年法やこどもの問題とかかわりをもつことをお勧めしたい。少年法に関係するボランティア活動は少なくない。少年の立ち直りを支援するBBS（Big Brothers and Sisters Movement の略称。兄や姉のような存在として少年たちの支援を行うボランティア団体）や「少年友の会」による活動などが各地で行われている。こども食堂やこどもシェルターも各地で広がりをみせている。こうした活動に携わっている大学のサークルもあるので、興味がある人はキャンパスの掲示板などを注意してみてみてはどうであろうか。

海外留学よもやま話❷

[フランス]
フランスで「消費者」「研究者」として感じたこと

ツール・ド・フランスを
見に地方都市アミアンへ

法政大学教授
大澤 彩

　私は2017年9月から1年間、筆者の勤務する法政大学の在外研究制度（教員が一定期間海外での研究機会を享受できる大変ありがたい制度である）を利用して、パリ第2大学民法研究所で民法・消費法・保険法の第一人者であるローラン・ルヴヌール（Laurent Leveneur）先生に受け入れていただき、フランス民法・消費法（フランスでは消費者法を「消費法（droit de la consommation)」と呼ぶ）の研究に専念した。学生の身分で留学するのであれば、大学の講義に出て試験を受けるというのが最大の目的となろうが、大学教員の在外研究の目的は様々であり、大学の講義に数多く出席し、専門分野内外で見聞を広めようとする研究者が多いように見える。私の場合には限られた時間であったことから、講義に数多く出席するよりも、フランス民法・消費法の文献を特定のテーマにこだわらず幅広く収集・読解し、同時に国内で開催されている学術集会にも自分の研究テーマに限らず広く参加することを優先していた。

　また、民法だけでなく消費者法も専門とする私のもう1つの目的はフランスの「消費者」体験であった。具体的には、販売方法や広告、消費者への情報提供方法を注視するのはもちろん、フランスの「消費者」がどのような物・サービスを好み、どのように「消費」しているかを体験するというものである。これまでもパリに行ったことは何度もあったが、食材を買って料理をしたり、クリーニングに洋服を出すといった日常生活は住んでみないと味わうことができない。留学はまたとない機会である。

1　フランスの「消費者」として

　幸い、夫婦二人でパリ15区という治安良好で小売商店も充実した、「消費者」体験には絶好のエリアに住んでいたことから、フランスの「消費者」の「消費」スタイルや嗜好も徐々にわかってきた。フランスならではのチーズやワイン、パンだけではなく、年中行事ごとに店頭に並ぶお菓子（年始にパン屋にならぶガレット・デ・ロワ等）、旅行するたびに味わった各地の郷土料理はもちろん、観光客のみならず地元の子供や大人であふれる美術館（週に1日は夜9時頃まで開館する美術館も少なくない）、サッカー、ラグビーといった人気スポーツ（サッカーチームのユニフォームを普段着にしている人も少なくない）、オペラなど、「消費」の対象は豊富である。また、「SUSHI、SASHIMI」だけではなく、餃子（Gyozaで通用する）、ラーメンといった日本食や、日本の衣料品・雑貨ブランド（「ユニクロ」や「無印良品」など）を好む「消費者」も増えている。健康意識の高まりも感じられる。ジョギングをしたり、平日夜にスポーツクラブで汗を流す働き盛り世代の姿を多く見かけ、健康に良いとされる日本食材や「豆腐（Tofu）」はフランス人経営者のお店でも見られる。料理の付け合わせも、マッシュポテトだけではなく、色とりどりの野菜をつけるビストロが人気である。

　もっとも、単に嗜好のままに消費しているのではなく、品質にこだわっている「消費者」が多いように思われた。日本ブームもその現れであろうが、チェーン店のスーパーが増えているにもかかわらず、肉・魚・惣菜は肉屋・魚屋（パテやサラダなどはこれらの店で売られる）、野菜は週に複数回近所に立つマルシェ（市場）、パンはパン屋といったように、フランスの多くの消費者は「餅は餅屋」を実践している。また、「Bio」製品（自然食品や自然素材由来の洗剤等の日用雑貨）を専門的に販売するチェーン店も増えている。その背景には環境保護への意識の高まりも感じられる。たとえば、フランスではスーパーや小売店でレジ袋が無償提供されることは極めて稀であり（提供される場合にも再利用が求められる）、エコバックを使うのが当然である。また、食材は量り売りが中心であるため、食材の無駄もなく、プラスチックトレイはほとんど使われない。消費者啓発のテレビ番組等でも環境保護の観点からの情報提供が多く見られる。消費法と環境法の関係が切り離せないものであることを実感する。

以上の「消費者」の品質への信頼を確保するためになされているのが、フランス消費法典に古くから存在する原産地呼称や表示規制である（ワイン等に付される「AOC」表示や「BIO」製品に付される「AB」マーク等）。また、フランスでは国立消費研究所（日本で言えば国民生活センターである）発行の月刊誌『6000万人の消費者』や消費者団体である消費者連盟発行の『何を選ぶか？』という雑誌が路上や駅の販売所（Presse。日本の駅売店に近い）で販売されているが、これらの雑誌でも品質評価の記事が多い。たとえば、「質の高い紅茶ランキング」特集では、単に味だけではなく茶葉の残留農薬の有無等も踏まえたランク付けがなされ、市販薬の特集では「効能が怪しい」「副作用の危険性が高い」薬の名前が列挙されて「警告」がなされていた。

　品質に関して一番印象的であったのは、物・サービスの質およびそれを維持するためにかかるコスト（特に人件費）と、消費者が支払うことになる対価が比例していることである。物価が高いと言われるフランス（特にパリ）であるが、私の印象では野菜や肉、魚、チーズ、ワインといった食材は（「餅は餅屋」を実践すれば）それほど高価ではない。これらの食材に「調理」という人の手を加えた惣菜は若干値段が上がり、店員のサービスが受けられるビストロになるとさらに値段が上がる。値段はお店の広さや雰囲気にも比例する。また、クリーニングの値段は非常に高い。その一方で、スポーツクラブの料金プランや携帯電話の料金プランはそれほど高価ではなくかつシンプルである（たとえば、月20ユーロ弱で通話料無料、国際電話も固定電話宛であれば無料、通信量はほぼ無制限、というプランを提供する携帯電話会社が急成長しており、端末代金との抱き合わせで複雑な料金プランを設けている日本の携帯電話会社とは対照的である）。他方で、最近の日本では「安ければ安いほどよい」一方で、品質やサービスの良さが昔以上に求められているように思われる。日本人のサービスの良さは世界一だと思うが、少ない代金で事業者に対して高品質とサービスを求め、その結果、事業者に材料費等の無理を強いていないだろうか、従業員の給料に見合わないサービスを要求していないか、考えさせられた。従業員と言えば、フランスではストライキが頻繁に行われる（滞在中、フランス国鉄（SNCF）が4月から6月の3ヶ月間、5日に2日の割合でストライキを行っており、そのせいで行けなかった街も複数ある）。ストライキによる経済活動へ

の打撃は大きいが、改めて経済活動を「消費者」だけではなく「労働者」が支えていることを実感した。

2　フランスで「研究者」として

研究面では、講義や学術集会、論文、さらにはフランス人研究者との対話によって今まで存在すら知らなかった法律論や制度論に出会えたのが一番の収穫である。その際、分野間での交

よくも悪くも「フランスの『消費者』」としての思い出の1つであるTGV

流が当然のように行われていることを実感した。民法、行政法、刑法、手続法の「混合物」である消費法は言うまでもないが、消費と競争、消費と環境保護といった、フランスの「消費者」体験で感じられたことを学問的にも体験した。

また、フランス人研究者の生き方も興味深い。周知のようにフランス人は「議論（discussion）」が大好きである。実際、カフェでお茶を飲みながら契約法・消費法について友人の研究者と議論したことも多い（「お茶でも飲もう」というのはカフェで議論をしようというお誘いでもある）。学術集会も大小様々な規模で頻繁に開催されている。1つのテーマのもと、1日に5名以上が登壇したり、パネルディスカッションを行うというのが一般的であるが、その際にも分野間の垣根は低い（「契約と行政法」、「料理と法」といったテーマでの学術集会も開催された）。また、裁判所や弁護士、公証人と研究者が共催の学術集会も少なくない。こういった学術集会が学期中であっても平日1日がかりで頻繁に開催される（土曜日に開催されることは極めて稀であり、日曜日には開催されない）。フランス人は休んでばっかりいるといった言葉も日本では聞かれるが、私の印象では少なくとも研究者に関しては学術集会や学術雑誌への投稿の頻度が高く、私ももっと論文を書きたいと改めて思わせてくれる出会いであった。その一方で、オンとオフの切り替えがうまく、平日は講義や研究、行政職で忙しくても、土日やバカンスはしっかり休む。また、学期末や学術集会の後の懇親会も簡単なつまみとワインだけで短時間で終わることが多く、友人とは自宅や自慢のビストロで食事を取りながらゆっくり話すことを好むようである。これらを体験できたことは研究者としての生き方を熟考するい

い機会であった。

　最近は比較法研究（仏独比較や仏米比較等）を行うフランス人研究者が増えていることもあり、各地の大学で日本法の報告を行う機会をいただき、少人数の研究会で時に分野の垣根を超えて様々な観点から議論することができた。その際、フランス人研究者が我々に期待していることは、我々がフランス法を一生懸命勉強し、知識を披露する姿というよりはむしろ日本法を研究し、法改正が盛んなフランスでも有力な比較対象たり得る日本法を発信する姿であることを強く感じた。実際、なぜフランス法を勉強しているのかという質問を何回も受け、友人の消費法学者が「Ayaはフランスの消費法をよく知っているのよ」と苦笑しながら別の研究者に私のことを紹介してくれたこともある。私は彼女と議論した際にフランス消費法典の基本的な条文や制度をあげたぐらいであったが、彼女からすれば日本人がフランス法を勉強していること自体が不思議なのだろう。フランス法やフランス文学といったフランス自体の専門家であればともかく、日本法の研究者であり、日本法を相対化するためにフランス法を勉強している私にとっては、彼女の言葉は褒め言葉というよりは、せっかく勉強したフランス法を日本法研究にどのように活かして、その成果を私達にも発信してくれるのか、という疑問と期待がこもっているように思われ、改めて比較法研究の意義について考えさせられた。

　わずか1年の「消費者」「研究者」体験であったが、最大の収穫は日本を客観的に観察し、また、日本法や日本について自分がいかに無知であるかを痛感したことかもしれない。今後は日本法・日本についてさらに研究を深め、同時にフランス法・フランスに接する（さらには、またフランスに短期・長期滞在する）ことで改めて日本法について考えるというのが、留学で得られた1つの研究スタイルではないかと考えている。このことは1年しかフランスにいられず落ち込んでいる時に、日本でお世話になっているある先生から「フランスとの交流はこれから始まる」と励ましていただいたことで気づかされた。留学の1年だけで終わりなのではなく、今後のフランス・フランス法との「つきあい」の「きっかけ」を得られるのが、在外研究や留学の1つの醍醐味なのではないだろうか。

[第3部]
複眼的科目
―― 法の見方を広げ、法の思考を深める

第12章 法哲学
法哲学者はいったいなんの話をしているのか?

神戸大学准教授
安藤 馨

1 哲学をするということ

　法哲学とはなにか。この問いに対する簡明な応答は、法哲学は「法」についての「哲学」であるというものである。だが、そもそも「法」とはなにか、「哲学」とはなにか、という問いへの答え抜きにはこれは意味をなさないように思われるだろう。しかし、前者の問いはまさに法哲学の問いそのものであり、また後者の問いは哲学の問いそのものである。

　「法とはなにか」という前者の問いについては後に譲るとして、まず後者について言えば、哲学とはなにか、という問いにここでまともな答えを与えることはできない（それはそれ自体で「メタ哲学」と呼ばれる哲学の一部門である）。だが、次のことは注意されてよいだろう。哲学は少なくとも何かについて「知る」ことを目的とする体系的営為——すなわち「学」——である。このことの含意は決して軽くない。というのも、なにかを「知っている」ためには、そのなにかを「信じている」こととそれが実際に真であることだけでなく、その信念が正当化を伴っている——それを信ずるべき理由がある——ことが必要だからである。たとえば、私がタロット占いによって「明日は雪が降る」と信ずる場合と、気象情報に照らして「明日は雪が降る」と信ずる場合とを対照すれば、仮に翌日実際に雪が降るとしても、前者の場合に私は「明日は雪が降る」とは知っていないのである。ある結論に辿り着く場合に、その過程が占いのようなものなのか、それと

第12章　法哲学——法哲学者はいったいなんの話をしているのか？

も気象情報を考慮したマトモなものなのかは、なにかを「知る」ということにとって致命的に重要である。哲学の場合でも、哲学がなにかを「知る」ことを目的とする以上は、結論に至るその過程は占いのようなものではなくマトモなものでなければならない。このことから、次の2つのことが言えるだろう。

第1に、哲学が占いとは区別された意義を持つためには、哲学的論証は最低でも経験的事実に対して開かれており論理的に整合的であり論証に飛躍がないといったマトモな過程である必要がある。とすれば、人々がしばしば哲学に対して抱く「晦渋」「難解」といった印象は、悪しき「哲学」の産物であるだろう。哲学的議論は、基本的な論理的推論能力と根気（と多少の常識や前提知識やデータ）さえあれば、その理路をきちんと追えるものでなくてはならない。たとえば、（敢えて名前を挙げると）ラカンやらデリダやらレヴィナスやらといった過去の著名な「思想家」たちの著作から文章を切り貼りするだけで、なんらかの結論——たとえば立憲主義が実現されることがそうでない場合と比べてなにか優れた点がある——をなんら論証することなく仄めかすようなテクストは、なにか聖書などの意味ありげな適当な本を開きそこに書いてある文章を見て連想ゲーム的に予言を行う「書物占い（bibliomancy）」の類であって、およそ哲学ではない。この種のテクストがまさに書物占いでありマトモな読者が理路を追い難い代物であることによって却って「哲学」と称されがちであることは、実際に哲学に従事しようとしている者にとっては困惑と頭痛の種である。

第2に、哲学の本体は結論それ自体よりはそこに辿り着く過程にある。もし結論こそが重要であるならば、仮にたどり着いた結論が真だとして、占いや思い込みによってそれを真だと信ずる場合と比べて、哲学によってそれを真だと信ずることにたいした意義はない。占いと区別された哲学の意義は結論に至るまでの過程にこそあり、哲学的議論がマトモな論証によってごく当たり前の常識的結論に辿り着くことは哲学の意義をなんら損なうものではないのである。むしろ、一見ごく当たり前の常識的結論——たとえば民主政には民主政でない政体と比較して本質的に優れた点があるという主張——を正当化するためにすら、手の込んだ議論と論証が必要であることを示すことが哲学の本旨だといってもよい。人々がしばしば「哲学」に対して抱いている「常識破り」「非常識」という印象は、まったく間違っているわけではないにせよ、このような事情に照らして理解されなけ

ればならない。非常識な前提から非常識な結論が出てくるのは当たり前のことである。哲学者が人々に非常識な結論を提示するのは、殆どの場合そういうことを示したいからではない。常識的な結論を支えるのにどのような前提と議論が必要かを示した上で、それらの前提（とそうした議論）が別の非常識な結論を導くことを示す、ということが多くの場合に哲学者がしたいことである。つまり、常識的な主張が非常識な結論をもたらすことを示して、当の常識を批判する、というものである（前提となった常識を棄却すべきであるとしたいのか非常識な結論をも同様に受容すべきであるとしたいのかは場合によるだろうが）。たとえば、私達が同意なく自分の身体を侵害されないことへの絶対的な道徳的権利を有していると常識的に信じているとしたら、およそ福祉国家は道徳的に不正であるという非常識な結論がそこから出てくる（がそれを受け入れるべきである）というような議論——自然権論的リバタリアニズムと呼ばれる——がその一例である。

2　法哲学とはなにか

さて、法について「哲学」するとは、まずは法について上述のような態度を伴う議論を提示するということ（を含むなにごとか）である。だが、ある対象について問うことができる問いは複数あるわけで、法哲学が法についてどのような問いを——少なくとも典型的には——問うかが問題になるだろう。ここではそうした問いのひとつとして「悪法に従う道徳的義務はあるか？」という『ソクラテスの弁明』以来の問いを取り上げて考えてみよう。ひとによっては、この問いこそが法哲学を構成する中心問題であり、この問いの解明に何らかの形でつながらないようなものは法哲学ですらないと言うかもしれない。ともあれ、この問いに答えるためには何が必要だろうか。まず、この問いそれ自体を理解することが必要であり、それにはこの問いのすべての構成部分を理解する必要があるだろう。そもそも「法」が「悪い」とはどういうことだろうか。「従う」とはどういうことか。「道徳的義務がある」とはどういうことか（メタ規範理論）。更に、たとえばこれらの問いの最初のものに答えるためには、「法」なるものがどういうものなのかを明らかにし（法概念論）、その上でそれが「悪い」とはどういうことなのかを明らかにする必要があるだろう（法価値論）。

[1] 法とはなにか――法概念論

　こうして現れた「法とはなにか」という問いについて言えば、冒頭に述べたようにそれは「法哲学」を規定する問いでもある。「法哲学とはなにか」という冒頭の問いは、それを取り扱うことによって「法哲学」と呼ばれることになる対象――法――を自分自身が規定しているという意味において循環的である。たとえば「法」を「自然法則（laws of nature）」だとか「諸現象（*dharma*）」と理解しそれについて考究する哲学は自分自身の主張にしたがって自らを「法哲学」と呼ぶことができるだろう。だが、我々がここで興味を持っている「法哲学」はそのようなものではない（実際、悪しき自然法則に服従するとか、悪しき諸現象に服従するといったことは意味をなさないだろう）。それを形而上学やアビダルマ哲学と区別して取り出してくるためには、それが取り扱う対象を前‐哲学的（pre-philosophical）に指し示すことができなければならない。そして、それは少なくとも、この社会に（ある意味で）存在し、人間活動によって生成・消滅し、社会の全体にわたって人々の行動に重大な因果的影響を与えるところのものとして、我々が普段見知っている（acquainted）ところの実定法を含んでいるものでなければなるまい。問題は、我々が自分たちの見知りによって「これ」として指し示す実定法をどのような類（genus）に属するものとして特徴づけるかである。これは、主として水とタンパク質と脂肪と炭水化物から構成されて私がよく見知っているこの「私」を、理性的人格の実例と見るかそれともホモ・サピエンスの実例と見るかという問題に類似している。理性的人格であることとホモ・サピエンスであることのどちらが私にとって本性的か――理性的人格でないがホモ・サピエンスである「私」やホモ・サピエンスでないが理性的人格である「私」はそもそも私なのだろうか――という問題と同様に、実定法の本性についての問題を立てることができるだろう。たとえば、実定法が我々に対してそれに服従する道徳的義務をもたらす規範だと考える論者は実定法を道徳的規範の一種だと考える――典型的な自然法論――かもしれず、またそれを社会の慣習などのように人々がお互いの行為を評価するために用いる諸規範の中でも自らを変更・生成・消滅させる制度を備えているという構造を持つような社会的規範の一種だと考える――典型的な法実証主義――こともできるだろう。どちらが我々のよく見知っている実定法の本性なのだろうか。

典型的な自然法論は、たとえば「悪しき法」というものの存在余地を端的に消滅させるだろう。そこでは「悪しき法に従う道徳的義務はあるか？」という（明らかに有意味に思える）問いそのものが消滅するだろう。他方で、典型的な法実証主義もうまくは行かないように思える。ある「〜せよ！」という命令・規範が法であるかどうかが社会的慣習によって決まるとして、そのことそれ自体は法に従う道徳的義務を基礎づけ得ないからである。ある社会で奴隷制が社会的慣習として定着していることは、奴隷制をなんら道徳的に正当なものとはしないだろう。同様に、ある命令・規範がたとえば議会の承認を経ている・社会に定着していることそれ自体は、それをなんら道徳的に正当なものとはしないだろう（端的に言えば社会的事実は当為を含意しないのである）。だとすれば、ある命令が法かそうでないかはそれに従うことの道徳的正当性を左右しないだろう。だが、これもやはり問題を捉えそこなってはいないだろうか？　我々が「悪しき規範に従う道徳的義務はあるか？」ではなくわざわざ「悪しき法に従う道徳的義務はあるか？」と問うとき、我々はある規範が法であることによってそうでない場合と違った（有利な）道徳的地位を有するかを問うている（と思われる）のだが、典型的な法実証主義の下ではこの問いはそもそも意味をなさないことになるだろう。どちらの立場を取るにせよ、「悪しき法に従う道徳的義務はあるか？」という問いに答えるために「法とはなにか？」を問うた結果が当の問いそのものを消滅させるならば、どこかでなにかを間違ったのではないかと思えてくる。とすれば、「悪しき法に従う道徳的義務はあるか？」という問いを消滅させることなく有意味に成立させるような法の本性理解を提示するという容易ならざる哲学的課題がいまや我々の前に立ち現れてくるだろう（とはいうものの哲学的問いというものは答えることによってではなく消滅させることによってこそ解決されるのだという立場も根強くあるのだが）。

[2] 法の道徳的評価——法価値論とりわけ正義論

　さて、法の本性をどのように理解するにせよ、次に問われるべきは法の「よしあし」、すなわち法の道徳的評価の問題である。これを扱う分野は法価値論と呼ばれるが、法価値論は殆どの場合「正義論」の形態を取って行われることになる。読者が法哲学の講義を履修してみた場合に、その講義が法の話をあまり取り

扱わず専ら正義論を取り扱うようなものである可能性は決して小さくない。なぜ法哲学者が正義論を取り扱うのかを理解しておくことは、そうした講義を履修する際の前提としても意義のあることだろう。「悪しき法に従う道徳的義務はあるか？」という問いを問うために正義論が先決問題として現れるのはなぜだろうか？

①正義という理念

　最初に「正義（justice）」という理念が道徳全体の中でどのような地位を占めるかを理解する必要がある。重要なのは、正義は道徳的評価の全領域を占める理念ではないということである。伝統的な正義の理念はしばしば「慈善（charity）」と対比して理解されてきた。すなわち：

1. 正義とは、それを履行しないことが道徳的に禁止される道徳的要求——道徳的完全義務——のことである。これに対して慈善は、それをなすことが称賛に値するが、なさなかったからといって非難に値するわけではない（慈善を行わないことは道徳的に禁止されているわけではない）。
2. 正義とは、我々が互いに対して負い、互いに対して権利として主張できる道徳的な要求——すなわち道徳的権利——のことである。これに対して、慈善はもし仮にそれを行うことが道徳的完全義務だとしても、他者が我々に負う権利として履行を請求（claim）できるものではない（あなたに対して慈善を行わないことはあなたに対する侵害ではない）。
3. 正義とは、それを執行（enforce）・強制（coerce）することが道徳的に許容されうるような道徳的な要求のことである。これに対して、慈善はそれを強制することが道徳的に不適切・正当ではない（もし強制されれば慈善を称賛に値するものとしている自発性の契機が完全に損なわれてしまうだろう）。

見ての通り、どの場合でも正義は道徳の中である種の最低限度を定める境界として機能している。これらの理解は論理的には独立だが、しかしお互いに密接に関連している。たとえば、道徳的権利は我々がお互いに対して負う道徳的責務（obligation）を定めるものであり、これは道徳的完全義務の真部分集合である。

また、ある行為に関する強制が道徳的に正当化可能であるのは、当の行為が道徳的完全義務である場合に限られるだろう。道徳が禁止していない＝許容している行為を実力によって妨害することが道徳的に正当だとはおよそ考えにくいからである。或いは更に強く、強制が正当化可能なのはその強制が当の行為の不履行によって被害を受ける者によって求められる——そしてそのために被害者が他者に助力を求める——場合に限られるように思われるだろう。自らなんら被害を受け（てい）ない者が実力による強制というそれ自体道徳的に疑わしい行為を他者に対して行うことが許容されるとは考えにくいからである。

　さて、ごく例外的な場合を除いて法が背後に国家の実力的強制を伴っているという点に関しては異論はほぼないだろう。法の要求は単に「～せよ！」という命令だけでなく「もしお前がそうしたくないとしても刑罰・制裁・強制執行という手段によってそれを実現するぞ！」という強制を同時に伴っている。ということは法の「～せよ！」という要求が道徳的に正当である——道徳的に悪しきものでない——ためには、その要求を実力的に執行・強制することが道徳的に正当でなければならず（正義3）、そのためにはその要求が道徳的権利から生じているか（正義2）、最低でも道徳的完全義務（正義1）でなければならないだろう。法の道徳的正当性の問題は、まさしくこのように理解された正義の要求とはなにかという問題そのものであり、法価値論が正義論として論じられる理由がここにある。

②法と道徳の間で

　上述の説明を踏まえた上で、読者は強制の正当性と完全義務性の間に乖離があることに気がついたはずである。後者は前者の必要条件であって十分条件ではない。ある行為が道徳的に禁止されているからといって、それを実力によって罰したり強制によって当の行為を妨害したりすることが正当であるとは限らない。たとえば、売買春は双方の自発的同意に基づく限り、仮に道徳的に許されないことだとしても法的に禁止・処罰されてはならないかもしれない。或いは他者に危害を及ぼさない様態での薬物使用もまたそうかもしれない。いわゆる「被害者なき犯罪」は、まさに被害者がいないことによって、国家による実力行使を道徳的に疑わしいものとするだろう。

　強制の正当性と権利性の間の乖離はやや見つけにくいかもしれない。上述の事

例の場合、まさに双方の同意・当事者の自発的選択がある以上は、そこでは誰の権利侵害も生じておらず（権利の選択説）、それゆえに強制が正当化されないのだと考えられるからである（完全義務性と権利性を区別する理論的利得はまさにこの点にある）。だが、たとえば日本法を例に取れば、親族相盗例（刑法244条1項）による刑の免除など、親族に関連する刑罰の免除規定が複数存在する。これらは誰かの権利——たとえば財産権——の侵害を伴っているとしても、国家がそれに対して実力的に介入することがより望ましくない結果——国家による家族内部への干渉とそれによる家族関係の破壊——を生むという理由で、強制が道徳的に正当でない（と少なくとも立法者によって考えられている）事例である。強制の正当性と完全義務性・権利性の間のこうした乖離は「道徳的にいって私はなにをなすべきだろうか？」という一人称的問いを立てている限りでは問題にならない。要求の正当性とそれを強制することの正当性の乖離の問題が正義論の問題であり、かつ、倫理学ではなく法哲学においてこそ問われるゆえんである。

③リベラリズム

このようにしてみたとき、現在の先進諸国とその国民が程度の差はあれ基本的に受容しているリベラリズムが、正義論上の一見解であり法哲学の問題であることが理解できるだろう。リベラリズムは国家の実力行使が個々人の道徳的見解の実質的内容に立ち入ることなく正当化可能なものであることを求めている。それはまさに強制の正当性を定めるものとしての正義が、個々人の道徳的見解の実質的内容に立ち入ることなく同定できると主張しており、それゆえ個々人がどのような道徳的見解を持とうともそれに関わりなく一定の道徳的権利・道徳的完全義務を互いに承認しなければならないという主張を含意する。だが、そのような道徳的権利・道徳的完全義務がそもそも存在しうるものだろうか？　リベラリズムは最初からおよそ不可能な立場ではないのだろうか？　しかしながら、もし内容に関わらない正義・道徳の形式的要求のみから一定の道徳的権利・道徳的完全義務が引き出せるならば、それが可能である。たとえば、本当に成功しているかどうかはともかくとして、我々の道徳的判断が内容はともあれ少なくとも形式的に（恰も自然法則であるかのごとくにして）普遍化可能な形で一貫したものでなければならないとする——そしてその形式的要求のみから殺人や虚言の禁止や約束

遵守の義務を導出してみせる——カントの道徳哲学はリベラリズムの基盤を与えようとするものとして（も）理解できるだろう。なおカント主義とはまた別の理路によって、功利主義もまたリベラリズムの要求を満たす正義論であるのだが（功利主義は諸個人の道徳的欲求を含む諸欲求の充足の最大化を目指すがその際に充足される欲求の内容に本質的に関心を持たないのでリベラルである）、残念ながらそうした正義論の詳細にここで立ち入ることはできない。

[3] 法と道徳の意味——メタ規範理論

このように述べてきたにもかかわらず（或いはそれゆえにこそ）法哲学に対して「胡散臭い」という思いを禁じ得ない読者も多いだろう。冒頭で法哲学は書物占いではない、などと大見得を切っては見せたものの、正義などというものについて大真面目に「学」と称するようなものが成り立つものだろうか。それは個々人の好悪感情の表明に過ぎず「学」を僭称するものに過ぎないのではないか。法哲学は「学」の名の下に客観性を僭称しているに過ぎないのではないか。だが、法哲学が「学」であるかどうかについての自己反省はそれ自体が法哲学の一部である。とりわけ、法哲学（と特に道徳については倫理学）が道徳的な「べき」や法的な「べき」やそのほかの「べき」について語る際になにをしているのか——主観的好悪の表明以上のなにかをしているのか——という問いは法哲学の重要な問いであり、メタ規範理論と呼ばれる（道徳的な「べき」についての理論は特にメタ倫理学と呼ばれる）。

たとえば、道徳的な「べき」やそのほかの道徳語の内容は「私」の指すものが話者ごとに変動するのと同様にして、話者ごとにその人が受け入れている道徳規範に変わる、という主観主義的な相対主義を考えてみよう。これは発話者相対主義と呼ばれる立場であるが、素朴ながら少なからぬ読者が暗黙裡に想定している主観主義的相対主義をそれなりによく捉えているはずである。さて、カント主義を正義論として受容するKと功利主義を正義論として受容するUが次のように会話したとする（これは人々が根本的な道徳的見解を異にする状況の典型例である）：

K：どのような場合であれ、嘘をつくことは不正である。

U：いや、それは間違っている。嘘をつくことが許される場合もある。

　発話者相対主義によれば、前者の発話の意味内容は命題：**カント主義はいかなる場合においても嘘をつくことを禁じている** であり、後者の発話（の後半部分）については命題：**功利主義はある場合には嘘をつくことを禁じない** である。だが、もしそうだとしたらこの会話はおかしなものである。というのも、Uが「それは間違っている」というときの「それ」はKの発話の意味内容たる命題：**カント主義はいかなる場合においても嘘をつくことを禁じている** のはずであるが、Uは功利主義が虚言を許容すると言っているのであり、カント主義が虚言を例外なく禁じているという点についてなんら異論はないはずだからである。したがって、発話者相対主義が正しいならば、カント主義についてよく知っているUはむしろ

　U：まったくその通りだ。嘘をつくことが許される場合もある。

と述べなければならないはずだが、これはおよそ言語的に理解不可能な応答であろう。発話者相対主義の下では両者の発話がともに真であることができてしまうために、KとUが虚言を巡って不同意の状態にあるという事実をうまく捉えられないのである（不同意問題）。相対主義を洗練することによって不同意問題を解決することは不可能ではないかもしれないが——そして私は個人的には（客観主義者である私としてはやや不愉快なことに）解決可能であると思っているのだが——それがこのままでは極めて疑わしいメタ倫理学説であることも確かだろう。相対主義はおよそ自明に正しいと言えるようなものではないのである。

　さて、この種の哲学的問いの常として、主観主義と客観主義のどちらかが現状で明瞭な勝利を収めているということはないし、そのようなことは今後も生じないだろう。メタ規範理論が法哲学の足場として重要な問題領域を構成するにもかかわらず、それを脇に措いておいてとりあえずある程度の客観主義・反懐疑主義を想定して法概念論と正義論に取り組もうとする法哲学者が少なくない——というよりも殆どがそうである——ことにもそれなりの理由はあるのである。

3　学習ガイド・文献紹介

　本章では、功利主義やジョン・ロールズの正義論、平等主義といった具体的な正義論についてはほぼ言及しなかったし、法概念論についてもほぼ立ち入らなかった。もともと法哲学は問いを共有することによって「法哲学」という同一の名称を名乗っているのであり、それらの結論がてんでバラバラであることは、それらが同じ法哲学というカテゴリに属することをなんら妨げるものではない。本章ではむしろ、そうしたバラバラに見える諸見解を裏で統一している問題の構造こそを示そうとしたつもりである（また教壇上で一見して意味不明な発話を繰り広げている法哲学者がなにをしようとしているのかを理解するための手がかりを提供したつもりである）。したがって、本章は法哲学の入門で扱われる問題を理解するための、入門への入門という性格を有している。それを無駄にしないためにも、読者には次に是非とも法哲学の入門に進んでもらいたい。具体的には

　瀧川裕英＝宇佐美誠＝大屋雄裕『法哲学』（有斐閣、2014 年）

が日本語で読めるものとしては現状で唯一薦められる入門書である（本書は本章で上に示した法概念論・正義論・メタ規範理論という法哲学の三領域に明示的に対応した構成となっているからその意味でも本章読了後に薦められるものである）。そこで興味深いと思った個々の話題・論点を選んで更に学習を進めるのがよいだろう。ただし、その際に（法）哲学の生命が本章冒頭で述べたように個々の結論ではなく論証過程にこそあることを忘れないでほしい（人物とその主張の対応を暗記するようなことは哲学としてはおよそ無意義である）。

　時流ゆえに今ではあまり人気のないものになってしまったが、メタ規範理論を法哲学に従事するための足場である先決問題として重点的に扱う、というスタイルの法哲学はそう簡単に放棄されるべきではないと私は考えている。そのようなスタイルの代表的概説書として

　碧海純一『新版　法哲学概論〔全訂第 2 版補正版〕』（弘文堂、2000 年）

を例に挙げておきたい（初版は 1959 年）。いまでも大変に興味深く読めるものだ

が、依拠されているメタ規範理論が今となっては割と素朴な感のある、ある種の主観主義（情動主義）である点には一定の注意が必要である。特にメタ倫理学は1980年代以降の理論的進展が著しく、そうした展開を概観したければ、現状で日本語で読める概説は

　佐藤岳詩『メタ倫理学入門：道徳のそもそもを考える』（勁草書房、2017年）

ということになる。正義論ではなく法概念論をメタ規範理論の観点から捉えるという潮流もこの10年ほどで勢いを得つつあるが、その実例のひとつとして拙稿：

　安藤馨「メタ倫理学と法概念論」論究ジュリスト6号（2013年）86-93頁

を参照されたい。なお、本章のような構成では触れられなかったが、実定法（解釈）の哲学的分析もまた法哲学に属する問題領域ではある（これは特に「法理学 jurisprudence」と呼ばれることがある）。憲法・民法・刑法のそれぞれについてそうした分析を試みたものとして

　安藤馨＝大屋雄裕『法哲学と法哲学の対話』（有斐閣、2017年）

の安藤執筆の各章を参照されたい（なお大屋執筆部分は正義と平等の基本的問題を扱うもので普通の法哲学入門としても適していよう）。最後に、最初に読んでからそれなりの年月が経ってしまった今となってはその主張の多くが間違っていると個人的には思っているのだが、それでもなお法哲学という分野に対する私の興味を最も初めにかつ最も強烈に喚起したものとして

　井上達夫『共生の作法』（創文社、1986年）

を挙げておきたい。読者もことによると私と同じ読書体験をすることになるかもしれない（ただしそれが果たして読者の人生にとって望ましいことなのかどうかはまた別の問題である）。

第13章 法社会学
「社会」を通じて法を捉えるために

東京大学准教授
飯田 高

1 法社会学とは何か

　あなたが外国の人であったとする。わけあって、あなたは日本の法について調べることになった。具体的には、日本でどのような行為が処罰の対象になっているのかを調査する必要が生じたとしよう。

　書籍・雑誌・インターネットを調べてみると、日本の法律に関するさまざまな情報を得ることができる。処罰の対象となる行為に関係する法令としては、刑法典のほか、暴力行為法（暴力行為等処罰ニ関スル法律）、組織犯罪処罰法（組織的な犯罪の処罰及び犯罪収益の規制等に関する法律）、爆発物取締罰則、覚せい剤取締法、道路交通法、あるいは軽犯罪法などが挙げられる。

　これらのうち、軽犯罪法には「行列割込み等の罪」が規定されている。つまり、電車やバスその他の順番待ちの行列への割り込みを禁止する規定である。軽犯罪法1条13号によると、「公共の場所において多数の人に対して著しく粗野若しくは乱暴な言動で迷惑をかけ、又は威勢を示して汽車、電車、乗合自動車、船舶その他の公共の乗物、演劇その他の催し若しくは割当物資の配給を待ち、若しくはこれらの乗物若しくは催しの切符を買い、若しくは割当物資の配給に関する証票を得るため待つている公衆の列に割り込み、若しくはその列を乱した者」（並列関係を読み解かせる問題には適した条文である）は、拘留または科料に処されることになる。他にも「儀式妨害の罪」や「動物驚奔の罪（牛馬を驚かせて

逃げ走らせる罪）」などが軽犯罪法で定められており、これらを見ると日本があたかも峻厳な法で縛られた国であるかのように映るかもしれない。

　しかし、軽犯罪法の上記の規定は、日本社会において必ずしも存在感を有していない。件数が少なそうな儀式妨害や動物驚奔はともかくとして、行列への割込みはおそらく日常的に起こっている。それにもかかわらず、割り込んだために処罰されたことのある人も、そのような例を見聞きしたことのある人もほとんどいないだろう。この行列割込みに関する法律は、強制されることがきわめて少ないのである（ただし後で触れるように、まったく強制されていないわけではない）。

　これは、「紙の上の法（law in books または law on paper）」と「現実に作動している法（law in action）」とが異なっている例のひとつと言うことができる。現実の社会で通用している「法」（私たちが主観的に「法」と思っているものも含む）は、書かれている「法」とずれる場合がある。そのずれの主因は、結局のところ「法は自動機械ではなく、法を使ったり運用したりするのは生身の人間だ」という点にある。つまり、紙の上では同じ法であったとしても、社会が異なれば実際の現れ方は異なってくるのである。したがって、法のあり方を考察するときは、適用対象である社会に対しても目を配らなければならない。

　「紙の上の法」と「現実に作動している法」の隔たりの程度は、時代によっても変化する。たとえば、未成年者飲酒禁止法は長らくザル法の代表格とされており、筆者が学生のとき（2000年前後）も未成年者の飲酒は広範に見られ、わざわざ飲酒行為をとがめようとする人も少なかった。ところが、ここ10年くらいの間に未成年者の飲酒に対する人々の態度は厳しくなり、「紙の上の法」と「現実に作動している法」の乖離は小さくなっているようである。この例も、社会との関連で法を捉えることの重要性を示す例である。

　法社会学は、このような「社会と法の関係」を解明することを目指す分野である。社会の中で法がいかなる効果ないし機能をもっているか、人々は法をどのように用いているか、社会における人々の意識・行動が法のあり方にどう影響しているのか、そしてそれらはなぜなのか、といった問題を法社会学は探究している。ここで重要なのは、直感や思索だけではなくデータや事実に基づいて探究を進める「経験科学」であるという点である。

　少なくとも現在の法社会学は、「法」の「社会学」だけで成り立っているわけ

ではない。経験科学である限り、社会学のみならず、社会科学およびその隣接諸科学に属する諸分野（たとえば、政治学、経済学、社会心理学、認知心理学、脳神経科学、言語学、人類学、歴史学、哲学、統計学など。理系分野も含めることができる）の概念やツールを活用して「法現象」——法に関わる社会現象を一般的に指す——を考える。このアプローチの幅の広さは、法社会学の特色のひとつである。

2 「社会」へのアプローチのしかた

　経験科学であるという点を強調すると、「観察されたデータや事実に基づいて法現象に関する仮説を構築し、新たなデータや事実による検証を経て、法現象の因果関係について考察する」のが法社会学の目的だということになる。仮説構築と仮説検証のどちらか一方のみを行う研究もあるが、いずれにしても直接的または間接的に観察されたデータや事実（以下では「経験的データ」と呼ぶ）が不可欠である。したがって、構築される仮説は、経験的データによって検証ができるものであることが要請される。
　研究で用いられる経験的データの多くは、ひとりでに湧き出てくるものではない。もちろん、既存のデータを使って分析をすることも可能であり（たとえば、国や自治体が作成する公的統計、過去の研究者が収集したデータを集めたアーカイブなどを利用することができる。このように本人以外が収集したデータを使った分析を「二次分析」と言う）、分析のしかた次第では豊富な収穫が得られる。
　しかし、既存のデータだけでは、自分が関心をもつ問題を明らかにすることができないという場合も少なくない。あいにく、法現象に関連する既存のデータはさほど充実しているとは言えないし、法社会学の研究者が興味をもちやすいのは社会の「隠れた部分」または「隠された部分」なので、既存のデータだけでは不十分であることが多い。そのため、データを社会のどこかから掘り出してくる必要がある。
　どこからどのようにして掘り出すかは、言うまでもなく設定された問題による。それと同時に、「社会を理解するためにどこを観察すればよいか」ということについての研究者自身の考え方も反映される。たとえば、人々の行動を重視す

べきなのか、行動には表れない思考や感情のほうを重視すべきなのか。社会全体を眺めるのがよいのか、それぞれの個人を詳しく観察するほうがよいのか。あるいは、数値で測定できるものに着目するか、数値化できないものを掬い取るのか。多様な個人が織りなす「社会」をどのような視点で観察するかによって、異なる形の研究が出来上がることになる。

　大きく分けると、全体的・平均的な傾向を観察するという視点と、周辺的・限界的な事例を観察するという視点がありうる。どちらが優先されるべきというものではなく、法現象を把握するためには両方の視点が欠かせない。しかし、実際には研究のために割ける時間は無限ではなく、また、研究者の好みもあるため、いずれかの側に重心が置かれることが多い。

　前節で挙げた「行列割込み等の罪」が社会の中でどのような役割を担っているかについて、（奇特にも）関心をもったとしよう。まず考えられるのは、この罪名が関わっている事件がどのくらい存在するかを調べることであろう。警察庁の公式統計を参照してみると（データは警察庁ウェブサイト（https://www.npa.go.jp/）から得られる）、各年における犯罪類型ごとの送致件数がわかる。これによれば、2000年以降の「行列割込み等の罪」の件数は【図】のように推移している。

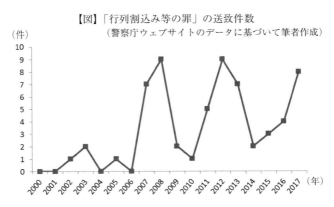

【図】「行列割込み等の罪」の送致件数
（警察庁ウェブサイトのデータに基づいて筆者作成）

　日本全国で10件に満たないのでやはり僅少と言えるが、思ったよりも多いと感じた方もいるのではないだろうか（検挙件数ではなく送致件数であることにも注意していただきたい）。

このデータを見ると、いろいろな疑問が出てくる。たとえば、①全体の傾向を見ると、2000年から2006年までは送致件数は年に2件以下しかなかったのに、2007年以降は増えているようにも思える。背後に何か原因があるのか、それとも偶然増えているように見えるだけなのか。②行列割込みで送致されるというのは普通のことではなさそうだが、これらの事件では何が起こっていたのか。単に行列へ割り込んだだけではなく、他に特殊な事情があったのだろうか。

先ほど述べた2つの視点に即して言えば、①は「全体的・平均的な傾向を観察するという視点」から生じる疑問の例、②は「周辺的・限界的な事例を観察するという視点」から生じる疑問の例となっている。どちらの方向に探究を進めるかで、次にとるべき手は変わってくる。

①の場合、得られているデータを分析し、2006年以前の件数の平均値（約0.6件）と2007年以後の件数の平均値（約5.2件）の差が偶然によるものと言えるかどうかを統計的に検定することができる（ちなみにこのデータで「t検定」を行うと、統計的に有意な差と言えるという結果になる）。ただし、「偶然とは言い難い」との結果が得られたとしても、何らかの背景要因があると断定することまではできない。それに、背景要因が何であるかもこれだけではわからない。

仮に政策上の変化（取り締まりが厳しくなった、法の運用のしかたが変わった、送致の基準に変更があったなど）が背景にあると考えるならば、政策に関するデータや資料に直接あたる、他の犯罪類型で似たような変化が観察されるか否かを調べる、といった手段で探究を進めることになる。政策上の変化が推測されるとすると、なぜそのような変化が起きたのかという新たな疑問も出てくるかもしれない。

一方、②の問いに取り組むためには個々のケースを対象とした分析が必要となる。刑事事件で個別の事件に接近するのは難しいと思われるが、高いハードルをどうにか乗り越えれば、社会の未知の部分を照らし出してくれる有意義な成果が得られるだろう。「周辺的・限界的な事例」は社会を構成する重要な要素であり、このような場所においてこそ法の役割が明瞭に浮かび上がる。

経験的データを見ると、自分の住む社会が未知のことで溢れていると実感できる。社会の中で法が果たす役割についても同じで、私たちが知らないことはまだまだたくさんある。

3 経験的データの集め方

　ここで、経験的データを収集するために用いられる手法について簡単に触れておこう（詳細は **4** で挙げている『社会科学の考え方』を参照されたい）。法社会学でよく使われるのは「調査票調査（質問紙調査）」、「インタビュー調査（面接調査）」、「エスノグラフィー」、「実験」なので、これらを中心に述べる。

[1] 調査票調査（質問紙調査）

　一般に「アンケート調査」と呼ばれているのが調査票調査である。世論調査や国勢調査が代表例だが、対象者に配布した調査票に回答してもらう方式（自記式）だけでなく、調査員が対象者の回答を聴き取って調査票に記入するという方式（他記式）も含まれる。また、電話やインターネットを使った調査もあり、特にインターネットを使った調査票調査は急速に普及してきた。インターネット調査は信頼性に欠けると以前は言われていたが、現在では学術研究でも使われるようになっている。

　調査票調査の特徴は、多数の個人の回答から「社会」を観察しようとする点にある。大量のデータを収集できることが最大のメリットだが、その反面、質問項目や選択肢が画一的であるために回答者の意図がわかりにくくなったり、場合によっては回答の質に難があったりすることはデメリットである。

　法社会学に関係する大規模な調査票調査は、今までに幾度か実施されている。その中には調査の（匿名化された）データや調査票が公開されているものもあり、東京大学社会科学研究所のデータアーカイブ（https://csrda.iss.u-tokyo.ac.jp/）でデータ自体を入手することができる。「民事訴訟利用者調査」、「紛争行動調査」、「法使用行動調査」、「訴訟行動調査」などのデータで二次分析を行ってみると、計量分析が身近なものに感じられるはずである（「訴訟行動調査」データの二次分析の例として、森大輔「裁判にかかる費用や時間についての認識と裁判利用行動意図の関係」法社会学 81 号〔2015 年〕189 頁以下を参照）。

[2] インタビュー調査（面接調査、ヒアリング調査）

　少数の個人を対象として、その人の話す言葉から「社会」を見出そうとするのがインタビュー調査である。あらかじめ質問項目を用意しておくタイプ（構造化インタビュー）や、自由に話してもらうタイプ（非構造化インタビュー）、あるいはその中間形態（半構造化インタビュー）がある。

　法が関わる場面を経験したことのある人の言葉を直接聞くことにより、他の方法ではなかなか窺い知ることのできない法の世界が開けてくる場合がある。その意味で、インタビュー調査（特に非構造化インタビュー）は、詳しい正確な情報を入手するのに役立つだけでなく、他者を理解するための新たな視点を獲得するのに役立つ手法でもある。行政職員等へのインタビュー調査を含む法社会学研究の例として、平田彩子『自治体現場の法適用』（東京大学出版会、2017年）を参照していただきたい。

[3] エスノグラフィー

　上の2つの手法は個人が「言っていること」から「社会」を観察するものだったが、個人が「していること」、つまり行動に着目したい場合もあろう。人々の行動を的確に理解するには、その人たちが置かれた社会環境を把握しておくのが望ましい。

　調査対象となっている社会や集団に調査者自身が入り込み、社会や集団の内側から観察していく手法をエスノグラフィーと言う。これは文化人類学や民俗学で用いられてきた研究手法であり、今ではマーケティングやビジネスにも応用されるようになっている。エスノグラフィーを成し遂げるには多大な労力を要するが、他の手法では得がたい価値ある情報や知見を提供してくれる。法社会学のエスノグラフィーの例として、吉岡すずか『法的支援ネットワーク』（信山社、2013年）、高野さやか『ポスト・スハルト期インドネシアの法と社会』（三元社、2015年）を挙げておく。

[4] 実験

　同じく人々の行動に焦点を当てつつ、因果関係の観点から「社会」のメカニズムをあぶり出そうとするのが「実験」である。実験は、関連すると思われる要素

を操作しながら結果を観察する、という研究手法である。原因と結果のつながりを直截に調べることができるので、因果関係を把握するのに特に適した手法だと言える。

社会科学でよく用いられる実験としては、「実験室実験（ラボ実験）」と「フィールド実験」がある。前者は、研究室や教室の中で意思決定環境を疑似的に再現し、実験参加者の意思決定や行動を観察する実験である（たとえば模擬裁判を用いて裁判員による討議の過程を調べたり、契約交渉の場面を設定して当事者の意思決定を調べたりすることができる）。これに対して後者は、現実の環境を舞台にして実施される実験である。現実世界の雑多な要素が絡んでくるため因果関係が析出しづらい場合があるが、よりリアリティのある観察結果が得られやすい。近年では、計量的方法の高度化に呼応する形で、場面の操作は行わずに因果関係を見つけようとする「自然実験」の手法が広がりつつある。

実験の手法を用いた法社会学研究の例としては、佐伯昌彦『犯罪被害者の司法参加と量刑』（東京大学出版会、2016年）の第10章・第11章や、**4**で紹介する『法社会学の新世代』所収の拙論文「サンクションのない法の効果」をご覧いただきたい。

[5] その他の手法

以上に述べた手法は、社会科学で用いられるデータ収集法の一部にすぎない。他にも、人々の発話や会話のデータ、映像データ、GIS（地理情報システム）のデータ、脳の活動を示すfMRIのデータ、そして行動に関する大規模なデータ（いわゆるビッグデータ）なども用いられている。

技術の発達と「エビデンスに基づく政策形成」の考え方の浸透に伴い、さまざまな種類の質のよいデータが入手できるようになり、新しい手法も次々と編み出されている。法社会学の研究に利用できるデータや手法もおそらくは飛躍的に増えているのだろうが、残念ながら法社会学の研究者の数はそれほど多くはない（もっと残念なのは、これが法社会学の分野に限った問題ではないことである）。もし読者の中に少しでも関心をもつ方がいれば、是非この探究に加わっていただきたいと考えている。

4　学習ガイド・文献紹介

　法社会学の研究は多様である。たとえば、裁判やその他の紛争解決手続の利用状況、法制度を利用する人たち（または利用しない人たち）の意識や行動、法制度を支える法専門職（弁護士、裁判官、検察官、司法書士など）の人たちの意識や行動、法以外の慣習的なルールの機能、文化や社会環境による法の違い、司法過程・立法過程・行政過程の実態、地域社会や国際社会での法の役割、そして望ましい法制度のあり方などが法社会学で研究されてきた。社会と法が何らかの意味で関係しており、かつ、関心が実際の社会に向けられていれば、どのようなテーマでも「法社会学」と言って差し支えない。

　法社会学への入門のしかたとしては、次のいずれかの方法をおすすめしたい（複数の方法を選んでくださるとなおよい）。第1の方法は、社会科学一般の方法論・理論・手法を学ぶことである。学問分野の境界は次第に曖昧になっており、社会科学全体を視野に入れて経験的方法を解説した文献も出版されるようになってきている。たとえば、野村康『社会科学の考え方』（名古屋大学出版会、2017年）、森田果『実証分析入門』（日本評論社、2014年）、今井耕介『社会科学のためのデータ分析入門（上・下）』（岩波書店、2018年）は参考になる。また、柳川隆＝高橋裕＝大内伸哉編『エコノリーガル・スタディーズのすすめ』（有斐閣、2014年）や飯田高『法と社会科学をつなぐ』（有斐閣、2016年）は、特に経済学の概念が法とどのように関わるかについて述べた書物である。法社会学における経験科学的な研究方法を概観するには、太田勝造＝阿部昌樹『法と社会へのアプローチ』（日本評論社、2004年）や太田勝造＝ダニエル・フット＝濱野亮＝村山眞維『法社会学の新世代』（有斐閣、2009年）が適している。社会を認識するための理論や社会を測定するための具体的な手法を知ってから法の世界を見ると、法社会学の意義がよくわかるようになるだろう。

　第2の方法は、法社会学研究者の手になる研究書や研究論文をとにかく読んでみる、という方法である。特に、若い研究者が書いたモノグラフは読者にとって大きな刺激となるはずである。本文中3で取り上げた文献は、いずれも比較的若い世代の研究者の著作である。これらの文献のほかにも、河合幹雄『安全神話

崩壊のパラドックス』（岩波書店、2004年）、長谷川貴陽史『都市コミュニティと法』（東京大学出版会、2005年）、ダニエル・フット［溜箭将之訳］『裁判と社会』（NTT出版、2006年）、藤田政博『司法への市民参加の可能性』（有斐閣、2008年）、小宮友根『実践の中のジェンダー』（新曜社、2011年）、秋葉丈志『国籍法違憲判決と日本の司法』（信山社、2017年）などがあるので、自分の関心のある法分野やテーマに関係する法社会学研究に触れることをおすすめする（他にも優れた文献はたくさんある。ここでは、タイトルから内容を推測しやすいと思われる経験的研究を挙げた）。

　第3の方法は、実定法分野に軸足を残したまま法社会学の勉強をする、という方法である。法社会学に興味はあるものの自分の専門分野にするつもりまではない、という方もいることだろう。実は、そういう方は法社会学にとって貴重な存在である。というのも、専門分化が高度に進んだ昨今、法社会学と実定法の間の距離はますます大きくなっており、「法社会学に関心をもつ実定法の専門家や実務家」がより増えることが望ましいからである。そうした方々は、法社会学全体を俯瞰した入門書から読まれるとよい。ここでは、村山眞維＝濱野亮『法社会学〔第2版〕』（有斐閣、2012年）、宮澤節生＝武蔵勝宏＝上石圭一＝菅野昌史＝大塚浩＝平山真理『ブリッジブック　法システム入門〔第4版〕』（信山社、2018年）の2冊を挙げておきたい。

　文献以外にも、法社会学の題材になりそうなものは至るところに転がっている。法社会学を学ぶうえでは世の中一般に目を向けることも大事であり、図書館にある資料・文献・新聞・雑誌やインターネットなどから得られる種々の情報はもちろん、小説や漫画でさえも法社会学を始めるための入口になる。それに加えて、近くの裁判所で実際に裁判を傍聴してみることもおすすめする。法が人々の生活にとってどんな意味をもっているかについて、否応なしに考えさせられることになろう。

第 14 章 フランス法
「異なる法」を学ぶ

東京大学准教授
齋藤哲志

　わが国では、少数の大学においてではあるが「フランス法」が開講されている。あるいは「比較法」の講義名称でフランス法に関する知見が提供されている。しかしそもそも、ある教師がフランス法という看板を掲げたとしても、それは羊頭狗肉である。一人の外国人が、フランスにおける法現象のすべてを知り尽くしているはずもない。では「フランス法」ないし「比較法（フランス法）」の講義では何が語られているのであろうか。また、何が語られるべきであろうか。これについて検討する前に、日本における外国法研究について一瞥を与えることが必要である。

1　なぜ外国法を学ぶのか？

　わが国では、外国法研究が全世界を見渡しても他に類を見ないほど盛んに行われて来たし、現に行われている。固有のディシプリンとしての「比較法」を標榜するか否かは措くとしても、法学部において、外国法と日本法とを比較する言説に一切触れることなく 4 年間を終えることは想像し難い。

　指摘するまでもないが、日本における外国法研究の繁茂隆盛は、近代の法整備の経緯を直接の淵源とする。明治以前の日本にも「法」が存在したか否かを問うことが許されるほど、西洋からの「法」の摂取・継受は巨大な断絶・跳躍であった。分野により違いはあるにせよ、この摂取・継受は、「大陸法」*1、より具体的にはフランス法とドイツ法について遂行された。ボワソナードやロエスレルと

いった名前はどこかで聞いたことがあるであろう。彼らがもたらす知識を通じて、あるいは、日本人自身が西洋に赴くことによって、日本は近代的な法を備えた。このような事情を背景として、「母法」である大陸法は日本法にとって常に範形を提供してきた。

　もっとも、大陸法系に属する主要な2つの法ではあるが、ドイツ法とフランス法とではその処遇が少々異なっていた。民法に話題を絞ると、日本は、まずフランス法について「法継受・立法的摂取」を果たしたが、後にドイツ法について「学説継受・法学的摂取」をするに至った、といわれる。フランス法からドイツ法への被摂取法の交代は、民法の編纂時点で既にその萌芽が見られ、大正期に顕著に現実化した（詳しくは、今なお価値を減ずることのない、伊藤正己編『岩波講座現代法14　外国法と日本法』〔岩波書店、1966年〕を参照）。以後、民法はドイツ流に解釈されることが一般的であった。その結果、外国法研究の対象としてフランス法を選択するにあたっては、なぜそれを行うのか、なんらかの自己正当化が必要であった。ドイツ法の影響が直接的であった法分野においては、こうした要請が一層強かった・依然として強いことはいうまでもない。

　民法分野では、1つの論文の登場によって状況が変わる。星野英一「日本民法典に与えたフランス民法の影響」同『民法論集第1巻』（有斐閣、1970年、初出1965年）は、ドイツ民法典に即するものと考えられていた日本民法にも、実はフランス民法典から摂取された事項が多数含まれていることを明らかにした。これにより、フランス法は母法の地位を回復し、沿革研究としてのフランス法研究が盛んとなった（参照、小粥太郎「日本の民法学におけるフランス法研究」同

---

*1　ちなみに、ここにいう大陸法＝Civil Law とは、英米法＝Common Law と対比して用いられる比較法学上の公理的概念である。比較法学による顕著な成果の1つに、いわゆる「法系論」「法圏論」がある。これは世界中に存在する数多の「法」（法制度・法規範・法意識・法文化など法にまつわるエトセトラ）をいくつかの識別要素にしたがって分類する博物学的な知的作業である。極めて粗雑に述べるならば、裁判官を法形成の主アクターとする「判例法主義」と、立法者を法形成の主アクターとする「法典法主義」とを対置し、前者を Common Law に後者を Civil Law に重ね、そうした特徴の現代における当否が検討される。固有の分野としての比較法に興味がある読者は、五十嵐清『比較法ハンドブック〔第2版〕』（勁草書房、2015年）、滝沢正『比較法』（三省堂、2009年）、広渡清吾『比較法社会論研究』（日本評論社、2009年）、大木雅夫『比較法講義』（東京大学出版会、1992年）などを参照されたい。

『日本の民法学』〔日本評論社、2011年〕）。

　しかし、外国法研究は、沿革的ないし系譜的関係の存在を前提条件とするわけではない。実際、それによって得られた知見を日本法の解釈論に直結するためだけに行われて来たわけではない。では何を目指して外国法が研究されるのであろうか。第1の端的な答えは、研究者養成に関わる。研究を志す若き学徒は少なくとも1つの外国法の検討を義務づけられているといってよい。もっともこれは自明の当為ではなく、ある種の制度であって、理由付けとしては不十分である。自らの外国法研究の正当化は、各人に委ねられている。

　第2に考えられる答えは、「異なる法」の認識が自らの法を一層深く理解させるきっかけをもたらす、というものであろう。まず2でこの点について例解する。次いで3で現代フランス法上の1つのトピックを提供する。なお、2・3のタイトルについて、フランスの法学部の1年生向け科目に対応させて便宜的にこれらを「入門」と名付けてみた。実際に入門するかどうかはもちろん読者次第である。

2　史的法学入門 (Introduction historique au droit)

　1では、ある特定の国ないし地域を単位として法を語り得ることを前提としたが、そもそもそうした発想も自明ではない。もう少し精確に述べれば、「フランス法」は、地理的な概念としての「フランス」に出来した事象を通時的に再構成することで得られたものではない。そもそも「フランス」を語り、「フランス法」を語ることは、比較的新しい知的態度である。せいぜい15世紀後半に遡り得るにすぎない。人文主義と総称される知的運動が現れ、近世が幕を開けつつあるこの時代、「フランス法」は、それまで圧倒的な権威を保っていたローマ法との対抗の中から生じた1つの観念体系である。

　一例を挙げよう。フランス古法（フランス革命以前の法を総称する講学上の概念）において、契約当事者が、自らが締結した合意を、たとえば詐欺や強迫を理由として取消そうとする場面を想定しよう（錯誤も同列に語られるが、日本法では平成29年民法改正以前は錯誤の効果は無効であったことを説明しなければならないため除外する）。当事者は、裁判外で意思表示によって契約を取消すこと

ができないばかりか、裁判所に訴えを提起してもこれをなし得なかった。契約を取消すためには、上級の裁判所に附属する国王の出先機関（尚書局）に赴き、手数料を支払って、国王のハンコ（国璽）が押された書状（取消状）を得なければならなかった。なぜこのような制度が生まれたのかについては諸説あるが、現在では、法律家（公証人）が関与して作成される定型化された契約証書中に「取消という手段を放棄します」という一条項が付されていたからである、とされている。当事者が自ら放棄していたのであるから、裁判所がそれを否定して契約を取消すことはできない。国王のお出ましである。

15世紀後半に制度化された以上の手続きについて、16世紀から17世紀前半にかけての法学者たちは、乱暴に要約すれば、次のような説明を与えていた。フランスにおいてローマ法は効力を有しないため、詐欺や強迫といったローマ法が認めていた取消事由については、放棄があろうとなかろうと、そもそもこれを援用できない。しかし、慈悲深く、至高の権力を有する国王は、当事者のために契約を取消すことができる、と。

この議論のポイントは、結論としては国王がローマ法上の取消事由を承認しているにもかかわらず、ローマ法が適用されているとは決していわれない、という点である。背後に控えていたのは、フランス王国で通用するのは国王の主権を根拠として制定される「フランス法」である、という観念であった。取消状は、主権者たる国王の意思を表明したものであって、それを根拠とする取消は"フランス法上の取消"である。他方、取消状を必要としない契約を否定する手段として「当然無効」も認められていた。これについては、国王の立法である王令か、公的編纂を経て国王が効力を承認した慣習法に、具体的に当然無効事由が書かれている必要があった。要するに、取消であれ当然無効であれ、契約をなかったことにする諸事由は、国王の主権を背景としたフランス法上のそれでなければならなかったことになる。以上の法学者の議論は、この時代に、主権者の意思こそが法（なお、法 droit のうち、主権者の意思によるものは、特別に法律 loi と称される。現代における議会制定法としての loi はこの用語法を反映している）となる、という近代的な法観念が生じつつあったことに対応する。のちのフランス革命によってこうした法観念が生じたわけではない。革命は、国王から人民への主権者の交代を実現したにすぎない。

しかし不思議なことに、法学者たちは、国王がもたらす取消という帰結について、これをローマ法上の制度に重ね合わせて理解していた。彼らは、ローマの制度を参照して、法務官（精確ではないが、他の官職とともに主権に相当する「命令権」を分有していた裁判官、としておこう）が、主権の発露として「原状回復」という手段を用い、契約当事者を契約がなかったのと同様の状態に復していたことを指摘する。そして、ローマの主権者はそのようなことができたのであるから、フランスの主権者にも可能である、と考える。フランスにおいてローマ法は効力を有しないにもかかわらず、ローマ法を参照してフランス法が説明されているわけである（以上、拙稿「フランス古法時代の一法格言に関する覚書――取消・原状回復をめぐって」長谷川晃編『法のクレオール序説』〔北海道大学出版会、2012年〕）。

以上のややこしい理由付けは、第1に、「差異」の意識を背景とする。中世において、ローマ法は、局地的に妥当する立法や慣習法が欠缺する場合には、特別の手続きを要することなく自動的に適用されるものと考えられていた。換言すれば、ローマ法はフランスにおける実定法であった。この理解が、ローマ法とフランス法は異なる、という差異の意識によって覆され、フランス法とは如何なる法であるのか、という問いを生じさせた。その答えが、主権者たる国王の意思が法を生み出す、というものであった。第2に、「比較」の意識も重要である。実定法としての処遇を否定されたローマ法は、学問的探究の対象となった（事実、この時代のローマ法学について、歴史学化が語られる）。"直ちに使える"法ではないからこそ、フランス法の理解に資するものとなった、と言い換えてもよい。上述の事例に戻れば、国王が付与する取消状は、ローマ法上の原状回復の適用とはみなされていない点が重要である。2つの制度は同一視されていたのではなく、比較してみると似ていた、ということになる。2つの事項が似ているというためには、それらが異なることが前提とされなければならない。

以上に略述した事象は、ある法体系の総体を対象として"○○法"を語るということそれ自体の意義を明らかにしてくれるであろう。ここでは、過去に存在したローマ法が「異なる法」とされ比較の対象とされているが、それがフランス法とは異なることを意識すること自体が容易ではなかった。これに対して外国法を「異なる法」として措定する場合には、物理的な距離と言語の壁が、即座に差異

を意識させる。しかし 1 で問題とした母法としての大陸法についていえば、直ちに解釈論として使えるものをそこに求める限り、必ずしも「異なる法」としての突き放しが行われておらず、比較が実践されているとはいい難い。近代の断絶を強調すれば、日本の古法の方がかえって「異なる法」であるということもできる。いずれにしても、「異なる法」を知り、その前提・構造に関心を寄せるとき、翻って自らの法の前提・構造があぶり出される。上述の例で言えば、ローマ法との比較から、取消状の制度が拠って立つ諸観念が明らかにされている。

以上が外国法研究の意義（私見）である。その対象がフランス法やドイツ法や英米法である必然性はない。中国法でも韓国法でもイスラーム法でもよい。また、過去の法でもよい。この点で、外国法研究と法制史研究とは関心を一にする。まずは任意に選択した「異なる法」を客観的にかつ可能な限りの深度をもって認識することが求められる。自らの法と似ている、やっぱり違う、という判断はそれからであって、性急さは禁物である。また、比較と称して優劣を語ることは無意味である。

3　法学入門（Introduction au droit）

フランスの法学部の 1 年次科目である法学入門では、法とは何か、といった哲学的問題に加えて、現代における法源に焦点が当てられる。近時、激烈な論争を惹起した破毀*2院（民刑事系統の最上級審）の判決（2013 年 12 月 4 日判決、以下「2013 年判決」）を素材にその一旦を垣間みよう。テーマは基本権保障である*3。なお「入門」の語は容易さを意味しない。

---

*2 原語の cassation（←casser＝こわす）を反映して破「棄」ではなく破「毀」と訳すのが通例である。この種の業界用語にまずは違和感を覚えることが外国法科目攻略の秘訣である。普段とは違う言葉遣いがされていたら教師に質問してみよう。長大な講釈が始まること請け合いである。

*3 当然ながら以下について多くの仏語文献を参照している。本書の性質に鑑みて都度の注付けは断念するが、最低限以下の 4 つを掲げる。J. Ghestin et H. Barbier, *Introduction générale*, LGDJ, 2018 ; P. Deumier, *Introduction générale au droit*, LGDJ, 2018 ; Ph. Jestaz, J.-P. Marguénaud et Ch. Jamin, «Révolution tranquille à la Cour de cassation», *D*. 2014, p. 2061 ; F. Chénedé, «Contre-révolution tranquille à la Cour de cassation ?», *D*. 2016, p. 796.

［事案］X・Yは、1969年に婚姻、1973年に一子を設けたのち、1980年に離婚した。その後Yは、かつての夫Xの父であるAと1983年に再婚した。Aは2005年に死亡。Aの遺言はYを包括受遺者に指定していた。Xが、直系姻族間の婚姻を禁ずる民法典161条（cf. 日本民法735条）を根拠として、YA間の婚姻無効の訴えを提起。161条による無効の訴えは婚姻時から30年の期間に限定されるが（184条）、本件ではこの期間は徒過していない。原審はXの請求を認容。Yが上告。

［判決］破毀院は、「私生活および家族生活の尊重を求める権利」を基本権として保障するヨーロッパ人権条約8条を適用法条として次のように判示した。「YA間の婚姻はなんら異議を受けることなく承認され、20年を超えて継続していた。よって、当該婚姻を無効とする判決は、Yにとってみれば、自らが有する私生活および家族生活の尊重を求める権利に対する不当な介入となる」［圏点筆者］。破毀自判。

（事案の奇妙さはさておき、）Xの訴えはたしかに婚姻成立から相当の時を経て提起されている。しかし民法典161条は30年間この訴えを許容している。同条は解釈の余地のないきわめて明確な規定である。他の要件の充足も確認されている*4。にもかかわらず破毀院は、原判決によるY個人の基本権（より具体的には、長期間安定的に営まれてきた婚姻関係への干渉を排除する権利）の侵害を理由としてこれを破毀した。この結論は既存の秩序への重大な挑戦と受けとめられた。その意義を十全に理解するには、法源論上の複数の前提を押さえなければならない。

---

*4 Xには訴えの利益が必要である（187条）が、子であるXは遺留分権者であり、その地位は婚姻が有効か否か＝Yが配偶者か否かで異なるところはない。しかし、フランス法では（詳細は省かざるをえないが）贈与・遺贈の相手方が配偶者である場合は、子の遺留分の割合が通常よりも小さくなる。つまり、Yが配偶者でなければXの遺留分が大きくなるため、訴えの利益が肯定される。

[1] 憲法適合性審査

まず、2013年判決が基本権侵害の有無を問うていることに着目しよう。法律（ここでは民法典の規定）の憲法適合性審査（違憲審査と読み替えてかまわない）の枠組みを通じても同一の結論が得られそうである。ただし、その制度設計は日本法とは大きく異なる。この点から確認しよう。

第五共和政憲法（1958年）によって創設された憲法院は、国会が制定した法律を、その公布前に、憲法（および「憲法ブロック」＝1789年人権宣言など憲法的価値を有する規範群）を基準として審査する。審査請求の期間は大統領が法律に署名するまでの15日間に限られ、請求権者も大統領・首相・両院の議長のみであった。のちに60名以上の国会議員が共同して審査を請求することが可能とされたが（1974年）、私人による請求は認められていなかった。

この事前審査制に加えて付随的事後審査が認められたのは、比較的最近のことである。2008年の憲法改正（なお以下の制度の施行は2010年3月1日）により、私人が当事者となる一般の訴訟において、当該事件に適用されるべき法律の規定が「憲法によって保障された基本権」を侵害する場合には、訴訟当事者自身が裁判所において「憲法適合性（合憲性）の優先問題」（以下「QPC」と略称）を提起することが認められた。受訴裁判所と最上級審（破毀院または国務院〔後述〕）の審査が前置されるものの、それをクリアすればQPCは憲法院に係属する。違憲判決が下されると当該規定は廃止され、裁判所はそれがなかったものとして判決を下す。以上が事前審査・事後審査を併存させる現行のシステムである（制度の概要・判決例につき、『フランスの憲法判例II』〔信山社、2013年〕）。

[2] 条約適合性審査

一旦2008年改正以前に立ち戻ろう。憲法院による審査は事前のそれに限られていたが、実は、通常の裁判所には基本権を侵害する法律の効力を事後的に左右することが認められていた。問題は国際法規範の国内法上の効力にかかわる。憲法55条によれば、批准された条約は「法律に優越する権威を有する」。よって、諸法源の階層構造において条約は法律より上位にあり、条約に反する法律の規定は効力を有しないことになる。もっとも、法律の「条約適合性審査」を担うべき機関の如何が決せられるには紆余曲折があった。

第1の候補は、憲法院である。条約違反の法律は間接的に憲法55条に違背するといえる。しかし、QPC導入以前には事後審査をなし得なかったばかりか、事前審査の枠組みの下でも条約適合性審査は行わない、と憲法院自らが宣言してしまった（1975年1月15日判決）。したがって通常裁判所で行われる以外に選択肢はないが、条約との適合性の有無が憲法問題であるならば、判断権を有しない。それどころか、通常裁判所は、違憲の疑いが強くとも当該法律を適用しなければならない。権力分立を厳格に解するフランス法は、司法権は立法者の決定である法律を尊重するよう強く要請する*5。

　しかし、1960年代半ば以降、EC法（当時）の効力は、EC裁判所（当時）の諸判決を受けて、単なる国際法とはいい難いほど強力なものになりつつあった（詳細はEU法の概説書に譲る）。他方、フランスは1974年に人権条約を批准しており、この条約と国内法律との関係も問われなければならなかった。実際、上述の憲法院判決では、人工妊娠中絶を合法化する法律の人権条約への適合性が問われていた。突破口は破毀院によって開かれる（1975年5月24日判決）。破毀院は、EEC条約（当時）の優越性を承認した上で、それに反する法律の規定の「適用を排除する」との判断を下した。しかしこれでも問題は解決しない。フランスには行政事件について別の裁判所の系統が存在するからである。その最上級審である国務院は、法律の条約適合性審査を拒否し続けた。肯定されたのはようやく1989年のことであった（1989年10月20日判決）（詳細につき、南野森「欧州統合とフランス憲法」憲法理論研究会編『国際化のなかの分権と統合』〔敬文堂、1998年〕）。

　ここで基本権保障の問題に立ち返ろう。上述のQPCは、憲法院が、憲法上保障された基本権を侵害するとの当事者の主張を受けて、法律の効力を審査する制度である。その一方で、人権条約上保障された基本権を侵害するとの主張がなされれば、効果は廃止と適用排除とで異なるものの、民刑事系統であれ、行政系統であれ、通常裁判所においても同種の審査はなされうる。

*5　なお、司法権の執行権への立ち入りもまた禁ぜられる。歴史的経緯を捨象していえば、執行権の内部に行政裁判所が位置づけられ、裁判機関が司法系統（民刑事系統）と行政系統の2つに分かれるのはこのためである。

では、2つの審査は如何なる関係に立つのか。2008年の憲法改正を受けた立法者は、憲法院による基本権保障を優先させることとした。すなわち、当事者が同一の問題につきQPCと条約違反の主張とを同時に提起した場合、裁判所は、前者についての判断（QPCを破毀院・国務院〔受訴裁判所の場合〕または憲法院〔破毀院・国務院の場合〕に送付するか否かの判断）を後者についての判断に先んじて行わなければならない（QPCに関する2009年12月10日の組織法律）。この整序により基本権保障という役割は憲法院の下に集約されたようにみえる（詳細につき、建石真公子「フランス2008年憲法改正後の違憲審査と条約適合性審査（1）」法学志林109巻3号〔2012年〕）。

[3] 人権裁判所

もう1つの要素を付け加えよう。EU法、人権条約という2つのヨーロッパ法源は、その統一的解釈を担う固有の裁判所を擁している。前者につきEU裁判所、後者につきヨーロッパ人権裁判所（以下「CEDH」と略称）がそれである。ここでは2013年判決との関係で重要なCEDHについてのみ検討する（制度の概要・判決例につき、『ヨーロッパ人権裁判所の判例』〔信山社、2008年〕）。

人権条約締約国が（条約の批准とは別個に）CEDHの管轄権を受諾すると（フランスの受諾は1981年）、基本権侵害につき国内で救済が得られなかった私人は、CEDHに訴えを提起することができる。条約が保障する基本権の侵害が認められると、締約国に対する条約違反判決が言い渡される。必ずしも実効的なサンクションは存在しないため締約国は無視を決め込むこともできるが、立法や判例変更を通じて条約違反状態が治癒されることもしばしばである[*6]。ここで注意すべきは、私人提訴事件は、国内での訴訟の相手方が国ないし公法上の主体である場合（たとえば刑事訴訟や行政訴訟を想起）に限らない、という点である。2013年判決の事案のような私人間の事件に関しても、国の機関の一部を構成する裁判所が条約違反の立法・判例を前提として判決を下したことが咎めら

[*6] たとえば、非嫡出子（正確には、非嫡出子のうち婚姻中に配偶者以外の者との間から生まれた子、および、近親婚から生まれた子）の相続分を嫡出子の半分とする差別的取り扱いの廃止（2001年の民法典改正）は、CEDHの判決（2000年2月1日判決）を契機とした。

れ、条約違反判決が言い渡され得る。破毀院・国務院が問題となる規定の条約適合性審査を行わなかった場合はもちろん、これが行われて条約適合性が肯定された場合も、CEDH に出訴すれば条約違反を宣言してくれるかもしれない。

このように、基本権侵害の主張に関しては、CEDH が"事実上の最上級審"といえる状況にあった。このコンテクストからすれば、QPC の導入は、国内法のレベルで憲法による基本権保障を十全に確保し、CEDH の権威を削ぐことを眼目としていたといえる[*7]。

[4] 破毀院の領分

以上の諸前提を踏まえると、破毀院・国務院を頂点とする通常裁判所との関係においても、また、CEDH との関係においても、憲法院が本来的な基本権保障機関である（ないしは"そうあるべきである"）という命題を導くことができる。これに反旗を翻したのが破毀院であり、2013 年判決がその嚆矢を成した（その後も複数の判決があるが割愛）。

まず、破毀院は条約適合性審査を行っていることを確認しよう。原告は QPC を提起していなかったため、憲法院への送付の要否についての判断を前置する必要はなかった。この限りで、本判決は既存の秩序に回収可能である。しかし、審査対象のズレに気づかなければならない。

従来の条約適合性審査の下では、問題とされた法律の規定それ自体が条約に適合的か否かが審査され、否定的判断が下ればその適用が排除される。適用排除が当該事案に限られるのは、判決効の相対性の故であるが、その後、同一の規定が適用されるべき事案が生ずれば、同様に適用排除が肯定されることが前提とされる。この意味で、審査の射程は一般的である（「抽象的・一般的審査 contrôle *in abstracto*」）。

これに対して、2013 年判決が基本権侵害＝条約違反を指摘した対象は、法律

[*7] ただし、QPC に基づく憲法院の審査が行われたからといって、CEDH への私人の提訴権が否定されるわけではない。CEDH が憲法院と異なる判断を示すことは依然として可能である。それがなされていないのは、CEDH が締約国の国内法上の基本権保障手続きを尊重しているからにすぎない（CEDH による基本権保障の補充性）。問題は伏在している。

（民法典）の規定ではなく、それを適用した原判決である。換言すれば、法律の規定は条約に適合している（ないし適合性の有無はブランクである）が、本件での適用に限っては条約違反となる、との判断が下されている。審査の射程は個別的である（「具体的・個別的審査 contrôle in concreto」）。

この"事実の評価に応じたアドホックな適用排除"が本判決の新規な点である（国務院にも破毀院に追随したかにみえる判決〔2016年5月31日判決〕があるが割愛）。実は、こうした判断は、CEDHがしばしば採用するものである。ここから、破毀院は、CEDHを模倣することで、のちに出来し得るCEDHによる譴責の回避、換言すれば、条約適合性審査の国内レベルでの完結を目論んでいると評される。QPC導入と動機を一にするとみることも可能である。

他方で、破毀院の新判例は憲法院との関係における巻き返したる様相を帯びている。上述した「条約適合性審査の以前にQPCの憲法院への送付の要否を決せよ」との規律は、条約適合性審査の無意味化、破毀院のスクリーニング担当機関への格下げを意味するのであるから、2013年判決の実質は、破毀院による"基本権保障機関としてのマニフェスト"である。なお、憲法院は「抽象的・一般的審査」を旨とし、「具体的・個別的審査」に依拠しない。

以上にみた「具体的・個別的審査」は厳しい批判に晒されている。とりわけ事案の評価次第で法律の適用が区々となることが問題視される。実践的には、判決の予測可能性が損なわれ、法的安全が確保されない。理論的には、大前提たる法規範の特定が困難となり、法的三段論法が破壊される。こうした批判は、破毀院の権能にも関わる。その来歴に言及する紙幅はないが（後掲の北村論文を参照）、法律審たる破毀院は、法律に違背する事実審判決の破毀という方途を通じて、法律の解釈[*8]・適用の画一性を確保することに専心してきた。すなわち、一方で、法律の内容を審査することを、他方で、事実に立ち入ることを、自らに禁じてきたのである。たしかに前者の禁止は1970年代に開始された条約適合性審査によって破られたが、条約違反の法律は普く適用しないという意味で画一性

[*8] 19世紀中はこれとて批判の対象であった。解釈による法定立への評価は判例の法源性の肯否に接続する。古典的論考として、野田良之「フランスにおける民事判例の理論」法協75巻3号（1958年）。

は確保されていた。こうした従来の自己規定と対比すると、事案次第で法律の適用を排除してしまう2013年判決のインパクトの大きさが理解されよう*9。

[5] 比較法へ

憲法の学習を終えているはずの想定読者は、「抽象的・一般的審査」と「具体的・個別的審査」との対に既視感を覚えるかもしれない。審査の対象に着目して分類すれば、それぞれ日本法における「法令違憲」と「適用違憲」とに類比可能である。すなわち、(日本語としてこなれていないが)前者から導かれるのは「法令"条約違反"」、後者の帰結は「適用"条約違反"」と表現することができる。

ここで興味深いのは、しばしば日本において、司法権は、立法権を尊重するという観点から、法令違憲判決を避け、(合憲限定解釈も試みたうえで)適用違憲を宣言するにとどめている、との評価がみられることである。これに対してフランスの法律家は、法適用の画一性が阻害される点で、「適用"条約違反"」こそが、立法権の判断の不遵守を意味する、と考える。以上の懸隔の由縁を言語化することは日本法を学ぶ読者諸賢に委ねられる。あらためてまとめるならば、外国法に関する知識を可能な限り精確に提供することで、受講者を差異の認識と比較の実践に導くことが、外国法科目の役割である。

4　学習ガイド・文献紹介

フランス法総体についての教科書・概説書としては、出版年の新しい順に、滝

---

*9 「具体的・個別的審査」の開始は、現在進行中の破毀院自身による改革提案と関連づけられている。破毀院HPを参照、https://www.courdecassation.fr/institution_1/reforme_cour_7109/。本格的な上告制限の導入(既存の破毀申立不許可制度の機能不全が背景を成す)が最重要論点である。もっとも、当初構築された「新たな審査は詳細な事実の評価を要するが故にリソースが足りない」との論理では説得力を欠いたためか、近時ではCEDHおよび英米の最高裁判所を模した"真のCour suprême化"が謳われている。

なお、本文ではあえて展開しなかったが、破毀院は、介入規範の目的と基本権侵害の程度との相関判断が要請されることを強調して、新たな審査手法を「具体的比例性審査」と称している。しかし、「比例原則」の概念の多義性を批判する学説が多い。

沢正『フランス法〔第5版〕』（三省堂、2017年）、山口俊夫『概説フランス法（上・下）』（東京大学出版会、1978年・2004年）、野田良之『フランス法概論（上巻）』（有斐閣、1954年）がある。

　モノグラフィーとしては、日本におけるフランス法研究の1つの到達点を示すものとして、北村一郎「契約の解釈に対する破毀院のコントロオル（1）〜（10・完）」法学協会雑誌93巻12号〜95巻5号（1976-1978年）を挙げる。不十分ながら3で展開したように、破毀院は、厳格な意味における法律審であり、事実審判決の法律適合性審査に自己の役割を限定していた。しかし、当事者の意思を歪める契約証書の解釈を基礎に言渡された事実審判決を破毀する判例法が展開されるに至る。このとき破毀院は、契約解釈という事実問題に立ち入ることを自ら肯定した。限定を踏み越えるべく如何なる論拠が動員されたのであろうか。強引にまとめると、契約を当事者の法律と表現する民法典の規定（旧仏民1134条1項・現1103条）が、また、裁判官が法律＝契約を歪めることは許されないという観念が、法律審という建前を毀損せずに済むある種のレトリックとして援用された。以上の事柄を、破毀院の歴史と契約法の基本思想の両側面から重厚に論じた稀有の論考である。なお、図書館でのコピーには半日を要する。

　最後に、本書編者の要請にしたがい自著を挙げる。拙著『フランス法における返還請求の諸法理——原状回復と不当利得』（有斐閣、2016年）は、日本法を前提に問いを立てても直ちにはフランス法から答えを得られない理由を延々と記述したものであり、比較の困難さを体現したものと自負（反省）している。

第15章 英米法
イングランドからの法の伝播と変容

立教大学教授
溜箭将之

1 英米法とは何か

　「英米法」を文字通り読めばイギリスとアメリカの法だが、その対象はもっと広い。それは1066年のノルマン・コンクウェスト以降のイングランドで集積した判例法に起源をもつ法体系をいう。イングランドは16〜17世紀にかけてウェールズ、スコットランド、北アイルランドと連合王国をくみ、イギリスは17世紀から20世紀初頭にかけて大英帝国の版図を広げた。アメリカは1776年に独立を宣言、コモンウェルス諸国は19世紀から20世紀初頭までに自治を確保し、第二次世界大戦後はアジア、アフリカや中東の諸国が独立した。しかしこれらの地域には、イングランドの伝統をひく法が定着した。これらの国と地域の法も英米法の対象になる。

　イングランド国王の裁判所で下された判決の積み重ねをコモン・ローという。しかしコモン・ローに対しては、14世紀までに形式主義すぎるとの批判が強まり、実質的正義を求める人たちが大法官に救済を求めた。大法官とは国王の印章（国璽）を管理する官職で、18世紀に首相が登場するまでは、国王の下での国政の最高責任者だった。15世紀までは聖職者が務めた大法官は、実質的正義を標榜する立場にもあった。その大法官が主宰する裁判所で発展した判例法をエクイティという。イギリスやアメリカ諸州では、コモン・ローとエクイティの裁判所は統合されてゆくが、英米法国の法律家は今日でも、コモン・ローの原則とエク

イティの実質的な救済とを区別する。

　英米法は、ドイツやフランスなどの大陸法と対比される。ローマ法学をベースに法典を編纂した大陸法諸国と対照的に、英米法諸国では、法の基礎を担うのは判例法で、制定法は判例を補完・是正するにとどまる。ただ英米法と大陸法の区別も、過度に強調はできない。英米法諸国でも制定法の数は増えており、そもそも制定法と矛盾する判例法は効力を持たない。英米法と大陸法が混合したスコットランドや南アフリカなどの例もある。法は、国境を超えた伝播に伴い発展と変容をとげており、異なる法の伝統間の相互作用は、英米法の研究・勉強の魅力でもある。

　本章は、英米法を世界的な広がりという視角から紹介する。具体的には、コモン・ローの裁判の根幹をなす陪審制、エクイティの裁判所で発展した信託法、さらに第二次世界大戦後のアメリカの科学技術的優位を象徴する原子力に関わる法を取り上げ、その世界的な展開を追う。英米法の伝播と変容は、大英帝国やアメリカのような大国の盛衰と表裏一体でもある。英米に由来する法制度は、時には英米法と大陸法という区別を越えて、各国のイデオロギー、植民地政策、経済的優劣など地政学的要因と絡みつつ、ダイナミックに伝播していく。

2　陪審・参審・裁判員制度[*1]

[1] イギリスの起源とアメリカの高まり

　イングランドには、市民の司法制度への参加という民主主義の理念ができる前から、陪審制が存在した。1215年のマグナ・カルタは、自由人は、法に則った同輩による裁判なしに自由や財産権を奪われない、と宣言した。土地を保有し政治に関わる「自由人」には、農奴など大多数の人は含まれないので、この宣言は封建諸侯らの特権を保障した意味合いが強い。しかし陪審はその後の歴史でも、国王に任命された裁判官によるコモン・ローの裁判で、国王に反対する勢力の表

[*1] Masayuki Tamaruya 'Lay Judge' *forthcoming* in MAX PLANCK ENCYCLOPEDIA OF COMPARATIVE CONSTITUTIONAL LAW, 〈http://oxcon.ouplaw.com/home/MPECCOL〉.

現や信教の自由、政治的自由を守る役割を果たした。

アメリカは、陪審裁判を受ける権利をイギリスから引き継ぎ、広く憲法で保障している。植民地時代、イギリス本国による紅茶など輸入品への関税や新聞の検閲に反対する植民地人は、税金不払いや政府批判によって本国から派遣された総督に対抗した。本国の立法に違反して総督に訴追された植民地人にとり、地元の陪審は、本国から派遣された裁判官の裁く裁判において、正義に反する法の実効性を奪う防壁となった。独立革命を通じて国家アイデンティティになった陪審は、今日の民事裁判・刑事裁判でも広く使われている。日本など外国からアメリカに進出する企業にとって、本国と桁違いの損害賠償を認める可能性のある陪審は、大きなリーガルリスクにもなる。

[2] ヨーロッパから共産圏へ

陪審制がヨーロッパ大陸に渡ったのは、自由主義革命期だった。フランスでは、革命後に職業裁判官による糾問的な裁判が廃止され、1791年に陪審制が導入された。ドイツ諸州でも1848年革命後に陪審が導入され、19世紀後半にかけ、サルディニアを通じてイタリア、そしてロシア、スペインと陪審制は広がっていった。

ただし、ヨーロッパ大陸では、一般市民からなる陪審を職業裁判官と対峙させる英米流の役割区分が徐々に弱められていった。イギリスやアメリカでは今日でも、裁判官は法律問題を担当し、陪審は事実認定と法の適用を行うが、陪審は裁判官と協議せずに評決を下す。しかしフランスやベルギーでは、20世紀初頭から裁判官と市民参加者が協議して決める事項が徐々に増え、フランスでは1941年までに、両者の役割はほぼ完全に重なった。ドイツやイタリアも含め、今日のヨーロッパ大陸の参審制では、裁判官と参審員との協働が重視される。ただ職業裁判官と一般市民との間には、法的知識と経験の差がある。参審員が裁判官との評議でどこまで影響を与えられるか、しばしば疑問視されてきた。

参審制は1917年の革命後のソ連でも導入された。参審制は、国家のエリート権力を解体して人民に配分する共産主義イデオロギーになじむ。参審制は共産圏の東欧諸国、中国やベトナムにも導入されていった。ただし、実際の裁判で参審員が果たす役割は限られており、権威主義的な刑事司法制度のお飾りに過ぎない

と批判もなされていた。ソ連崩壊後のロシアや独立国家共同体（CIS）は、参審制を廃止し、陪審制度を導入した。しかし東欧のクロアチアやチェコ、スロバキアなどは、参審制を維持している。

[3] アジアと現代

アジアでも、19世紀から第二次世界大戦期にかけ、イギリス植民地で陪審制が導入された。しかし、インドやパキスタンは独立後まもなく陪審制をとりやめ、シンガポールやマレーシアもそれぞれ1969年と1995年に廃止した。大正デモクラシーで英米の民主主義に関心が高まった日本でも、陪審制が導入されたが、戦時体制が強まると停止された。

しかし21世紀に入るころから東アジアで司法改革が進む。日本では2004年、陪審制と参審制を折衷した裁判員制度が導入され、2008年には韓国で諮問的な陪審制度が導入された。2012年には台湾で市民の裁判参加を導入する法案が提出されたが、これまでのところ陪審制か参審制かで議論が分かれている。中国でも、裁判における判断に陪審員がより実質的に加われるよう、制度改革が進められた。2004年には全人代常務委員会が「人民陪審制の改善に関する決定」を制定し、人民陪審制の具体的内容を規定した。2015年以降の試行的な改革を経て、2018年に人民陪審法が制定され、陪審員制度の適応対象を拡充するとともに、陪審員の有する権利の内容の具体化が図られている。

*

今日、裁判に市民が参加する制度は、英米法と大陸法とを問わず、多くの国と地域で採用されている。イングランドのコモン・ロー裁判所で用いられた陪審制は、世界に伝播する中で、時代ごとに自由主義・民主主義・共産主義など異なる理念に取り込まれ、参審制を含め様々な制度へと変容を遂げていった。

3　信託*2

日本でも町中で信託銀行を見ることはあるが、信託は投信（投資信託）で知られるほかは、あまりなじみはないかもしれない。しかし信託は、イングランドのエクイティの裁判所で発展した判例法に由来し、英米では世代間の財産承継を中

心に広く用いられている。

[1] イギリスと信託

　伝統的な信託の利用例をみてみよう。第6代ウェストミンスター公爵ジェラルド・グロヴナー（Gerald C. Grosvenor）は、2016年8月に64歳で亡くなった。イギリス人最高額の土地所有者とされる公爵は、国内外の不動産を中心に90億ポンド（1兆2000億円）の資産を有していた。それが爵位とともに、25歳の長男ヒュー・グロヴナー（Hugh R. L. Grosvenor）に引き継がれた。ヒューには2人の姉がいるが、イギリスの伝統は男系長子相続である。公爵の遺産は信託として預けられ、弁護士や税務・会計・投資の専門家から助言を受けつつ、高度なエステート・プランニングが行われた。そして様々な免税制度を活用し、本来かかるはずの税率40％の相続税を免れたと報じられている。

　信託は三者関係からなる。まず財産を託す委託者で、上の例でいえば第6代公爵。第2に、財産を託される受託者で、上の例で実名は明らかでないが、財産の管理運用につき専門知識を有する人たち。そして第3に、財産を最終的に受け取る受益者で、上の例ではヒュー・グロヴナー。信託関係では、法的には資産の所有権は受託者に属する。しかし、エクイティの裁判所は、エクイティ上は資産の所有権は受益者に属する、との判例法を形成してきた。第6代公爵は生前に、「私に選択肢があれば、富裕な家系には生まれたくなかった。しかし私がこの富を手放すことはない。これを売ることができない。それは私の持ち物ではないのだ」と言ったとされる。

　財産を実質的には保有しながら、法的には所有権は受託者に託したことにする。信託は、財産を専門家に託して高度な資産管理を可能にするが、同時に財産を債権者や国税庁から隠したり、離婚相手や子供に取られないようにするためにも使われる。

　託すと騙すが混在する信託を、大陸法諸国は長らく認めなかった。所有権が受

＊2 Masayuki Tamaruya, *Japanese Law and the Global Diffusion of Trust and Fiduciary Law*, 102 IOWA L. REV. 2229（2018）.

託者と受益者に二重に帰属するのも、所有権の絶対性に反する。しかし信託の基本構造は、17世紀までにイングランドの判例法上確立していた。さらに1720年代、南海泡沫事件という投機バブルの崩壊により、投資に対する信頼を確保することの重要性が社会的に認知された。財産を託された受託者は受益者のためにその財産を保持する義務を負い、これを信認義務（fiduciary duty）という。18世紀のイギリスの裁判所は、この信認義務を厳格に適用する判例法を発展させていった。

この17世紀から18世紀にかけて、信託法はイギリスの海外進出とともに世界各地に伝播していった。

[2] 日本への伝播：東廻りと西廻り

伝播のルートは東廻りと西廻りに分けられる。東廻りでは、東インド会社の進出とともに、南アフリカ、インドへと信託が伝わった。南アフリカでは、オランダのローマ法を基礎とした判例法と、イギリスの信託を含めた判例法が混合した興味深い法体系が発展している。イギリスが実質的な支配を敷いたインドでは、イングランド法を基礎とした諸法典が導入された。1882年に信託法典が制定され、のちに日本で参照される。

西廻りはアメリカ大陸を横断し、日本に至る。アメリカでは、植民地時代から独立後にかけて、信託法を含むイギリス判例法が受容されたが、地域の名望家が受託者を務めたイギリスと比べて、信託会社や銀行による信託ビジネスが広まった。特徴的なのが、アメリカの鉄道網の発達に伴い、鉄道会社がロンドンやパリで資金調達するために用いた信託である。これは担保付社債信託と呼ばれ、信託会社が受託者を務め、担保となる鉄道会社の資産を社債権者のために保有した。これにより、社債が売買されても名義を書き換える手間を省くことができ、社債の流通が促進された。

日本は担保付社債信託を1905年に導入した。日本の電力会社は1923年以降、ニューヨークで2280万ドル、ロンドンで990万ポンドの社債を発行し、その際に担保付社債信託が用いられた。担保付社債の発行は、1931年の台湾電力会社まで続いたが、以後は世界大恐慌による国際債券市場の市況の悪化もあって行われなかった。

信託の一般法が日本に導入されたのは、1900年代・1910年代に信託が人口に膾炙し、信託のもつ語感に目をつけた粗悪ビジネスを取締る必要性が高まってのことである。1922年に成立した信託法の起草には、イギリスの判例法やインド信託法典、さらにアメリカで1872年に成立したカリフォルニア民法典の信託法の規定が参照された。こうして東廻りと西廻りに伝播した信託法は、日本で潮目を結んだ。

[3] アジアとグローバライゼーション

西廻りの信託の伝播は、日本で止まらなかった。当時日本の植民地だった台湾と朝鮮には、1922年の信託法制定後まもなく信託会社が進出し、追って信託法や信託業法が適用された。第二次世界大戦後に日本の直接支配がなくなっても、台湾と韓国には日本の信託法の影響を受けた信託法が成立した。両国の信託が、主に資金調達のための金融手法として用いられる点にも、アメリカと日本を通じた西廻りの影響が見て取れる。

他方イギリスから東廻りに伝播した信託に磨きをかけたのが、香港とシンガポールである。いずれも一時期日本軍に占領されたが、戦前戦後を通じイングランド法を維持している。1990年代以降、アジアの金融センターとしての存在感を増した香港とシンガポールは、互いに競うように国際的な信託ビジネスを展開している。

21世紀の初頭、信託の伝播の流れは、中国で潮目を形成している。中国は1979年の改革開放政策以降、国内の信託業を促進し、2001年に信託法を制定した。この立法や業態には、日本や台湾、アメリカなど西廻りの影響がみられる。他方で、中国の富裕者層に高度な信託サービスを提供しているのは、東廻りの香港やシンガポールの金融機関である。

国際的な信託サービスは、ケイマン諸島やバージン諸島などオフショア諸国の立法に基づく信託を用いる。オフショア諸国の多くは旧イギリス植民地で、税制優遇を通じて競って海外資産を誘致している。オフショア信託は、1970年代から資産や現金の国際的な流れが加速する中で、富裕層の資産運用に利用されていった。これらオフショア諸国の立法には、イギリスやコモンウェルスの法律家が深く関与している。国際的な資産や関連ビジネスの誘致を通じ、旧植民地や王室

属領が経済的に自立することは、イギリス本国の意向にも沿っていた。

　信託や会社、財団などの法形式を複雑に組み合わせ、財産をオフショア諸国に移転する行為には、近年批判も強い。こうした行為が、各国の富裕層や政治家などの有力者の間で広く行われていることは、2016年にパナマ文書で暴露された。これは、パナマの法律事務所モサック・フォンセカからドイツの新聞社にリークされた秘密文書が、ワシントンDCの国際調査報道ジャーナリスト連合（ICIJ）を通じて公表されたものである。この報道は、アメリカやEU、OECDが主導してきた、低課税・非課税国へ人為的に利益を付け替えて、納税義務を逃れる行為を禁圧する動きを加速させた。

　ヨーロッパのオフショアともいうべきリヒテンシュタインを除き、大陸法諸国は信託の導入に長らく否定的だった。1985年に信託の準拠法及び承認に関するハーグ条約が成立したが、英米諸国からは、大陸法諸国が外国の信託の承認を拒否できる余地が広すぎると批判も強い。それでも、国際的な金融資産の誘致に熱心なスイスやオランダ、さらにイタリアでも国内での信託の受託が広まった。フランスも、2007年に民法典に信託の規定を導入した。英米流の資産承継を目的とした信託は退けつつ、取引手段として信託を取り込み、国内市場の競争力強化を狙う立法である。さらに近年、市場経済が発達し資本家層への富の蓄積の進む東欧諸国で、信託立法が広がっている。こうした信託立法には、スコットランド、ケベック、南アフリカ、ルイジアナなど、歴史的に大陸法と英米法の混合する諸国で精緻化された信託概念が、理論的枠組みを与えた。

*

　イングランドのエクイティ裁判所に由来する信託法は、大英帝国の拡大とともに世界中に伝播し、日本や中国にも到達した。当初は資産承継の手段だった信託も、金融取引の手段へと応用され、各国で制定法や判例法で多様な発展を遂げている。信託の伝播と変容の過程では、日本や大陸法と英米法の混合する諸国の立法や実務、理論が重要な役割を果たした。同時に、信託は託すと騙すを併せ持ち、その利用と濫用とをめぐる国際的な議論は今日も尽きない。

4　原子力損害賠償*3

　19世紀末にX線を発見した現代科学は、20世紀前半にかけて核反応に伴う強力な原子力エネルギーを開発し、兵器や動力源へと応用してきた。しかし、原子力が軍事利用された時の破壊力、民生利用でも事故に伴う被害は、従来の化学技術の利用に伴うものと比べて格段に大きい。日本も、広島・長崎への原爆投下、ビキニ環礁での水爆実験、東日本大震災に伴う福島第一原発事故で、その威力を見せつけられた。原子力の制御は、科学技術だけでなく法制度にとっても、大きな課題を突き付ける。

[1] 原子力の民生利用と責任集中

　1953年、アイゼンハワー大統領が国連総会で「平和のための原子力」と題した演説を行い、第二次世界大戦後のアメリカは、原子力の民生利用と民間活用に舵を切った。原子力発電はその代表例だが、大きな政策課題となるのが事故の際の損害賠償である。原発で事故が起これば、被害は広くに及び、多くの人々が深刻な健康被害を受け、その影響は世代を超えることもある。損害賠償請求が認められれば、その負担は電力会社を直ちに破産に追い込む。原子炉などの製品や技術を供給する会社も、損害賠償リスクに直面すれば、技術開発や商業利用に二の足を踏んでしまう。

　こうした中アメリカで1957年、プライス・アンダーソン法が成立した。この立法は、原子力事故で損害が発生した場合に、電力会社に無過失責任を課す一方で、賠償額に上限を設け保険でカバーすることにした。さらに、賠償責任は電力会社に集中し、原子力製品や技術の供給会社は、被害者に損害を賠償しても電力会社に求償できることとした。

　原子力損害賠償制度は、民生原子力技術とともにアメリカから日本や西ヨーロ

---

*3 溜箭将之「インド原子力損害民事責任法（CLNDA）と原子力損害補完補償条約（CSC）」日本エネルギー法研究所『原子力損害賠償法に関する国内外の検討』（2017年）97-122頁。

ッパへ移転された。その際に電力会社への責任集中を強調したのが、1957年のハーバード・ロースクール報告書である。報告書は、原子力製品や技術の供給会社は、単に電力会社に求償できるだけでなく、そもそも免責されるべきだとした。これにより、原子力技術の開発費用の低減、供給会社を狙った訴訟の回避、原子力産業における投資と技術革新の促進を図れるというのである。この責任集中原則が、外国の国内法や国際条約へと盛り込まれていく。

[2] 日本や西欧への移転

　日本では1961年に原子力損害賠償法が成立し、1963年に東海村の東海発電所で原子力発電が始まった。被害者の保護と原子力事業の健全な発達を謳う原子力損害賠償法は、ハーバード・ロースクール報告書に沿って、電力会社に無過失責任を課すとともに、原子力製品や技術の供給会社を免責している。ただし電力会社に無限責任を課す点で、アメリカや欧州の立法より厳しい規定をおく。

　ヨーロッパでは、経済協力開発機構・原子力機関（OECD/NEA）を中心にパリ条約が起草され、1960年の署名を経て1968年に発効した。現在パリ条約には、西欧諸国を中心に15か国が加盟している。さらに原子力技術の東欧や南米への移転と並行し、国際原子力機関（IAEA）を中心にウィーン条約が起草され、1963年の署名を経て1977年に発効した。東欧と南米諸国を中心に33か国が加盟している。2つの条約とも、加盟国に対し、電力会社に無過失責任を負わせ、供給会社を免責する立法を義務付けている。同時に、電力会社の賠償責任額に上限を認めつつ、被害者への支払を確保するため保険などの措置が義務付けられる。加盟国内で原発事故が発生した場合、原子力損害に関する裁判は事故発生国の裁判所に集約される一方、被害者の国籍や住所による差別は禁じられる。

　1979年、アメリカのスリーマイル島で原発事故が発生した。さらに1986年にチェルノブイリ原発事故が発生し、上記の条約枠組が越境損害に十分に対応できない現実が露呈した。このため、パリ条約とウィーン条約をリンクする共同議定書が1988年に採択され、また電力会社の賠償責任額を引き上げる改正議定書が採択された。しかし、締約国は限られている。

[3] 東日本大震災と近年の動向

　2011年の東日本大震災に伴う福島第一原発事故は、原発事故の被害の甚大さを改めて見せつけた。

　日本はそれまで原子力損害賠償に関する国際条約に加盟していなかったが、これを機に原子力損害補完補償条約（CSC）を批准した。CSCはアメリカを中心にIAEAで作成され、加盟国に電力会社への責任集中と損害賠償の支払いを確保する措置を義務付けるとともに、原子力事故の場合には加盟国の拠出金から事故発生国の賠償を補完して補償する枠組みを設けている。日本の署名は、諸外国の企業による除染作業への参加を容易にするため、また原発輸出を促進するにあたりCSC批准を諸外国に促すためともいわれるが、これによりCSCは5か国の署名という要件を満たし発効した。

　日本と同じ時期にCSCを批准したのがインドである。しかしインド国内立法には、電力会社から原子力製品や技術の供給会社に対する求償を認める、電力会社への責任集中原則と相いれない条項が含まれている。原発輸出を目指すアメリカ、フランスや日本にとって、この損害賠償リスクがインドとの交渉の最大の難点となっている。インドの強硬姿勢の背後には、アメリカのユニオン・カーバイド社の化学工場から有毒ガスが流出し、1万5000人が死亡し10万人以上が健康被害を受けたボパール事件の記憶がある。1984年の事故以来、ユニオン・カーバイド社からは未だ十分な補償が支払われていない。インド国民感情にとって、外国企業が原子力施設や技術を売り込みながら、損害賠償責任を免れることは許しがたい。

　インドの姿勢は、国際秩序としての責任集中原則を問い直す契機にもなっている。条約レベルで責任集中原則を修正する動きはまだないようだが、同原則に懐疑的な議論は、ヨーロッパでもオーストリアやドイツなど、原子力政策を転換した国々で受け入れられる様相を見せている。

　原発建設の機運は、中国、ロシア、韓国、インドへとシフトしている。これらの国々は、原発廃止へ舵を切る国や、経営不振に陥る原発メーカーが相次ぐアメリカやヨーロッパを尻目に、原発の建設と輸出の実績を積み重ねている。中国、ロシア、韓国は、いずれの条約にも加入していない。1950年代アメリカに発し1970年代までにヨーロッパを中心に定着した原子力損害賠償に関する諸原則だ

が、それが今後いつまで世界的秩序であり続けるかは予断を許さない。

5　学習ガイド・文献紹介

　ここまで、英米由来の法制度のグローバルな展開を追った。英米法のダイナミズムを理解するには、イギリスやアメリカを見るだけではなく、法概念や法制度の各国・地域への伝播、さらに時代ごとの地政学を反映した相互連関もとらえる必要がある。こうした法の伝播と変容の中で、日本も一定の役割を果たしてきた。近年になって中国やインドなど新興国が存在感を増しているのにも理由がある。英米法由来の概念や制度は、依然として世界的に重要な役割を果たしつつ、新興国の挑戦を受けてもいる。

　グローバル化に光と影の面があるように、英米法のダイナミズムにも、大英帝国の植民地支配、アメリカの経済的な支配に伴う負の面がある。日本法も、グローバルな法の相互作用の中にある。日本の法律家も、英米を含めた外国法と日本法とに等しく批判的視線を向け、同時に国際的な法秩序にも創造的な貢献をしてゆくことが求められる。若い人には、その批判と創造の出発点として、英米法の勉強・研究を捉えてほしい。

　このような思いから、本章はマクロな入門を試みた。しかし英米法を批判的に検討するには、英米の法制度や法思想の正確な理解も必要になる。手軽に読める参考文献として樋口範雄『はじめてのアメリカ法〔補訂版〕』（有斐閣、2013年）、古典として田中英夫『英米法総論（上）（下）』（東京大学出版会、1980年）と望月礼二郎『英米法〔新版〕』（青林書院、1997年）がある。個別分野では、浅香吉幹『現代アメリカの司法』（東京大学出版会、1999年）、岩田太『陪審と死刑』（信山社、2009年）、萬澤陽子『アメリカのインサイダー取引と法』（弘文堂、2011年）、また樋口範雄『アメリカ契約法〔第2版〕』（弘文堂、2008年）をはじめとしたアメリカ法ベーシックスのシリーズ（弘文堂）を薦める。

　私も元々は、アメリカにおける裁判のミクロな分析『アメリカにおける事実審裁判所の研究』（東京大学出版会、2006年）から出発した。英米を比較した『英米民事訴訟法』（東京大学出版会、2016年）で検討の対象を広げ、さらに国境と法分野をまたぐマクロの研究を進めている。本章は、その一端の紹介でもある。

海外留学よもやま話❸

[アメリカ]
ニューヨーカーになってみて

サングラスはニューヨーカーの必需品である

北海道大学准教授
池田 悠

1　新参ニューヨーカー

　ニューヨークと聞くと、どんなイメージを抱くだろうか。空を貫く摩天楼、夜を彩るネオンサインと大型ビジョン、様々な人種や民族が行き交う人の波、昼夜を問わず耳をつんざくサイレンやクラクション、場所を選ばぬ数々のパフォーマンスやアート、これらはどれもニューヨークの典型的な情景であろう。本稿は、そんな世界でも有数の大都会ニューヨークで在外研究に従事する機会を頂戴した私が、現地での見聞をもとに執筆したものである。ご存知の通り、アメリカは非常に広大なので、本稿はあくまで新参者のニューヨーカー目線で書かれていることをご容赦いただきたい。

　なお、本書に私が寄稿する趣旨は、法律を学び始めた学生諸氏に楽しい留学の意義を伝えるところにあると聞いているが、私の場合、学位や資格を求めてニューヨークに来ているわけではないので、厳密に言えば"留学"ではない。ただ、一時的に研究の本拠を外国に置いているだけの"在外研究"である。しかし、法曹実務家に馴染み深いLL.M（Master of Laws）コースをはじめとする多数の日本人留学生に囲まれて日々暮らしているおかげで、留学の意義も多少は理解してきたつもりである。

2　ニューヨーカーが考える在外研究の意義

　さて、留学の場合、それが真の意味で人生に有用かはともかく、外国で学位や資格を取得した記録が残ること自体で既に一定の意義があろう。少なくとも

修士号相当以上の学位がないと国際的な舞台でナメられるのなら、学位を取得すること自体に意義があるし、ニューヨーク州弁護士という肩書を名乗るだけで顧客からの信頼が上がるなら、資格を取得すること自体にも意義があると思う。それでは、私のような法学の研究者が長期の在外研究に出る意義は何か。考えうる可能性は、私と同じように悩んだと思われる諸先輩方が本書の旧版で書き尽くしているので、ここでは再述しない。いずれにせよ、そこでも書かれている通り、少なくとも法学においては、たとえ共同研究であるとしても、同じ場を長期にわたって共有し続けなければ実施できないような研究は、容易に想定しがたい。また、インターネットの普及やデータベースの整備により、外国に行かなければ入手できない書籍や資料も少なくなった。仮に日本では入手できない資料があっても、やはり長期にわたって外国に滞在する必要は少なかろう。要するに、少なくとも法学という分野に関して言えば、今どき外国に長期間滞在し続けなければ実施できない性質の研究は、限りなく少ないのである。

　それにもかかわらず、私は今、ニューヨークで暮らしている。したがって、私の在外研究がかなり幸運なことであることは言うまでもない。実際、日本の大学で、所属教員を長期の在外研究に出させてくれるところは少なくなっている。特に、国立大学は、法人化以降の運営費交付金の削減で財政的に困窮し、財務基盤が弱い地方大学から徐々に追い詰められているため、講義や学務を担当しない教員を抱えておくような余裕は失われつつある。もちろん、日本の大学の財政的な困窮が唯一の原因ではないが、私が籍を置くコロンビア大学ロースクールでも、かつては毎年5〜6名ほどの日本人研究者が客員研究員として滞在していたと聞くのに対し、現在、日本人研究者で滞在しているのは私ひとりである。これに対し、総勢30名はいると思われる客員研究員のうち、今や半数が中国から来ているという事実を目の当たりにすると、否が応でもアメリカにおける日本の存在感の低下を実感させられる。

　なお、誤解のないように念のため補足しておくと、日本人のうち、コロンビア大学に滞在する数が減っているのは、おそらく大学に所属する研究者だけである。メディカルスクールなど理系の現状は量りかねるが、コロンビア大学の場合、ロースクールやビジネススクール、SIPA（不正確かもしれないが、日本で言えば公共政策大学院）など文系の大学院に留学している日本人学生や、

私のような客員研究員として滞在している日本人実務家の数は驚くほど多い。その背景には、学生数の増加によって、年間6万ドル超とも言われる学費による収益力の強化を図る一方で、企業などから寄付を募り、その対価として客員研究員の枠を用意する大学側の増収施策もあるようだ。昨今、日本の大学にも、アメリカの大学のような"自立"を求める動きがあるが、1円でも価値の高い返礼品を求めて初めて寄付するような日本との文化の違いはもちろん、巨額の学費をあろうことか政府が貸し付け、卒業すると破産しても免責されない巨額の借金大王になる新社会人を大量に生み出すことが日本の将来にとって望ましいことなのか、ここにいると考えさせられる。話がそれたが、コロンビア大学ロースクールでも、年度によって変動はあるものの、1学年300名を超える大所帯のLL.Mコースだけで日本人留学生が毎年20名前後おり、圧倒的1位の中国に次ぐ2位集団だそうである。その構成要素は、交流の機会を持てた限りで言えば、基本的に国家公務員・法曹実務家（公務員として留学する裁判官・検察官のほか、大手事務所を中心とする弁護士）・大手企業実務家（インハウスロイヤーだけでなく、いわゆる法務部勤務の人も多いが、いずれも名だたる大手企業の従業員）のいずれかであり、多くは（留学する本人の生活という意味だけではなく、彼らの所属組織をフォローする体制を含めた意味で）制度化された潤沢な資金に支えられている。したがって、仮に私の印象通り、大学所属の研究者だけが減っているのだとすれば、やはり財務上の問題が大きいと推察せざるを得ない。

　このように、日本の大学所属の研究者にとっては、今や貴重となりつつある長期の在外研究だが、昔ほどではないとしても、当然、今も相応の意義はある。それは、やはり本書の旧版で諸先輩方が結論づけたように、法律の背後にある社会そのものを体感することで、文献を読んでいるだけでは分からない生の外国法を実感することができることである。それは、同時に、法律にせよ、社会全体にせよ、日本の特長や魅力を発見することであり、また、日本が抱える課題を認識することにも繋がる。一言で言えば、外国を知ることで我々の視野が広がり、日本を相対化して見ることができるようになるのである。現代において、留学に出る意義もまたここにあると思う。そんなことに日本でのキャリアを一時中断させるほどの価値があるのか、学生諸氏には疑問に感じられる

かもしれないが、法律というものは、当該社会と密接不可分にしか存在しないものであり、社会的な背景をなしにしては到底理解し得ないものなのである。我々、法学の研究者の多くは、日本の実定法を専攻していても、外国法との比較を手法として用いて研究を進めているが、その目的もまた日

ランチョンセミナーでの報告も貴重な経験だ

本法を相対化して、その理解を深めるところにある。したがって、そのような比較法研究をより深化させてくれる機会が、現在、私の従事している在外研究なのである。付言すれば、世の中には、他者の知識不足に付け込んで、あるいは純粋にアメリカが好き過ぎるのか、さもアメリカと異なる日本が異常で遅れているかのような印象を植え付けようとする輩も多い。しかし、そうした輩に誤導されず、あるいは適切に反論するためには、アメリカの現実を理解する必要がある。同様な話は、ヨーロッパでも起こり得るが、アメリカの方がより顕著であろう。

3　ニューヨーカーから見るアメリカ

　もちろん、私も、アメリカの方が優れ、あるいは進んでいると感じられることの存在を否定するつもりは毛頭ない。たとえば、愛煙家ではない私の目からすると、受動喫煙の防止に関しては、アメリカの方が明らかに先行している。日本でも、オリンピックの開催に当たって受動喫煙の防止を強化する動きはあったが、結局、ほとんど骨抜きの法案しか成立しなかったのは記憶に新しい。一方、ニューヨークでは、既に屋内は原則として全面禁煙であり、屋外も公園や砂浜など公共空間での喫煙は禁止されている。このように、居酒屋であってもバーであっても、紫煙が漂うことのないニューヨークでの生活に慣れてしまうと、日本に帰国した際、外食時に煙草の臭いで閉口することも多い。

　とはいえ、このような受動喫煙の防止に向けた取組み1つ取っても、賛否はともかく、日本とアメリカ双方の国らしさが出ていると言えよう。日本は、一定の政策目的を実現するために、少しずつ規制を強化していく手法を好む。私の専門とする労働法でも、最近の政治情勢によって変化しつつあるものの、伝

統的には、新しい価値観を定着させるに当たって、徐々に規制を強化していく手法が採られてきた。これに対し、アメリカでは、政治の仕組みにも関係すると思われるが、自由の国と言われるイメージと裏腹に、ある種の自由は大胆に制約することが許されている。受動喫煙防止の徹底も、その１つであろう。日本だと、営業の自由など各種の考慮要素との間でバランスを取ろうとするが、アメリカでは、受動喫煙が人体（ここで念頭に置かれるのは、基本的にアメリカ人）に有害となれば、当該有害行為を規制するに当たってバランスを図る必要はないのである。

　もっとも、アメリカ人は、自由とお金を何よりも大事にする国民である。これは、銃規制と同様、彼らの建国時代からの歴史的な経緯が関わると思われるため、日本人目線であれこれ軽々に論じるべき事柄ではない。ただ、このような国民性ゆえ、お金を生み出す彼らの経済活動の自由を制約することができる根拠はそう多くない。特に、いわゆるエスタブリッシュメントと言われるような支配層のアメリカ人には、政治的志向の別を問わず、「法と経済学」的な思考が骨の髄まで染み込んでいるため、法政策においても経済的な効率性が何より重視されているように感じられる。そして、経済活動の効率性を阻害しうる施策は、アメリカ人の生命・身体や人権など、よほど保護すべき利益が存在しない限り許されない。そう考えると、今のアメリカで労働法がイマイチ盛り上がりに欠けるのも納得である。平たく言ってしまえば、労働者を保護するために強行的な規制を用いて私的自治に介入するという発想は、使用者の経済活動の効率性を阻害する根拠としておそらく不十分なのである。ニューヨークに来てからというもの、「労働法の研究をしにアメリカに来ている」と説明すると、皆が口を揃えて「アメリカの労働法は酷いでしょ」と半ば諦めたような表情を浮かべるのだが、これが日本の将来でないことを願わずにはいられない。

4　ニューヨーカー生活

　本稿をしたためている時点で、私のニューヨーク生活は早くも２年目の中盤に突入しつつある。ニューヨーカーの定義は色々あろうが、"ニューヨーク市に住んでいる人"という意味では、市の身分証明書を保持する今の私は、完璧にニューヨーカーである。最近、日本では、"平成最後"というキーワードで

日本中が沸騰しているようだが、なんだかんだ最後モノが気になるという意味では、私も典型的な日本人である。移り行く季節を感じながら、これがニューヨーク生活最後の秋だ、冬だなどと考えては、（とりわけ語学の面で）成長のない自分に激しく焦りつつ、季節モノのイベントを逃さないようにせかせか過ごしている。マンハッタンに住まなければ本当の意味でニューヨークに住んだことにはならないという諸先輩方の助言を真に受けて、身の程知らずにも市中心部に住居を構え、借りた家の品質という側面からも、地方国立大学准教授の収入という側面からも、どう考えても見合わない高額の家賃の支払いに苦しんではいるが、大学に通う以外にはすこぶる便利で、今やすっかりわが家である。ニューヨークに来た当初は、某国のデフレをあざ笑うかのように何もかも高騰した物価に驚愕し、日本と違い配送が遅く雑で不正確すぎるアマゾンに絶望し、何も聞き取れないピータールーガー（今どき電話でしか予約を受けず、会計は現金のみという良く言えば昔気質な超有名ステーキハウス）の電話予約に悪戦苦闘していたが、2年目を迎えた今、外食が高すぎるおかげでシェフ池田の自炊力は向上し、アマゾンにクレームを入れることにも慣れ、ピータールーガーと電話でやり取りすべきことも分かってきた。これを成長というのかは分からないが、このようなメンタル面でのストレスを感じることなく暮らせる日本が素晴らしいことを痛感できたのは、やはり在外研究の大きな収穫だと思っている。一方、ニューヨークに来た日本人の中には、こうしてわが祖国日本への愛着を増した私とは対照的に、アメリカに惚れ込み、帰国してからもアメリカでの生活を夢見て恋焦がれる人もいると思うが、それもまた留学の収穫であろう（ただし、その思いの実現には、私がミッドタウンのジョーズシャンハイで遭遇した某有名芸人のように、日本で積み上げた全てを捨てるほどの覚悟が必要なことも自覚すべきである）。いずれにせよ、日本にとどまることは快適だと思うが、その日本を見直し、人生を考える機会になる外国での生活に、ひとりでも多くの学生諸氏が関心を寄せてくれることを願っている。

［第4部］
先端的科目
―― 実務と直結するエキスパートの世界

第16章 倒産法
倒産法の現在・過去・未来

一橋大学教授
水元宏典

1　倒産法とは何か

　ここでは倒産法の現在を瞥見してみよう。

　まず、倒産法とは、一般的には、①破産法、②会社法の特別清算規定、③民事再生法、④会社更生法の総称として用いられることが多い。実定法において「倒産法」という名称の法典が存在するわけではない。司法試験法施行規則1条1号は、「倒産法」という文言を用いて司法試験の選択科目の1つとしているが、その定義規定は置かれていない。講学上は、倒産法ではなく、倒産処理法と呼ばれる場合もある。

　倒産法の目的については、諸説がある。大きく分けて、財産価値最大化説と債権者平等説の対立がある。財産価値最大化説によれば、倒産法が存在しない世界では、早い者勝ちの債権回収競争によって債務者の財産は安易に解体されてしまい、統一体としてより高い価値で換価したり、換価せずにその果実を収取し続けることができない。その結果、債務者の財産価値は最大化されず、債権者の満足も全体として低下する。そこで、倒産法の第1の目的は、早い者勝ちを禁止して、債務者の財産価値を最大化することにあると説かれる（たとえば、山本和彦『倒産処理法入門〔第5版〕』〔有斐閣、2018年〕1-3頁）。これに対して、債権者平等説は、早い者勝ちによって本来は平等であるべきはずの債権者間に不平等が生じることを問題視し、債権者平等の実現こそが倒産法の第1の目的であると説

く（たとえば、松下淳一『民事再生法入門〔第2版〕』〔有斐閣、2014年〕1-2頁）。

　倒産手続の構造については、清算型と再建型の区別がある。すなわち、破産法が定める破産手続と会社法が定める特別清算手続は清算型であり、民事再生法が定める再生手続と会社更生法が定める更生手続は再建型である。清算型の一般法は破産法であり、再建型の一般法は民事再生法である。ここに一般法というのは、破産手続と再生手続とでは、手続債務者となる資格が個人（自然人）か法人かを問わず原則として制限されていないことを指す。他方で、特別清算手続と会社更生手続とでは、その適用資格が株式会社に限定されている。

　倒産した債務者の責任財産を第三者に売却換価し、その換価益（清算価値）を各債権者に額と順位に応じて配分しようというのが清算型の倒産手続である。このような清算型の手続では、債務者財産を換価せずに債務者にとどめたまま、一定期間にわたって債務者の将来収益（継続事業価値）を各債権者に配分する余地はない。これが可能なのは再建型の倒産手続である。そこでは、継続事業価値で支払えない負債が免除される（計画免責）などして、債務者の事業や経済生活の再建が試みられる。他方で、清算型の破産手続においても、個人債務者については、清算価値で支払えない負債が免除される（破産免責）などして、経済生活の再建の機会が付与される。

　直近の司法統計年報によれば、平成29年度の倒産手続の利用状況（新受件数）はこうである（以下、裁判所HP参照。http://www.courts.go.jp/）。まず、破産事件は76,015件であり、内68,995件は個人債務者の破産事件である。再生事件は11,424件であり、内11,284件は個人債務者を対象とした特則が利用されている。更生事件はわずか10件、特別清算事件は335件である。これらの倒産手続はいずれも裁判手続であるが、裁判によらずに関係人の合意によって倒産が処理される例も多い。民事紛争が裁判ではなく和解等の合意で解決される例と同じである。このような裁判外の倒産処理に関する諸制度やルール群も広い意味では倒産法に含まれる。広い意味の倒産法には、さらに、外国の倒産手続との調整を規律する、外国倒産処理手続の承認援助に関する法律も含まれる。国際倒産法と呼ばれる分野である。平成29年度の承認援助事件は2件である。

　以上、倒産法の現在を概観したが、これでは倒産法の「と」の字も分からな

い、というのが率直な感想であろう。しかし、ここではそれでよいのである。この先をさらに読み進んで倒産法に関心を抱いたならば、後述 **4** のとおり学習を進めて貰いたい。そうすれば、きっと、倒産法をよく識ることができると思う。

2　Bench breaking──実話か神話か

　次に、倒産法の過去に目を転じてみよう。
　わが国の現在の倒産法も元を辿れば、明治期の法典継受を経て、その原型は中世イタリアの破産制度に行き着く。中世イタリアの破産制度については、債務者への制裁が基調にあったとして、懲戒主義の伝統が語られることが多い。これに対して、現在の倒産法は、懲戒主義克服の歴史的所産であるとされ、再建型手続の存在や清算型手続においても破産免責制度の導入などにみられるように、債務者救済法としての性格が強調される傾向にある。
　ところで、かつての破産制度が制裁的であったことの証左として、しばしば引き合いに出されるのが、bankruptcy の語源である。すなわち、
「英語で破産ないし破産者を示す bankrupt とかフランス語で破産犯罪を示す banqueroute などの用語も中世イタリアの banca rotta すなわち『こわされた店台』に由来する」（谷口安平『倒産処理法〔第 2 版〕』〔筑摩書房、1980 年〕14 頁）とか、
「西欧語の『倒産』の語源はイタリア語の banca（机）、rotta（壊された）に由来するといわれるが、これは、倒産した債務者が自己の支払窓口の机を壊すことも、おしかけた債権者が怒りのあまり机を壊すことも意味している」（霜島甲一『倒産法体系』〔勁草書房、1990 年〕3-4 頁）とか、
「英語で破産者を意味する bankrupt という単語は、英国に進出してきたロンバルディアの商人たちが、債務を支払えずに逃亡していった商人の店台をこわし、彼のことを bancarotta（こわされた店台＝broken bench をもつ者）とよんだことに由来する」（宮川知法『債務者更生法構想・総論』〔信山社、1994 年〕15 頁）とか、
こういった説明である。ところが、最近の海外の研究においては、そこにいう bench breaking の蛮行がかつて本当に存在したのかどうかが疑われはじめてい

る。すなわち、bench breaking なるものは、1 つの神話であって、仮にあったとしても周辺的・散発的な現象にすぎなかった、という説がある（Schick, Globalization, Bankruptcy and the Myth of the Broken Bench, 80 Am. Bnkr. L. J. (2006) 219）。

　この神話説によると、bench breaking については、まず第 1 に、その時期が中世（500 年頃から 1500 年頃まで）のいつかという説明しかなく、曖昧である。第 2 に、場所については、ベニス、イタリア、スペインのメディナ・デル・カンポ、各地の定期市、ヨーロッパ大陸など、論者によって異なっている。第 3 に、bench breaking の目的についても、返済を怠った債務者への制裁、逃亡した債務者への制裁、悪意の銀行家への制裁など、一貫しない。第 4 に、何が破壊されたのかについても、bench のほか、商品陳列台、カウンター、テーブル、商店など定説をみないうえ、カウンター説とテーブル説では、当時それらが両替を象徴するものであったことから、銀行家破産に場面が特化される。第 5 に、誰の bench が破壊されたのかについても、小売商人、卸売商人、銀行家、両替商など一致しない。第 6 に、元の言語は何かについても、諸説あり（banca rupta, bancum est ruptum, banca rotti, bancarotta, banca rotta など）、フランス語説の場合には、banqueroute の「route」の原義は「跡形」であるから、broken bench にならない。第 7 に、各論者が根拠とする出典を遡っても bench breaking の存在を示す証拠には到達し得ない、と説く（以上、Id., at 222-32）。そのうえで、神話説の論者は、中世イタリアの破産制度も十分に経済合理的であり、かつ、債務者救済的であったと結論づけている（Id., at 232-52）。また、bankrupt の原義としては、「債務不履行によって銀行家を破滅させる者」といった解釈なども示唆している（Id., at 237）。

　bench breaking の真偽はともあれ、過去の倒産法を野蛮の一言で斥けることは避けた方がよさそうである。過去から学ぶべきことは現在もなお多いのかもしれない。

3　商取引債権保護——孔子かニーチェか

　続いて、倒産法の未来である。未来の姿として、倒産法の再改正論議に目を転

じてみよう。

　現在の倒産法の姿は平成8年から始まった倒産法制の抜本改正の成果であり、その改正作業は、平成16年の新破産法の制定をもってハイライトを迎え、平成17年の会社整理規定の廃止をもって一旦は終結した。しかし、周知のとおり、その後の社会経済情勢の変化はめざましく、また、平成29年の民法（債権関係）改正への倒産法的対応という課題とも相まって、再改正の気運が高まっている。議論は多岐にわたり、論者によっても異なり得るが、大方が一致して検討の必要性を認める論点の1つとして、事業再生における商取引債権保護のあり方という問題がある（以下、この問題の詳細については、杉本純子「事業価値を毀損しない倒産法制の可能性」法時1118号〔2017年〕24頁参照）。

　ここにいう商取引債権とは、厳密な定義があるわけではないが、商取引の相手方が商品・原材料・役務等を供給・提供した対価として取得する金銭債権のことであり、金融機関等の融資にかかる金融債権と対比される。事業再生の実務においては、担保の有無にかかわらず、商取引債権を随時100％弁済することが債務者の事業価値を最大化するために不可欠であると了解されている。随時優先弁済がされなければ、商取引の相手方は商品等の新規供給を拒絶し、その結果として事業の継続が立ちゆかなくなる、というのがその理由である。

　他方で、倒産手続では、手続開始前に生じた一般債権は、手続開始によって個別的な権利行使を禁止され、債権額に比例案分した平等弁済を強いられるのが原則である。もっとも、かかる債権者平等原則については、いくつか重要な特則もある。たとえば、民事再生法85条5項後半は、次のとおり規定している。すなわち、「少額の再生債権を早期に弁済しなければ再生債務者の事業の継続に著しい支障を来すときは、裁判所は、再生計画認可の決定が確定する前でも、再生債務者等の申立てにより、その弁済をすることを許可することができる」。会社更生法47条5項後半も同様である。そこで、実務はこの特則を用いて商取引債権を随時優先弁済している。

　問題は、その運用である。すなわち、民事再生法85条5項後半・会社更生法47条5項後半は、上掲のとおり、その要件として、①少額債権性、②事業継続支障性、③裁判所の許可を挙げており、随時優先弁済を無条件で認めているわけではない。しかも、この特則が債権者平等原則の例外的な規律であって、債権者

平等こそが倒産法のレゾンデートルであると考えるならば、その要件は厳格に解釈され、謙抑的に運用されるべきことになる。ところが、近時の実務は、その要件を緩和して運用する傾向にある。極端な例では、実質的に無条件化するに等しい運用（たとえば、①数億円規模の高額の商取引債権を含めて、②商取引債権という一般的な属性から、③裁判所が包括的に随時優先弁済の許可を与える、といった運用）すらある。このような運用の背景には、商取引債権の随時優先弁済によって債務者の事業価値が最大化され、金融債権者など他の債権者への弁済額も増加するから、誰も損をせずに関係人全体が利益を受ける、という発想がある（近時の実務の一端として、山本和彦「企業再生支援機構とJALの更生手続」ジュリ1401号〔2010年〕12頁、19-20頁、事業再生迅速化研究会〔第2期〕報告「会社更生手続における手続の迅速化と債権者の関与（上）」NBL985号〔2012年〕11頁、15-16頁参照）。

　倒産法の再改正論議では、このような法規と運用の乖離について共通認識があり、それを埋める必要性が議論の出発点となっている。しかし、その到着点ないし改正の方向性については、現在の運用に合わせて要件の緩和を志向するのか、ルースな運用に歯止めをかけるために要件の明確化を志向するのかで、異なりうる。

　ここで賢明な読者は、倒産法の目的論における財産価値最大化説と債権者平等説との対立を想起するかもしれない。たしかに、商取引債権保護のあり方は、倒産法の目的論まで遡る、悩ましい問題といえる。このような問題状況において、しばしば引用されるのは、「国を有ち家を有つ者は、寡なきを患えずして、均しからざるを患う（有国有家者、不患寡、而患不均）」（加地伸行全訳注『論語』〔講談社、2004年〕376頁）という、論語季子第十六の一節である。すなわち、倒産法においても債権者平等こそが正義であり、債権者とは少なきを憂うるよりも等しからざるを憂える存在だ、というわけである（全国倒産処理弁護士ネットワーク「〈パネルディスカッション〉民事再生手続による小規模企業再生への課題」事業再生と債権管理123号〔2009年〕14頁、21頁〔松下淳一発言〕）。

　もっとも、かの老先生といえども、若者を魅了してやまないツァラトゥストラ氏に語らせれば、「平等の説教者よ。わたしにとって、おまえたちは毒ぐもであり、復讐の思いを抱いて身をかくしている者たちだ」（ニーチェ〔手塚富雄訳〕

『ツァラトゥストラ（Ⅰ）』〔中央公論新社、2002年〕198頁）と哄笑の種にされてしまうであろう。氏によると、平等的正義なるものは、嫉妬心から他者を自分のレベルまで引き下げようとする復讐の念の隠れ蓑であって（同書199頁）、等しからざるを憂える債権者というのも、結局のところ、復讐心という毒にかぶれて踊らされている存在にすぎない、ということになる。

4　学習ガイド・文献紹介

[1] 学習ガイド

　ここまで断片的ではあるが、倒産法の現在・過去・未来を眺めてきた。倒産法に関心をもっていただけたであろうか。多少なりとも興味が湧いたならば幸いであり、以下、若干の学習支援を行いたいと思う。

　学習のポイントは2つある。1つは、倒産法が実体法的な側面と手続法的な側面をもつ、ということである。実体法的な側面である倒産実体法は、民商法等の民事実体法を前提として、それを尊重したルールと変容したルールとからなっている。倒産手続法も、民事訴訟法等の民事手続法を前提として、それを尊重したルールと変容したルールとからなっている。いずれの側面においても倒産の処理に適した応用が加えられている。したがって、倒産法をはじめて学ぶ読者においては、民事実体法と民事手続法をまず一通り学習したうえで、倒産法の学習に進むのが望ましいといえる。

　もう1つのポイントは、倒産法の学習といっても、その一般法である破産法と民事再生法の学習が中核になる、ということである。前述1のとおり、倒産法の外延は広いが、会社更生法や国際倒産法などは、事件数が示すとおり、相当マイナーな領域であり、法律実務に携わるようになった後に必要に応じて本格的に学習すれば足りる。

[2] 文献案内

　倒産法の学習においても、最初に入門書を通読しておくことが効果的な学習につながる。大まかなものであっても、あらかじめ「倒産法の地図」を用意しておくことが、「遭難」を回避する最良の方法である。入門書としては、次のものが

薦められる。

①　裁判外の倒産処理を含む文字どおり倒産法全体の縦割り型（すなわち、第＊章は破産手続、第＊＊章は再生手続というように、手続別・法典別の章立て形式をとるもの）の入門書として、──

山本和彦『倒産処理法入門〔第5版〕』（有斐閣、2018年）、

中島弘雅＝佐藤鉄男『現代倒産手続法』（有斐閣、2013年）、がある。

②　破産法・民事再生法を中心とした縦割り型の入門書として、──

倉部真由美ほか『倒産法』（有斐閣、2018年）、がある。

③　破産法・民事再生法・会社更生法を中心とした横割り型（すなわち、第＊章は倒産手続の開始、第＊＊章は担保権というように、論点別・事項別の章立て形式をとるもの）の入門書として、──

田頭章一『倒産法入門〔第2版〕』（日本経済新聞社、2016年）（その発展版として、同『講義　破産法・民事再生法』（有斐閣、2016年））、がある。

④　破産法の入門書として、──

徳田和幸『プレップ破産法〔第6版〕』（弘文堂、2015年）、がある。

⑤　民事再生法の入門書として、──

松下淳一『民事再生法入門〔第2版〕』（有斐閣、2014年）、がある。

⑥　著名な実務家の手による入門書として、──

野村剛司『倒産法を知ろう』（青林書院、2015年）、がある。

⑦　旧法下のものであり、しかも絶版書ではあるが、今なお倒産法の「哲学」を学ぶことができる希有な入門書として、──

伊藤眞『破産──破滅か更生か』（有斐閣、1989年）、がある。

次に、本格的な体系書に進むのが一般的である。代表的な体系書としては、次のものが薦められる（前述の理由から、会社更生法や国際倒産法プロパーの体系書は除いた）。

⑧　裁判外の倒産処理を含む倒産法全体（ただし特別清算は除く）を対象とし、章立てを倒産実体法と倒産手続法とに大きく分けたうえで、倒産実体法については横割り型をとり、倒産手続法については、企業倒産と消費者倒産とに細分したうえで、縦割り型の叙述をとる体系書として、──

山本和彦ほか『倒産法概説〔第2版補訂版〕』（弘文堂、2015年）、がある。

⑨　破産法と民事再生法の縦割り型の体系書として、——

伊藤眞『破産法・民事再生法〔第4版〕』（有斐閣、2018年）、

三上威彦『倒産法』（信山社、2017年）（その入門版として、同『〈概説〉倒産法』（信山社、2018年））、がある。

⑩　破産法と民事再生法の横割り型の体系書として、——

山本克己（編）『破産法・民事再生法概論』（商事法務、2012年）、がある。

⑪　破産と特別清算という清算型倒産法の体系書として、——

中島弘雅『体系倒産法Ⅰ〔破産・特別清算〕』（中央経済社、2007年）、がある。

⑫　破産法の体系書として、——

加藤哲夫『破産法〔第6版〕』（弘文堂、2012年）、がある。

ところで、法律学の学習にとって最も重要なのは、論文を読むことである。優れた一篇の論文は一冊の教科書にも勝るといってよい。倒産法の何たるかを学ぶことができる、優れた論文を一篇だけ挙げよ、と問われたならば、次の論文を挙げたい。

⑬　一読をお勧めする論攷として、——

中西正「ドイツ破産法における財産分配の基準⑴⑵・完」法と政治43巻2号431頁、同3号631頁（1992年）。

最後に、本稿の内容に関連する拙稿を挙げておく。

⑭　お暇なときに、——

水元宏典「魅力ある倒産手続に向けた立法のあり方」法律時報1118号（2017年）30頁。

第17章 租税法
公法・ビジネスロー・立法政策

一橋大学准教授
神山弘行

1 租税法とは何か

[1] 租税法のイメージ？

　国家は何故、租税を課すのであろうか。国家が租税を賦課徴収する最大の目的は、公共財・公共サービスを提供するための財源を調達するためである。

　租税は、私的主体である個人や法人にとって、その経済活動と密接不可分に関係している。街で買い物をすれば消費税（付加価値税）を負担するし、社会人になって働けば個人所得税や個人住民税を負担することになる。株式会社に代表される法人も経済活動を通じて、法人所得税や消費税を納付している。

　租税法とは、租税についての法（所得税法、消費税法、法人税法、地方税法、相続税法、国税通則法、国税徴収法など）や国際課税（租税条約など）の総称である。租税法を体系的に分類すると、租税法総論、租税実体法、租税手続法、租税争訟法、租税処罰法から構成されている。

　大学および大学院で提供される租税法科目では、どのようなことを学ぶのであろうか。ひょっとすると読者の中には、租税法では「具体的な税金の計算の仕方（または節税策）」を学ぶことが目的という漠然としたイメージを持っている方がいるかもしれない。しかしながら、「法学部の科目では六法の条文を暗記することが目的」という（非法学部生による法学科目に対する）イメージが誤りであるように、「租税法では各種税金の計算を学ぶことが目的」というイメージは誤っ

たものである。

　それでは、租税法学では何が研究され、大学や大学院の租税法科目ではどのような教育が提供されているのであろうか。一言で表現するならば、租税法という「特殊なレンズ」を通じて、私的経済活動を理論的・体系的に分析することで、社会にとって望ましい租税制度を探究する学術分野であるといえよう。

[2] 租税法という特殊なレンズ

　租税法においては、所得税・法人税・消費税・国際課税などの分野について、解釈論および立法政策論の観点から、理論的な検討を加えることが主要な目的となる。

　たとえば、所得税については、所得税法という「特殊なレンズ」を通した場合に、民法等の私法に依拠して行われる私的経済活動がどのように評価されるのか（または評価されるべきなのか）を検討することに主眼が置かれる。この点、増井良啓教授（東京大学）の言葉を借りれば、所得課税では「個人の『所得（income）』という経済的なプリズムを用いて、いろいろな私的取引の性質を考える」ことが中心となり、これは「契約や不法行為、物権などの学習と密接に関連するばかりでなく、市場で生じる取引に対して『ひと味違う』ものの見方」、すなわち「金銭の時間的価値（time value of money）とかリスク（risk）とか消費（consumption）とかいったような、いくつかの基礎的な観念を用いつつ現実の経済取引に近接する」見方を提供してくれることになる（増井良啓『租税法入門〔第2版〕』〔有斐閣、2018年〕iii頁）。

　近代的な租税は、貨幣（法定通貨）を尺度として、経済活動から生じる所得や付加価値を法的ルールに従って計測した上で、課されることになる。所得概念（所得とは何か）に代表される租税法の重要概念は、経済理論を参照する形で発展してきたため、租税法の法的枠組みは経済理論と密接な関係にある。

　現在の日本の租税法の基本構造は、第二次世界大戦後、米国から来日したシャウプ使節団（コロンビア大学教授のカール・シャウプ〔Carl S. Shoup〕博士を団長とする租税理論・租税法の専門家7名から構成されていた）による「シャウプ勧告」に基づく税制改革にその起源を求めることができる。シャウプ勧告は、当時の最新の租税理論や学術的成果を基礎に、首尾一貫した理論的体系でもっ

て、公平な租税制度の確立・租税行政の改善・地方財政の強化を勧告したものであった（金子宏『租税法〔第 22 版〕』〔弘文堂、2017 年〕55-61 頁参照）。このシャウプ勧告に基づき、1951 年に東京大学と京都大学の法学部に独立した講座として租税法講座が設置され、租税法学の本格的な研究・教育活動の基礎が形成されることとなった。戦前の租税法学は、行政法の各論として位置づけられており、手続法的な議論の比重が高かった。これに対して、戦後の租税法学では、上記の所得概念論に代表されるように、租税実体法（納税義務の成立に関する課税要件）の分野を中心に研究・教育が発展していくことになる。

[3] 租税法の広がり

租税は、現実社会において所得や富の再分配政策の中核的存在であろう。さらに理論的にも、富の再分配政策について、税制（所得課税と移転政策）を通じて行うことが最善であり、税制以外の個別法（契約法や不法行為法など）によって分配を行うことは望ましくないとの有力な見解が提示されている（Louis Kaplow & Steven Shavell, *Why the Legal System Is Less Effective than the Income Tax in Redistributing Income*, 23 J. LEGAL STUD. 667（1994）参照）。加えて、租税法学は、分配的正義や所有権論などの哲学的議論とも密接不可分な関係にある。

社会にとって望ましい租税制度を検討する際には、市場を通じた効率的な資源配分を可能な限り歪めないことが望ましい――これは「課税の中立性」と呼ばれる基本原則と深く関係している――と考えられている。一方、環境問題のように外部性（externality）が存在することにより、市場メカニズムでは社会的に望ましい資源配分が行われない場合――いわゆる「市場の失敗」が存在する場合――には、環境税のように租税を積極的に活用して状況の改善を図ることもありえる。そのため、望ましい租税制度を議論する際には、市場メカニズムの特徴とその限界および私的主体の行動様式について、正確な理解が必要となる。

租税法学の特徴として、①私的経済取引に関する民法や会社法などの私法分野の理解を前提に、②強制的な租税の賦課徴収であるため憲法 84 条の租税法律主義に代表される憲法や行政法などの公法分野の視点も尊重しつつ、③経済学やファイナンス理論に加えて、正義論や所有権論に関する哲学などの隣接学術分野の成果を積極的に取り込むことで、社会にとってより望ましい租税制度を解釈論お

よび立法論の双方から探究する分野であるといえよう。

2　租税法を学ぶ意義

[1] 租税法の3つの側面

　租税法には、次の3つの側面がある。第1は、憲法や行政法の系譜につながる公法学としての側面である。第2は、商法や会社法などビジネス・ローとしての側面である。第3は、社会にとってより望ましい税制を構想する立法政策学としての側面である。

①公法学としての側面

　憲法84条は、租税法律主義を定めている。租税法律主義とは、課税要件を予め法律で定めなければ、国家は租税を賦課・徴収することはできず、国民は租税の納付を要求されないという原則である。租税法律主義の起源は、英国の1215年のマグナ・カルタにある。租税法律主義の歴史的機能は、国王の恣意的な課税から国民を守ることにあり、その現代的機能は経済活動への「法的安定性」と「予測可能性」の付与にあるとされる（金子・前掲75頁）。この租税法律主義には、私人の自由と財産に対して国が不当に介入しないという「自由主義的側面」と、内閣や君主ではなく議会が制定するという「民主主義的側面」が内包されている（増井・前掲9頁）。

　租税法律主義は、課税要件法定主義（課税要件および賦課徴収の手続を法律で規定すること）、課税要件明確主義（課税要件および賦課徴収の手続を明確に定めること）、合法性の原則（租税法は強行法であるため、租税行政庁に租税の減免の自由がないこと）、手続的保障原則から構成される（金子・前掲76-83頁参照）。

　一方で、税負担の公平を維持するために、租税法には一定の不確定概念が存在しており、課税要件明確主義との緊張関係が生じる。たとえば、同族会社（少数株主により支配され、お手盛り行為等が容易な法人）の行為計算否認規定（法人税法132条）は、同族会社の「行為又は計算で、これを容認した場合には法人税の負担を不当に減少させる結果となると認められるものがあるときは、その行為又は計算にかかわらず、税務署長の認めるところにより」（下線は筆者）法人税

の額を計算できる旨を規定している——なお、最二小判昭和 53・4・21 月報 24 巻 8 号 1694 頁は、同規定が課税要件明確主義に反しない旨を判示している。さらに、平成 13 年に導入された組織再編成に係る行為計算否認規定（同法 132 条の 2）および連結法人に係る行為計算否認規定（同法 132 条の 3）でも同様の文言が用いられている。近年では、組織再編成事案について、課税庁がこれらの規定を根拠に課税処分を行い、納税者がその解釈・適用を巡って争うという重要な事案が生じている——有名な否認事案として IBM 事件・東京高判平成 27・3・25 判時 2267 号 24 頁（納税者側勝訴）、ヤフー事件・最一小判平成 28・2・29 民集 70 巻 2 号 242 頁（国側勝訴）がある。組織再編成の事案では、法人税法の他の条文が認めている行為類型（適格組織再編成）を課税庁がどのような場合に否認できるのかという点において、租税法律主義の民主主義的側面との間で緊張関係が高まりつつある。

②ビジネス・ローとしての側面

　租税は、個人や企業が私的経済活動を行う上で、無視できない重大なコストである。そして、取引に関する法形式の選択により租税コストが変化することから、企業においてビジネスの第一線で活躍する者や、弁護士・税理士・会計士等のプロフェッショナルを志す者にとって、租税法の理解は必要不可欠な素養といえる。たとえば、国際的な事業展開を行う場合には、自国と相手国の国内租税法および二国間の租税条約の状況を正確に理解した上で、課税上の効果を加味して、最適な事業戦略を検討する必要がある。M&A などの企業法務を扱う弁護士やビジネスパーソンとって、租税法の素養が必須であることは論を俟たないであろう。

　相続や離婚などの一般民事を行う弁護士等にとっても、過誤を生じさせないために、基本的な租税法の素養は最低限必要であろう。たとえば、離婚にともなう財産分与の対象として現物資産と現金のどちらを譲渡するかで大きく課税関係が異なるし、相続事案において安易に限定承認を選択すると大きな租税負担が生じる可能性が生じる。

③立法政策学としての側面

　国家公務員や地方公務員にとっては、国および地方公共団体の歳入の柱が租税である以上、租税の法的メカニズムについての体系的かつ正確な理解が随所で要

求されることになる。さらに政策目的達成のための手段として、租税制度の利用を試みることが、国および地方の双方で増加しつつある。社会的に望ましくない行為を抑制するために、権利制約の度合いが高い禁止や直接規制ではなく、金銭的ディスインセンティブ（租税負担や課徴金など）によって私的主体を誘導する間接規制が選択される局面が多くなっている。また、社会的に望ましい行為（たとえば技術革新）を促進するために、金銭的インセンティブを私的主体に与えようとする場合、租税負担の減免措置（租税優遇措置）は直接補助金と並んで有力な選択肢となる。政策目的で租税制度を活用しようとする場合、課税が私的主体の意思決定に対してどのような影響を及ぼすかという点を勘案する必要があり、そのためには租税法制度に関する正確な理解が要求される。

[2] 大学・大学院における租税法科目

日本国内の大学・大学院において、基本的な事項を学習するために2単位ないし4単位で「租税法（税法）」の講義が提供されていることが多い。さらに応用的科目を提供している大学では、国際租税法、金融取引課税、租税政策などの科目を提供しているようである。

目を国外に向けてみると、たとえば米国のハーバード・ロー・スクールでは、米国弁護士を志すJ.D.コースの2年生以上の多くが、憲法（Constitutional Law）、会社法（Corporations）と並んで連邦所得税法（Taxation）を基礎的科目として履修している。最新の2018-2019年度のカリキュラムを眺めてみると、憲法・第一修正（Constitutional Law: First Amendment：4単位）が4クラス、憲法（Constitutional Law: Separation of Powers, Federalism, and Fourteenth Amendment：4単位）が6クラス、会社法（4単位）が6クラス、連邦所得税法（4単位）が5クラス設定されている[*1]。さらに応用的な科目として、法人税、国際課税、組合課税、租税法とファイナンスなど多彩な講義が提供され

[*1] 各科目の履修者数データは公開されていないが、クラス数が多い科目は、例年の履修希望者数が多いことが推測される。なお、J.D.1年生の必修科目である契約法や不法行為法などの科目は、7クラス分設定されている。https://hls.harvard.edu/academics/curriculum/catalog/index.html 参照（最終訪問日2018年12月21日）。

ている。なお、日本において法人税の講義というと法人所得税を中心に扱うイメージが強いが、米国のロースクールにおける法人税の講義は、法人の設立・配当・清算や合併・分割などの組織再編成といった「法人と株主の間の取引」（日本では資本等取引と呼ばれる）が中心となる。

3 租税法のフロンティア

[1] 国際的租税回避と対抗策：多国籍企業と国家の攻防

近年、租税法において発展が著しい分野の1つは、国際課税の分野であろう。新聞報道では、GAFA（Google, Apple, Facebook, Amazon）に代表される多国籍企業が、積極的な国際的な租税回避（tax avoidance）を展開している旨が広く報道されている。先進諸国にとっては、多国籍企業の租税回避行為により自国の税源が侵食されて適正な税収を確保することが困難となっており、その対処は喫緊の課題である。

企業にとって税引後利益が、株主への配当可能原資を構成するため、取締役会等が——自らの再任を求めて、短期的な視点から——株主利益の最大化を図る場合、各国に納める租税コストを法に反しない範囲で可能な限り節減する（租税回避を行う）インセンティブを構造的に有している。

租税回避とは「私法上の形成可能性を異常または変則的な……態様で利用すること（濫用）によって、税負担の軽減または排除を図る行為」と説明される〔金子・前掲126-127頁〕。租税回避は課税要件の充足を回避する行為であり、課税要件の充足の事実を秘匿する脱税（tax evasion）とも、法が利用を予定している節税（tax saving）とも異なる。

国際的租税回避に対しては、伝統的に各国が独自に対抗策を導入してきた。日本でも、①タックス・ヘイブン対策税制〔タックス・ヘイブンに子会社（外国法人）を設置し、そこに一定の利益を留保している場合に、日本の親会社（内国法人）に課税をする法制度〕、②移転価格税制〔日本企業が海外の関連企業との間で、通常価格から乖離した価格で取引をして国外に利益を移転させた場合、課税当局が当該取引価格を独立当事者間価格に引き直して課税をする法制度〕、③過少資本税制、④過大利子支払税制などが導入されている。

しかしながら、各国ごとにバラバラの対応策では、多国籍企業による国際的租税回避に対して効果が限定的である。そこで、多国籍企業が各国の租税法のズレなどを利用するなど課税所得を人為的に操作して課税逃れを行っている行為に対抗するために、OECD加盟国やG20構成国が中核になって、2012年からBEPS（Base Erosion and Profit Shifting）プロジェクトが立ち上げられ、国際的な対抗策が検討されてきた。そして、2015年に最終報告書がまとめられ、現在はその実施フェーズに移行している。租税は国家主権の中核をなすものであり、伝統的に二国間条約が主流を占めてきた租税法分野において、多国間条約など国際的協調枠組みが確立しつつある点も興味深い。

一方、BEPSプロジェクトの進展と並行して、2018年に、欧州委員会やイギリスは、税収を確保するために独自のデジタル課税の導入を検討することを表明している。また米国は、2017年末のトランプ税制改正において国際課税分野の抜本的改革を行っている。これらの国・地域に共通する点は、自国の税収を確保するために、ミニマム・タックス（従来の法人所得課税よりも広い課税ベースに対する低税率での課税）を志向している点にある。各国が国際的協調を断念し、自国税収の確保のためにミニマム・タックスを多用するようになれば、国際的二重課税を排除するために確立されてきた従来の国際課税のルール（国家間の課税権の配分ルール）に大きな影響を及ぼす可能性すらありえる。

国際課税の分野では、国境を越えた多国籍企業と国家の間の最先端の攻防に加えて、国家間の課税権を巡る争いが展開されている。

[2] 租税法と経済学／ファイナンス理論／行動経済学

国際課税の分野と同様に発展が顕著な分野として、法の経済分析（Economic Analysis of Law）〔または法と経済学（Law and Economics）〕の手法による租税法研究をあげることができる。

租税法は、ビジネス・ローである商法・会社法や経済法の分野と並んで、比較的早い段階から経済学の知見を参照しつつ、法的な解釈論および立法政策論を展開してきた。伝統的には、ミクロ経済学の枠組み——とりわけ自己の期待効用最大化を図る合理的個人の存在を仮定する新古典派経済学の枠組み——を参照しつつ、個別具体的な課税ルールについて検討が加えられてきた。また、金融取引課

税の分野においては、ファイナンス理論の知見を積極的に取り込むことで、課税理論は大きく発展してきた（中里実『金融取引と課税』〔有斐閣、1998年〕参照）。

ところで、法の経済分析においては、法制度が行動主体に対してどのような影響を与えるのかという事実解明的分析（positive analysis）と、法制度の影響が社会的に望ましいかどうかという規範的分析（normative analysis）を区別して論じることが重要である。

海外を中心に租税法研究者の間において、限定合理的な（bounded rational）個人の存在を前提とする行動経済学（behavioral economics）の知見を、事実解明的分析の局面で活用することで、租税法の構造について伝統的な経済学では見落とされてきた租税法の構造について光を当てる研究が進展しつつある（神山弘行「租税法と『法の経済分析』——行動経済学による新たな理解の可能性」金子宏編『租税法の発展』〔有斐閣、2010年〕315頁参照）。さらに、欧州諸国や米国を中心に、行動経済学など行動科学の知見を現実の法政策形成に積極的に活用する規範的適用が加速しつつある（神山弘行「租税法と行動経済学——租税法形成への応用とその課題」金子宏監修『現代租税法講座 第1巻 理論・歴史』〔日本評論社、2017年〕269頁参照）。政策形成の第一線において、行動経済学の知見が法政策形成に浸透していくことが今後は増加する可能性が高い。一方で、行動経済学の知見の導入を無条件で礼賛するのではなく、その限界と課題についても慎重な分析を進める必要があろう。

4　学習ガイド・文献紹介

世間には「税務・会計」関連の書籍があふれている。これらは、具体的な税金の計算を行うための実務的な手引きであり、初学者が「租税法」を学ぶ上であまり有益ではない。以下では、初学者向けの良書2冊と、中級者・上級者向けの本格的学術論文3本および講座本を中心に紹介する。

・増井良啓『租税法入門〔第2版〕』（有斐閣、2018年）
　本書は、法学教室の連載（2010〜2012年）を基に書き下ろしを加えて書籍化

された、水準の高い入門書である。所得税や法人税を題材として、現行法令の背後に存在する租税政策（tax policy）および基礎理論の理解を促してくれる良書である。また、経済学・政治学・哲学など隣接領域と租税法学の関連性も初学者に提示してくれる。比較的高度な内容を、初学者が理解可能なように、わかりやすく解説が加えられている。租税法の解釈論や立法論を根っこで支える「基礎」を学ぶために、初学者以外にも有益である。

・佐藤英明『スタンダード所得税法〔第2版補正版〕』（弘文堂、2018年）

　本書は、学部や法科大学院等で所得税法を新たに学ぶ者が、上手く自学自習できるようにと随所に工夫が凝らされた良質な教科書である。所得税法の解釈論や判例・裁判例を体系的に理解する必要がある法科大学院生の間では、特に評判が高い。また、本書で基礎固めができれば、租税法の専門家にとって必携の体系書ともいえる金子宏『租税法〔第22版〕』（弘文堂、2017年）などを読みこなすことが可能となろう。

・金子宏「租税法における所得概念の構成」金子宏『所得概念の研究〔所得課税の基礎理論　上巻〕』（有斐閣、1995年）所収〔初出1966～1975年〕

　本論文は、伝統的な行政法学の分析視座から脱して、現在の租税法学の骨格を生み出した記念碑的論文と評価される本格的学術論文である。手続法的な議論ではなく、所得概念を軸足に実体法的な議論を展開するための基礎を創出した先駆的な論攷である。そこでは、「所得とは何か」という問題について、経済学等の隣接社会科学の知見も参照しつつ、法的な議論を展開するための途を切り拓いている。ゼミ等で租税法を本格的に学ぼうとする者には、是非とも読んでもらいたい。

・中里実『金融取引と課税——金融革命下の租税法』（有斐閣、1998年）

　本書は、租税法を取引法の一種として捉えつつ、ミクロ経済学やファイナンス理論等の知見を導入することで、取引類型毎の課税のあり方を論ずるという租税法学の新たな方向性を確固たるものにした本格的学術書である。金融取引課税を始めとして、若手・中堅の租税法学者が積極的に——いや、むしろ当然のように——ファイナンス理論等を活用することができる学術的素地を形成した貢献は極

めて大きい。

・神山弘行「租税法における年度帰属の理論と法的構造（1）〜（5・完）」法学協会雑誌 128 巻 10 号（2011 年）1-79 頁、同巻 12 号（2011 年）194-272 頁、129 巻 1 号（2012 年）99-163 頁、同　巻 2 号（2012 年）135-203 頁、同　巻 3 号（2012 年）153-227 頁

　租税法の分野において、課税のタイミングを後の年度に遅らせる「課税繰延（tax deferral）」は、当該投資からの収益を非課税にする「投資収益非課税（yield exemption）」と経済的に等価であることが広く知られており、現実の租税法政策にも影響を及ぼしてきた。しかし、本論文は、経済学等の知見を参照しつつ、納税者と国庫の割引率（discount rate）が異なりうる理論的可能性を示唆し、上記等価性が崩れる可能性を念頭に置きつつ、課税のタイミングについて望ましい租税制度を模索している。

・金子宏監修『現代租税法講座　第 1 巻〜第 4 巻』（日本評論社、2017 年）

　本書は、日本の租税法の現時点のスタンダードを提示してくれる本格的な講座本である。論文執筆準備、ゼミ報告、レポート作成など各種調査研究における有益な情報源となる。第 1 巻は「歴史・理論」をテーマに据え、総論に加え、租税法の新たな分析視座を提示する。第 2 巻は「家族・社会」をテーマに所得税・相続税・消費税等について、第 3 巻は「企業・市場」をテーマに法人課税について、第 4 巻は「国際課税」をテーマに国際租税法について最新の各論的考察を提供してくれる。

第18章 経済法
ビジネス・ローの主要な一員

学習院大学教授
大久保直樹

1 経済法とは何か

　経済法とは、主に、私的独占の禁止及び公正取引の確保に関する法律（以下、「独禁法」）を研究・教育する法分野です。かつては、独禁法は、経済法という法分野の片隅に位置するにすぎませんでした。しかし、第二次世界大戦後にその中心に居座るようになりました。経済法は、独禁法に軒先を貸して母屋を取られたようなものです。

　多くの学生は、授業を履修してみると、「独禁法」は身近な法律だ、という感想を持つようです。しかし、「経済法」という名前で開講されているためか、「履修しよう」と決意するまでの敷居がちょっと高いようです。そのせいだけかどうかは分かりませんが、筆者が専任教員として働いている学習院大学では、経済法ゼミの履修希望者は常に多いわけではありません。

　そこで、本稿では、2つの人気科目の威を借りて経済法を紹介することにします。1つは会社法で、もう1つは知的財産法（以下、「知財法」）です。これらの科目は、漠然とかもしれませんが大学に入る前から知っていて、大学に入ってから必修に近い形で、または興味をもって履修する可能性の高い科目ではないかと思います。学習院大学では、この2つのゼミは安定的な人気を誇っています。

　他の科目が経済法と無関係なわけではありません。会社法や知財法以外の科目と経済法がどのような接点を持つのかは、皆さんが大学を卒業するまでの宿題に

しますので、卒業する頃に再びこの本を手にとって、考えてみてください。

2　会社法との関係

　多くの皆さんは、大学を卒業すると、いわゆるサラリーマンとして会社で働くことになります。もちろん法学部ですから検察官・裁判官・弁護士として働く方もいるでしょう。

　会社には、様々な利害関係者がいます。従業員も利害関係者と言えるのかもしれませんが、会社にとって重要な利害関係者は、会社が事業活動を行なうための資金を提供してくれる出資者と債権者です。皆さんが知っている株式会社の場合には、株主が出資者です。

　会社法の初回の授業で説明があるはずですが、会社法には、会社にとって重要な利害関係者である出資者と債権者などの間の利害を調整するルールが色々と定められています。

　会社が他の会社と合併などの経営統合をしよう、という場合にも、出資者や債権者に大きな影響をおよぼすことになります。経営統合の相手方が業績のよい会社なのかそうでないのかは、出資者と債権者としてはとても気になるところでしょう。したがって、経営統合の際の利害調整のルールも会社法には定められています。

　ニュースをみていると、経営統合に際しての利害調整は非常に大変なことがあるようです。

　たとえば、2015年夏に、石油元売会社の出光興産と昭和シェル石油が経営統合をしようとしました（石油元売会社とは、産油国から原油を輸入して精製しガソリンなどとして販売する会社です）。ところが、出光興産の株式をたくさん保有している出光興産の創業家がこの統合に反対し、2018年夏（本稿の執筆開始時）に、ようやく解決の目処が立ったようです。この3年の間には、現在の経営陣が、会社に対する創業家の影響力を弱めようとし、創業家がそれに対抗するといったような火花散る動きがあったようです。

　このように、関係者の利害の調整だけでも非常に大変な場合がありますが、利害調整さえすめば経営統合を実施できるかというと、そうではありません。公正

取引委員会（以下、「公取委」）という役所のゴーサインももらわなければなりません。公取委は、独禁法に違反する行為を取り締まる国の役所です（国の役所なのに、○○省という名前でないことについては、行政法で説明があるでしょう）。

独禁法は、競争を歪める行為を企業がすることを、禁止しています。ニュースとして大きく報道されることの多い価格カルテル（単にカルテル、と呼ばれることもあります）は、競争を歪める行為の典型例です。競争者同士が競争してくれれば、消費者は、より良い商品やサービスをより良い条件で入手できるのに、価格カルテルは、競争を止めてしまう行為だからです。

経営統合も、統合の当事者である会社間の競争を停止させることがありますから、独禁法の規制対象となる可能性があります。カルテルは、行為が明らかになってから規制をしても遅くはありませんが、経営統合については、統合後に競争を歪めたことが明らかになってから規制すると膨大なコストが無駄になります。統合に合わせて一新した会社のロゴマークや制服を元に戻すためにどれだけの手間暇がかかるかは、容易に想像できるでしょう。そこで、経営統合については、統合を実施する前に公取委に届出をして、お墨付きをもらうことになっています。

実は、出光興産の創業家が経営統合に反対して現経営陣とにらみあっている間に、当初計画されていた経営統合については公取委の審査はすんでいます（「平成28年度における主要な企業結合事例について」事例3。公取委のホームページ https://www.jftc.go.jp で公取委の判断内容を見ることができます）。その内容を簡単に紹介しておきましょう。

この経営統合の興味深い点は、同じ時期に、同じく石油元売会社であるJXホールディングスと東燃ゼネラルも経営統合を計画して公取委に届け出たことです。こうした場合に、一方の経営統合が競争を歪めるかどうかを検討する際に、他方の経営統合も考慮に入れて検討するのかどうかは、国によって立場が分かれるところです。公取委は、もう一方の経営統合が行われることも考慮に入れて検討しました。

一口に「競争を歪める」と言っても、どのような商品またはサービスについての競争に着目して検討するのかを明らかにしなければなりません。原油を精製するとガソリンや灯油など様々なものができます。この経営統合について公取委が注目したのは、LPガス、ガソリン、灯油、軽油およびA重油の元売段階におけ

る競争です。以下では、LPガスについての公取委の判断を紹介します。

経営統合前から、石油元売会社は、子会社などを利用してLPガス元売業を行なっていました。その資本関係を統合前後で比較したのが、下図です（JXとJGEをつなぐ線に51％と書いてあるのは、JGEの必要とする資本のどれくらいの割合をJXが出資したのかを示す数値です。他も同じです）。

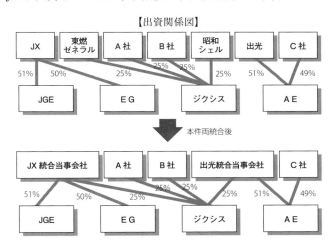

この図を見てみると、統合前、元売段階では、4社（JGE、EG、ジクシスおよびAE）が競争していました（といってもJGEとEGはどちらもJXから50％以上の出資を受けていますから、JGEとEGの間での競争がどれほど活発だったのかな、という気はします）。

しかし、両統合の結果として、出光統合当事会社（出光興産＋昭和シェル石油）とJX統合当事会社（JXホールディングス＋東燃ゼネラル）の双方が、同じジクシスに出資することになります。ジクシスにとって両統合当事会社は株主であって、ジクシスの役員等は両統合会社とA社とB社の出向者のみで構成されるため、ジクシスは両統合当事会社の不利益になるようなことはしにくくなり、結果として、JGE、EG、ジクシスおよびAEの間の競争は歪められるだろうと公取委は判断しました（公取委の判断の細部を省略していますので、興味のある方は、元の資料にあたってください）。

このような指摘をされた両統合当事会社は、このままでは経営を統合できませ

ん。そこで、出光統合当事会社は、ジクシスに対する出資比率を20％に下げ、ジクシスにおける出向者の地位を下げるなどして、影響力を弱めることにしました。一方のJX統合当事会社は、ジクシスとの資金的・人的なつながりを出光統合当事会社以上に弱めることにしました。公取委は、両統合当事会社の講じる策を前提とすれば、競争が歪められることはないだろうと判断しました。

　このように、会社が、企業結合など経営上重要な意思決定をする際には、関係者の利害調整だけではなく、競争を歪めないかという観点から公取委の審査を受ける必要のある場合があります。したがって、会社法に興味のある方は、経済法の履修も検討してみるべきでしょう。

3　知的財産法（知財法）との関係

　次に、知財法との関係について説明します。小さい頃からネットに慣れ親しんできた皆さんは、ネットで何かを発信するときに、他人のアウトプットをどこまで利用してよいのか、ということを意識する機会があるのではないでしょうか。法学部の新入生に聞いてみると、興味のある科目として知財法をあげる人が少なくありません。

　皆さんは、スマートフォンを日常的に使っていることと思います。公取委が平成30年6月28日に報道発表をした「携帯電話市場における競争政策上の課題について（平成30年度調査）」という資料（この資料も公取委のHPで見られます）によると、スマホの出荷台数のうちiPhoneのシェアは約50％だそうです。とすると、皆さんの中にもiPhoneユーザーが多いでしょうが、Androidという基本ソフトがインストールされたスマホを使っている方もいるでしょう。

　皆さんは、スマホをどのようにして入手したでしょうか。日本には、自前で全国に必要な設備を設置して携帯電話等の無線通信サービスを提供している会社（MNOと呼ばれる）が、3社あります。NTTドコモ、auおよびソフトバンクです（2019年秋からは楽天モバイルネットワークが参入して4社になるそうです）。先ほど紹介した公取委の資料によると、MNO3社が販売する端末のシェアは約9割だそうです。MNO3社は端末と通信サービスをセットで売っていますから、皆さんの多くは、MNO3社のうち1社からスマホを購入し、その会社の

通信サービスを利用していることになります。

　このように、使っている携帯電話にインストールされている基本ソフトが異なり、利用している通信サービスを提供する会社が異なるにもかかわらず、皆さんは、当然のように通話をしたりメッセージをやり取りしたりすることができます。これはどうしてでしょうか。

　それは、携帯電話同士で情報をやり取りするときのルールをあらかじめ決めておいて、それに従って携帯電話の機器や設備を作っているからです。関連する事業者が集まって決めた、こうしたルールのことを「標準規格」と呼ぶことがあります。

　このような標準規格には、言うまでもなく、技術が関係しています。ある1つの標準規格に関係する技術が100以上あることもあるそうです。そして、標準規格に含まれる技術について誰かが知的財産権を保有していたり、これから知的財産権を取得しようとしたりしていることが通常です。標準規格が決まったら、それを前提として各社が設備投資をするなど業界全体が動くことになりますから、標準規格となった技術について知的財産権を保有・取得する事業者が、非常に高額な使用料（ライセンス料）を要求し、支払わない場合には差止訴訟を起こしたりすると、標準規格の普及が妨げられることになりかねません。

　そこで、話し合いで規格を決める際に、その規格を実施するのに必須の知的財産権の権利者または権利者となりそうな人に、他の者に公正、妥当かつ無差別な条件（Fair, Reasonable And Non-Discriminatory terms の訳。略して「FRAND条件」と言われる）でライセンスするという宣言をしてもらうのが一般的です。

　その宣言が守られれば問題は起こらないのですが、権利者と標準規格を実施しようという事業者の関係がこじれる場合もあります。そうすると、権利者が訴訟を起こし、訴えられた事業者がその訴訟において、「FRAND条件でライセンスすると宣言したではないか」と主張するという紛争が起こります。

　携帯電話通信の標準規格については、アップルとサムスンの間でそのような紛争が起こりました。この事件では、サムスンが、FRAND宣言をした特許権（知的財産権の1つ）を保有しており、アップルがその実施者でした（この事件では、権利者であるサムスンがアップルを訴えたわけではないのですが、その辺りの説明は知財法の授業で聞くでしょう）。

知的財産高等裁判所の平成26年5月16日判決は、次のように判示しました。

「ある者が、標準規格に準拠した製品の製造、販売等を試みる場合、当該規格を定めた標準化団体の知的財産権の取扱基準を参酌して、必須特許についてFRAND宣言する義務を構成員に課している等、将来、必須特許についてFRAND条件によるライセンスが受けられる条件が整っていることを確認した上で、投資をし、標準規格に準拠した製品等の製造・販売を行う。仮に、後に必須宣言特許に基づいてFRAND条件によるライセンス料相当額を超える損害賠償請求を許容することがあれば、FRAND条件によるライセンスが受けられると信頼して当該標準規格に準拠した製品の製造・販売を企図し、投資等をした者の合理的な信頼を損なうことになる。必須宣言特許の保有者は、当該標準規格の利用者に当該必須宣言特許が利用されることを前提として、自らの意思で、FRAND条件でのライセンスを行う旨宣言していること、標準規格の一部となることで幅広い潜在的なライセンシーを獲得できることからすると、必須宣言特許の保有者にFRAND条件でのライセンス料相当額を超えた損害賠償請求を許容することは、必須宣言特許の保有者に過度の保護を与えることになり、特許発明に係る技術の幅広い利用を抑制させ、特許法の目的である『産業の発達』（同法1条）を阻害することになる。

（中略）

また、FRAND宣言の目的、趣旨に照らし、同宣言をした特許権者は、FRAND条件によるライセンス契約を締結する意思のある者に対しては、差止請求権を行使することができない」

判決の文章とはどのようなものなのかを知ってもらうために引用しました。Twitterなどで皆さんがやり取りしている文章に比べると、非常に息が長い文章ですが、ここまでの説明が分かっていれば、読み解けるかと思います。

要するに、FRAND条件でのライセンス料相当額を超えた損害賠償請求や差止請求は、知的財産権の1つである特許権の濫用にあたると裁判所は判断しました。以上の判決については、知財法の授業や演習で詳しく勉強すると思います。

実は、この問題は知財法の観点からだけでなく、独禁法の観点からも論じることができます。

独禁法が禁止しているのは、「2　会社法との関係」で説明したような、競争者

が競争を停止・回避する行為だけはなく、競争者をはじめとする他者を排除する行為も規制しています。

良い商品または役務を供給して人気を博した場合も、他者を排除することになります。しかし、良い商品または役務を供給することが独禁法違反だ、というのはおかしな話ですから、どのような行為が他者を排除する行為にあたり、どのような場合に独禁法違反となるかを明確にしておく必要があります。

まず、どのような行為があたるかですが、相手方との取引を拒絶したり、そうでなくても非常に不利益な条件で相手方と取引したりすること（以下、取引拒絶等）は、他者を排除する行為にあたります。

では、取引拒絶等はどのような場合に独禁法違反となるのでしょうか。ポイントは、主として2つあります。

1つは、取引拒絶等をされた事業者（被拒絶者）の事業活動が困難になるおそれがあることです。取引拒絶等をされても、拒絶者以外の事業者と取引することで事業活動を行なっていけるならば、事業活動は困難化しないでしょう。

もう1つは、正当化理由と呼ばれるものです。アップル対サムスン事件のように、知的財産権が関係する場合には、インセンティブの確保が正当化理由として議論になります。

大学に入って定期試験前になると、友人から、授業中にとったノートを見せてほしいと頼まれることがあります。なかなか断りにくいでしょうが、毎回真面目に出席しないで他人のノートを見せてもらおうなんて厚かましいなぁ、それなら私も出席しないで試験直前に誰かにノートを見せてもらうことにしようか、などとモヤモヤするはずです（私は、「大久保の書く字は大きいのでページ数が多くコピー代が余計にかかった。」という文句まで言われたことがあります）。

それと同じようなことが、知的財産権の取引拒絶等についても起こる可能性があります。つまり、知的財産権の保有者が、金銭や人材など様々な資源を費やして、権利の対象となる技術を研究開発したのに、他の事業者がその技術を使わせてほしいと言ってきたら、取引拒絶等をしてはならないとなると、馬鹿馬鹿しくて研究開発などやっていられない、ということになりかねません。そうなると、あまり研究開発が活発ではない社会になってしまいますので、そうならないようにするために、たとえ被拒絶者の事業活動が困難化するおそれがあったとしても、

取引拒絶等を容認しなければならない場合がある、と言われています。これが、「インセンティブの確保」という正当化理由です。

アップル対サムスン事件について、以上の二点を見てみましょう。

まず、サムスンは、保有する特許権について自らの要求する対価でなら使わせる、その要求をのめないなら使わせないと言っていますので、取引拒絶等にあたります。

そして、サムスンの保有している特許権は、携帯電話通信についての標準規格に採用されていますから、それを使えないと、アップルの事業活動は困難化するおそれがあるでしょう。

正当化理由についてはどうでしょうか。ここで、サムスンがFRAND条件でのライセンスに同意していたということが、非常に重要な意味をもってきます。つまり、サムスン自らが同意したわけですから、FRAND条件を超える条件での取引、ましてや一切使わせないとすることは正当化されない、ということになります。

ただし、これは、標準規格を実施しようという事業者が「FRAND条件によるライセンス契約を締結する意思のある者」であるという前提です。もし実施しようという事業者がそのような意思をもっていないのにもかかわらず、サムスンは差止請求をしてはならない、と言ってしまうと、サムスンのインセンティブを損なうことになります。

以上のように、アップル対サムスン事件は独禁法の観点からも議論ができ、そして先に見た知財法分野の判決の論理は、独禁法の観点からも支持できるものです。知財法に興味のある方は、独禁法の履修も検討していただきたいところです。

4　学習ガイド・文献紹介

①白石忠志『独禁法講義〔第8版〕』（有斐閣、2018年）

独禁法は、元々の土台が整理されていなかった上に何度も改正を繰り返した結果、初めて勉強する人にとって非常にわかりにくい構造になっています。それを可能な限り明快に説明したのが、この教科書です。

白石先生は詳細な体系書も執筆されており、社会人として独禁法に携わるよう

になったら、そちらの体系書を紐解くことになりますが、まずは、この教科書でしっかり基礎を身につけると良いでしょう。

②各年度における『独占禁止法に関する相談事例集』と『主要な企業結合事例について』

本文にも書いたように、企業結合を事後的に規制することは非常にコストがかかりますから、事前に届け出をすることになっています。届出前の相談も可能です。企業結合以外の行為についても公取委は企業からの相談を随時受けつけています。いずれの分野についても、公取委は、年度が変わって数ヶ月すると、前年度にあった相談の中から10あまりを選んで、それらについてどう判断し回答したかをHP上で公表しています。

この資料は、一粒で何度でも美味しい資料です。第1に、アルバイトの経験ぐらいしかない学部生にとっては、独禁法が事業活動のどのような場面で登場するかについてのイメージを摑むのに有益です。第2に、司法試験を志す人にとっては、一般論の当てはめの練習をしたり、頭の体操をしたりするのに役立ちます。第3に、正式な命令やガイドラインだけから分からない公取委の頭の中をうかがい知る資料として、独禁法を専門とする弁護士も読んでいるそうです。

③荒井弘毅＝大久保直樹「マルチサイド・ビジネスと従来のビジネスの差異に関する2つの視座」公正取引800号（2017年）

GAFA（Google, Apple, FacebookおよびAmazon）という言葉をニュースなどで見かけたことがあると思います。これらの企業の活動は、社会の様々な分野に影響を及ぼしており、したがって法学的にも注目されています。経済法の分野でも、GAFAは、広告主と消費者といったように複数の顧客を相手に商売している点が伝統的な小売業者とは違うのではないか、ということで議論の対象になっています。この論文では、本当にそうなのかという問題提起をしました。

第19章 知的財産法
「ファッション」の作られ方と法の関わり

九州大学准教授
小島 立

1 知的財産法とは何か

[1] 知的財産法の世界

　私たちは、毎日のように「クリエイティブ」な活動を行っている。幼い頃に描いた絵、夏休みの宿題の絵日記や図画工作の製作に始まり、料理、カラオケでの歌唱、SNSへの投稿なども全て「クリエイティブ」な活動の所産である。このように、私たちは、技術や文化芸術をはじめとする様々な領域で「知的成果物」を生み出しながら、日々の生活を送っている。

　知的成果物の中には、享受者によって享受されてほしいという願いが込められて、世の中に送り出されるものも少なくない。そして、たとえば、ある文芸作品の「読者」が存在することによって、当該文芸作品を生み出す者は初めて「作家」として社会的に認知されることになる。

　私たちは、知的成果物を生み出して、世の中に送り出す活動を行う際に、自分ひとりの力で全てを行うことはできず、何らかの組織に属しながらそれらの活動に従事している場合も珍しくない（かくいう本稿の筆者も、大学という教育研究組織に属している）。そして、知的成果物が生み出され、世の中に送り出される活動のかなりの部分が「ビジネス」として行われていることは、私たちが書籍や音楽などの文化的表現を享受する際に、作家、作詞家、作曲家、実演家などの「クリエイター」や「アーティスト」だけではなく、出版社、レコードレーベ

ル、そして現在であれば、インターネット上の配信プラットフォームなどの様々な「メディア」の活動が重要な位置を占めていることからも明らかである。ビジネスにおいて知的成果物が「商品」として世の中に送り出される場合には、当該商品の「顔」としてのパッケージや「名前」としてのネーミングなどが市場における売り上げを左右することも珍しくない。

　もっとも、ここ最近は、インターネット環境に伴い、伝統的なクリエイター、アーティスト、メディアなどだけではなく、個人によるSNSを介した発信など、従来は享受者として位置づけられてきたアクターが、知的成果物を生み出し、世の中に送り出すことができるようになってきているなど、知的成果物に関係する主体と活動のあり方が多様化していることも事実である。

　知的財産法は、上記のような、知的成果物が生み出されて、世の中に送り出され、そして、享受される過程に関わるアクターの活動に対して法的に介入を行う法制度である。その法的な介入は、いかなる知的成果物を主にどの知的財産法（たとえば、主に技術に関係する特許法、主に文化的表現に関係する著作権法、主に商品またはサービスの出所を示す標章に関係する商標法など）で取り扱うのか、知的成果物のいかなる範囲に財産権や人格権などの権利を発生させるのか、それらの権利をどのような条件の下で誰に帰属させるのか、知的成果物のいかなる利用の範囲について権利行使を認めるのか、といった事柄についてなされる。知的成果物に関係するアクター間における上記の事柄についての調整を通じて、知的財産法は、社会においていかなる模倣を認め、いかなる模倣を認めるべきでないのかという線引きを行う任務を負っているといってよいであろう。

[2] 本稿の構成

　前述の説明から分かるように、知的財産法が私たちの「クリエイティブ」な活動に関係する以上、その射程は極めて広い。「法学入門」の役割が期待されている本稿において、知的財産法の基本的な制度設計について記述する選択肢もありうるだろうが、これは「無味乾燥」になりがちで、知的財産法の世界のダイナミックな姿を描くという観点からは、面白みに欠けるおそれもあるだろう。

　そこで、本稿では、「ファッション」という社会現象に知的財産法がどのように関係しているのかということの分析を通して、現代社会において知的財産法が

果たしている機能の一端について明らかにすることを目指そうと考えた。

　ファッションという言葉を聞くと、主に「衣服」に関する現象が思い起こされるかもしれない。しかし、広い意味のファッションとは、「流行」や「はやり」を指しており、現代社会においては、衣服だけではなく、あらゆる社会現象にファッション的な要素を見出すことができる。そのような現代的な社会現象に、知的財産法はどのように関係しているのだろうか。

2　「ファッション」とは？

[1]　「顕示的消費」と「奢侈禁止令」としてのファッション

　ファッションという言葉について書かれた辞書の説明を紐解くと、「流行、はやり。はやりの服装。ある時代またはある集団の習慣や作法、服装、音楽、スポーツ、娯楽など行動様式の特徴をいう」という記述に引き続き、「もともとは上流社会の風習やマナーなどを意味した」[*1]と書かれていることが注目される。「上流社会の風習やマナー」がファッションに深く関係するという問題を解明するに当たっては、とりわけ「顕示的消費」と「奢侈禁止令（贅沢禁止令）」に注目することが有益である[*2]。

　「顕示的消費」とは、文字どおり「見せびらかしの消費」である。人間が見せびらかしの消費を行うことにより、他者に対して「優越的地位」に立つことを誇示する現象は、経済学や文化人類学などの知見によっても例証されている。映画などに登場する昔の王侯貴族が競って派手な服装をし、ゴージャスな貴金属類を身に着けていることを思い出す読者もいるだろう。

　ファッションを考える上でもう1つの示唆を与えてくれるのが「奢侈禁止令（贅沢禁止令）」である。古今東西の多くの社会において、贅沢を戒める命令が繰

[*1] 大沼淳＝荻村昭典＝深井晃子監修『ファッション辞典』（文化出版局、1999年）214頁。
[*2] 「顕示的消費」については、ソースティン・ヴェブレン（高哲男訳）『有閑階級の理論――制度の進化に関する経済学的研究』（ちくま学芸文庫、1998年）82頁以下を参照。「奢侈禁止令（贅沢禁止令）」については、たとえば、川北稔『イギリス近代史講義』（講談社現代新書、2010年）45頁以下を参照。

り返し出されてきた。そこには、奢侈の規制を身分秩序の維持に役立てようとする権力者の意図が見られる。たとえば、江戸時代には、小袖についての禁令が出されている。支配者である武家より町人のほうが贅沢な衣服を身につける傾向は、武家の権威を維持する上で好ましくなかったからではないかといわれている[*3]。また、紫色が伝統的に高貴な色とされ、高い位にある権力者や宗教者しか身に着けることを許されなかったことも良く知られている。

「顕示的消費」と「奢侈禁止令」を組み合わせることにより、社会階級の上位に位置する集団は贅沢品を独占し、その下位の階級に位置する集団に対して社会階級の違いを見せつけるとともに、模倣を許さないということを通じて社会構造を固定化させるように努めてきた。現在のような形でのファッションの現象が近代以降に生まれたものだとしばしば言われるのは、市場経済の成立とともに、個人の選択の自由や表現の自由が認められるような社会構造の成立が必要だったためである。しかし、逆に身分制が崩れ、社会の構成員が平等であるという原則が成立すると、人間は他者に対して「差別化」を図りたくなるのであろう。その差別化を図る道具の1つとして、いわゆるファッションが利用されたことは想像に難くない。

[2]「時代精神」としてのファッション

ファッションが社会階級を誇示するためになされる消費行動であるという考え方に対しては、それに参加する者は社会階級のことなど考慮に入れておらず、単に「流行に乗っている」ことに喜びを見出しているのだという反論がありえよう。この点で参照される考え方が、いわゆる「時代精神（Zeitgeist）」[*4]である。

「時代精神」としてのファッションという「ものの見方」を論じるに当たっては、「差別化」と「模倣」という考え方を参照することが有益であろう。「差別化」と「模倣」という2つの概念は、一見したところ矛盾するように見えるかも

[*3] 高田倭男『服装の歴史』（中公文庫、2005年）339頁。
[*4] 「時代精神」、そして、「差別化」と「模倣」という表現は、ファッションと法について論じた代表的な研究である C. Scott Hemphill and Jeannie Suk, *The Law, Culture, and Economics of Fashion*, 61 STAN. L. REV. 1147（2009）に依拠している。

しれない。しかし、ファッションという社会現象が成立するためには、前述したように、何らかの意味での「模倣」がなされなければならない。つまり、社会の一定数の人たちと同一または類似の「もの」を身につけることが求められる。しかし、他人と全く同一の「もの」を身につけると、今度は他者との差異を示すことができず、「カッコ悪い」という評価を受ける可能性がある。だからといって余りにも他者との違いを強調しすぎると、今度はファッションから外れてしまうというジレンマを抱え込む。さらには、私たちが他者に注目されたいと思うあまり、過度に「トガッた」行動を取ると、今度は社会や集団における「異分子」とみなされる危険もある。

つまり、ファッションの時流に乗るためには、「カッコいい」と評価される「もの」と同一または類似の要素を取り入れつつも、その単なる模倣に終わることなく、何らかの意味でうまく「個性」を表現することが求められる。この「差別化」と「模倣」のバランスがうまく取れているときに、他者から「ファッションセンスがよい」という評価を獲得できるのであろう。

また、ファッションには、必ず「流行の波」がある。永続する現象はファッションとは呼ばれず、必ず「終わり」が存在する。ファッションに敏感な人たち（いわゆる「ファッション・リーダー」に加え、「アーリー・アダプター（初期採用者）」*5 と呼ばれる人たち）は、あるファッションが社会に一定程度広まってきたと認識すると、それが「ファッショナブル」であるとは思えなくなり、次のファッションのターゲットを見つけ、そちらに乗り換えるというサイクルを繰り返す。これが「流行の波」を作り出す。

[3]「希少性（希少な資源）」としてのファッション

前近代のファッションであれ、近現代のファッションであれ、そもそもファッションとは、社会における「希少性（希少な資源）」をいかにして創出するのかということとともに、そのコントロールの主導権を、誰がどのような形で握るの

---

*5 この表現は、エヴェレット・ロジャーズ（三藤利雄訳）『イノベーションの普及』（翔泳社、2007年）228頁以下を参照した。

かという営みであるといっても過言ではない。

確かに、ファッションのコントロールやダイナミズムは、場所と時代によって異なる様相を示してきた。しかし、「上流階級」といった媒介項を持ち出すかどうかはさておき、人間という生き物は、ある希少性を手に入れるために少し背伸びをしてみたい、その希少性を手に入れることによって他人に注目されたい、他人に対して優越感を持ちたいといった欲求を少なからず有しているはずである。その意味では、近代以後のファッションについても、それが社会階級と直接の関係を持たないものであるにせよ、何らかの意味での「序列化」を不可避的に伴う現象であることは否めない。

3 ファッションに知的財産法はどのように関わるのか？

ここまでで論じたように、ファッションには「模倣」という要素が関係している。社会においていかなる模倣を認め、いかなる模倣を認めるべきでないのか、という線引きを行う役割を期待されている法律が知的財産法であるならば、ファッションに知的財産法はどのように関わっているのだろうか。

ファッションにおいて知的財産法が果たすべき機能については、差し当たり、以下の2つの状況が考えられる。第1に、いわゆる「ブランド」が消費行動に重要な影響を与えると考えられる状況であり、第2に、消費者自らが「流行に乗っている」と感じることが、消費行動において重要な意味を持つと考えられる状況である。

[1]「ブランド」と知的財産法

第1の「ブランド」が消費行動に重要な影響を与えると考えられる状況では、いわゆる「ハイファッション」に属するファッションブランドは、自らの商品が有する高いブランド価値を維持するために、知的財産法を戦略的に用いて、いわゆる「模倣品」を市場から排除することが多い。

興味深いのは、ここで「模倣品」が排除されたからといって、その「模倣品」を購入していた消費者が必ずしもハイファッションの商品を買うわけではないという点である。「模倣品」は一般的に安価であることが多く、「模倣品」が市場か

ら姿を消したからといって、「模倣品」を購入していた消費者がただちにハイファッションの商品を買うことは難しいはずだからである。そう考えると、ハイファッションのファッションブランドは、「模倣品」の消費者を自らの商品の消費者としてすぐさま取り込みたいのではなく、専ら自らの「ブランド価値」を維持するために知的財産法を活用しているのではないか、という仮説が導かれる。

[2]「スタイル」と知的財産法

　第2に、消費者自らが「流行に乗っている」と感じることが消費行動において重要な意味を持つと考えられる状況、言い換えるならば、ある流行の「スタイル」*6 を消費することが、消費者にとってより重要な状況において、知的財産法はどのように機能しているだろうか。

　スタイルがより重要な意味を持つファッションのカテゴリーにおいては、一定のスタイルについての「模倣」*7 がなされない限り、その市場規模は大きくならない。ある商品が社会のごく一部の構成員に供給されるだけでは、流行を作り出すことはできず、一過性の現象として終わってしまう。したがって、ある新しいスタイルのファッションの市場において先行している者にとっては、新しいスタイルのファッションに関係する市場を大きくするべく、追随する者の模倣を許したほうが合理的である場合がある。そのスタイルに関係する市場が大きくなれば、追随する者の参入を許したとしても、先行する者の取り分が増える可能性があるからである。

　そうだとすると、先行して市場に存在する商品に何らかの知的財産権が存在し

---

*6 大沼＝荻村＝深井・前掲注*3・207頁は、「スタイル」について、「もともと文体や美術・建築の表現様式、特定の人々や個人に特有の行動の仕方などをいい、外見的特徴だけでなく時代背景や階層意識・価値観などを包含した意味合いをもつ。ファッション用語としては服飾の様式や服や髪の型などをいい、ルック、ファッションなどの言葉とほぼ同義でつかわれることもある。新しい流行が生まれ、それが一般に普及して類型化・普遍化した場合（ヒッピー・スタイルなど）にスタイルとよ（ぶ）。…（以下略）…」と説明している。

*7 ある「スタイル」が問題となるファッションにおいては、商品のブランドを表す「ロゴマーク」などの「標章」の模倣がなされるよりもむしろ、商品の「見た目（ルック）」を表す「デザイン」の模倣が前面に現れるという指摘がなされている（Hemphill & Suk, *supra* note 6, at 1177）。

ており、かつ、追随する者が市場に置いた商品に対して先行する者が権利行使を行うことが可能な場合に、先行する者が愚直に知的財産権を行使してしまったらどうなるだろうか。追随する者の模倣行為が禁止されると、消費者はどのようなスタイルが流行っているのかということを認識しづらくなるかもしれない。その結果、あるスタイルのファッション市場において先行する者は、知的財産権を行使することによって、これから生まれる、あるいは、大きな社会現象となるかもしれないファッションの芽を自ら摘んでしまうことになるかもしれない。

　このような先行者による知的財産権の行使が「割に合わない」場合とはどのような状況だろうか。想定される1つの例は、あるスタイルの流行のサイクルが非常に速い場合である。この場合には、先行者としては、市場においていわば「独占的」な地位に立っていた期間における利益に加えて、追随者の模倣によって拡大した市場において得た利益を獲得すれば、そこで現在流行っているスタイルの商品をできるだけ早く売り切ってしまった上で、先行品の供給を取り止め、新しいスタイルの流行を仕掛けるほうがよいという経営判断に傾くこともあるだろう。ここまで論じた内容は、ファッションの世界において、いわゆる「ファスト・ファッション」として語られるカテゴリーにより適合的であろう。

[3] 本稿のまとめ

　ここまでの検討から見えてくるように、ファッションという現象は、人間が何らかの「希少性」を身にまとうことにより、他者に対する優越感を得たいと考える生き物であることに起因していると言っても過言ではない。その希少性を手に入れるべく、一定の集団または社会において繰り広げられる「差別化」と「模倣」の営みこそがファッションという現象である。しかし、他者に対する「優越感」という言葉からも分かるように、ファッションは常に「序列化」を志向する。

　社会における希少性を人為的に創出するとともにそれを序列化する役割は、前近代の社会においては「奢侈禁止令」が担ってきた部分が大きい。しかし、個人の選択の自由と表現の自由が認められる現代社会では、前近代のような形で「奢侈禁止令」を強制することは不可能である。ところが、前述のとおり、人間は希少性を追求するとともに、一定の序列化を求める。そのような現代社会において、知的財産法は希少性を生み出すメカニズムの1つとして機能している[*8]。

前近代における「奢侈禁止令」においては、製造業者で構成されるギルドをはじめとする「中間団体」がその実現に大きな寄与を果たしてきた。そして、それらの中間団体は、王侯貴族をはじめとする権力者から営業上の様々な「特権」を与えられるとともに、「奢侈禁止令」をはじめとする社会的な規制の担い手としても機能していた。

　これと似たような事例は著作権法の世界にも見られる。著作権の原型に当たるとされる前近代における「書籍業者」に対する特権の付与は、検閲制度と密接な関係を有していた*9。活版印刷の発展によって作成や流通が容易になった印刷物の中には、当時の王権などを批判するものも出てきたからである。伝統的な秩序維持を望む権力者としては、出版物を世の中に送り出す役目を担う書籍業者を保護することにより、権力者にとって好ましくない出版物が世の中に出回るのを書籍業者が「自主規制」してくれること（いわば「自主的な検閲」）を期待したはずである。

　前近代における「特権」と「規制」の関係からは、知的財産法が対象とする問題が、憲法や行政法などの公法の領域でしばしば議論される「表現の自由」や「営業の自由」などと背中合わせなのではないかということが垣間見える。ファッションという社会現象を考える際に、「奢侈禁止令」と知的財産法の両方が登場することは、社会的な規制の意味を考える上で、決して単なる偶然の一致ではないのであろう。

4　学習ガイド・文献紹介

　知的財産法の基本的な考え方については、①中山信弘『マルチメディアと著作権』（岩波新書、1996年）が平易かつ簡明に論じている。出版から少し時間が経つものの、その価値は現在も色あせていない。同じ著者の執筆した体系書として

---

*8 Barton Beebe（南部朋子訳）「知的財産法と奢侈禁止規範（1）〜（3・完）」知的財産法政策学研究34号277頁、35号315頁、36号293頁（2011年）。
*9 小島立「著作権保護と表現の自由」南野森（編）『ブリッジブック法学入門〔第2版〕』（2013年）222頁。

は、②中山信弘『特許法〔第3版〕』（弘文堂、2016年）、③中山信弘『著作権法〔第2版〕』（有斐閣、2014年）がある。

　知的財産法の「教科書」としては、④愛知靖之＝前田健＝金子敏哉＝青木大也『知的財産法』（有斐閣、2018年）が、コンパクトな分量で、知的財産法の主要な領域をカバーしている。

　また、本稿の筆者は、⑤小島立「文化的表現の多様性における著作権法の役割」法学セミナー760号（2018年）44頁において、社会における文化的表現の多様性に著作権法がどのように関わっているのかという問題関心に基づいて、知的財産法の「法学入門」を展開した。

　近時は、知的財産法の領域でも、ファッションについて検討するものが増えてきている。⑥小島立「ファッションと法についての基礎的考察」高林龍＝三村量一＝竹中俊子（編集代表）『現代知的財産法講座3　知的財産法の国際的交錯』（日本評論社、2012年）1頁は、本稿で扱った内容をより詳細に論じている。⑦淵麻依子「ファッション・デザインの法的保護についての一考察——アメリカ法の議論を手がかりに」中山信弘先生古稀記念論文集『はばたき——21世紀の知的財産法』（弘文堂、2015年）933頁は、アメリカにおけるファッション・デザインの法的保護について論じている。⑧角田政芳＝関真也『ファッションロー』（勁草書房、2017年）は、ファッションに関する知的財産法の問題を幅広く解説している。

　また、本稿の記述からも分かるように、「ファッション」について学ぶ際には、哲学、経済学、社会学などの分野の先行研究を参照しなくてはならない。本稿の脚注に掲げたもののほか、ファッションについて学びたいのであれば、⑨鷲田清一『ちぐはぐな身体——ファッションって何？』（ちくま文庫、2005年）、⑩藤田結子＝成実弘至＝辻泉（編）『ファッションで社会学する』（有斐閣、2017年）などを参照されたい。

　さらに、知的財産法が私たちの「クリエイティブ」な活動に関わる以上、知的財産法の問題を深く理解したいのであれば、座学だけではなく、自分で手を動かしたり（その重要性を気づかせてくれるものとして、⑪田中浩也『SFを実現する——3Dプリンタの想像力』〔講談社現代新書、2014年〕）、「ものづくり」、「まちづくり」、「コトづくり」などの活動が行われている現場に足を運んだりするこ

とも同じくらい重要である。現場に足を運ぶ際には、「社会調査法」についての書物（たとえば、⑫佐藤郁哉『フィールドワーク――書を持って街へ出よう〔増訂版〕』〔新曜社、2006年〕）を参照し、自ら試行錯誤しながら学びを行ってほしい。

第20章 環境法

新たな詩人よ
雲から光から嵐から透明なエネルギーを得て
人と地球によるべき形を暗示せよ[*1]

神戸大学教授
島村 健

1 環境法とは何か

[1] なぜ環境を保護しなければならないのか

　環境法とは、「環境への負荷を防止・低減することを目的とする法（法令、条例、条約等）の総体」をいうとされる（大塚直『環境法〔第3版〕』〔有斐閣、2010年〕）。しかし、そもそも、なぜ環境を守らなければならないのか。環境法といっても、様々な分野がある。いくつかの場面を想定して考えてみよう。

　上記の問いに対する1つ目の答えは、それは私たち自身のためである、というものである。大気や、河川・湖沼・海、土壌が有害物質によって汚染されると、それは、呼吸器を通って、あるいは、食物や飲み水を通じて体内に摂取され、病気になったり、場合によっては命が脅かされたりする。健康や生命を脅かされないまでも、騒音や悪臭のせいで生活環境が悪化するのを防ぐ必要もあるだろう。また、美しい自然公園の景観や、歴史的な建造物・街並みが失われることは、私たちの精神生活にとって大きな損失であろう。

　また、私たち自身の不利益にならなければ何をしてもよいというわけではな

---

*1 宮沢賢治「生徒諸君に寄せる」（天沢退二郎〔編〕『新編宮沢賢治詩集』〔新潮文庫、1991年〕）より。

い。過剰な漁獲を続け、漁業資源を枯渇させてしまったら、それは、将来世代の犠牲のもとに、私たちの世代が、不当な利得を得ていることにほかならない。私たちは、後の世代のために自然資源その他の自然的な生存基盤を維持し、譲り渡さなければならない*2。たとえば、健全な気候系を維持し（つまり地球温暖化が起こらないように温室効果ガスの排出を抑制し）、生命を宿し育む豊かな土壌を汚染しないようにし、何万年も放射能を出し続ける放射性廃棄物を残さず、私たちに様々な恵みをもたらす生物ないし生態系の多様性を保全するといったことなどは、将来世代のために私たちがしなければならないことである。

[2] 合意の難しさ

　私たち自身のため、あるいは、将来世代のために、環境を保護しなければならないということを一般的・抽象的には認めたとしても、厄介な問題はそこから先にある。

　たとえば、自然公園の美しい景観、都市の良好な景観を保護すべきであるといっても、何が「美しい」あるいは「良好な」景観かは、一概には言えない。個人の好み、主観によって異なってくるであろう。また、景観保全のために、犠牲にされる価値もある。たとえば、国立公園の中核部分では、土地所有者が自らの土地に建物を建てることを禁止される。また、街並みにそぐわないという理由で、建築物の高さやデザインが規制されるということもある。美的価値のある景観であるとしても、それを維持するためにどれほどのコストを払うべきか。こうした問題については、そう簡単に意見は一致しないであろう。

　川は清浄であるに越したことはないが、工場排水を極限まで浄化するには相当の費用がかかる。極限までの浄化が技術的に可能であったとしても、厳しい環境規制を導入すれば、企業は、操業をやめてしまうかもしれないし、規制の緩い他の地域や他の国に移転してしまうかもしれない。どの程度の規制水準、どの程度の"汚染水準"が適切か、ということは、清浄な環境と、企業の利益（ひいて

---

*2　環境倫理学の分野で、「世代間倫理」などと呼ばれる問題である。環境法は、世代間の公平性を扱うという点では、「財政法」や、本書でも紹介がある「社会保障法」と共通する面がある。

は労働者の利益）などとの比較衡量でしか決まらない。対立する利益は性質を異にする利益であり、人によって価値の重みづけの仕方も異なるので、皆が納得する結論はなかなか出ない。

　不確実性という問題もある。たとえば、人の健康や生態系にどのような影響を及ぼすのか、現在の科学的知見によってもはっきりわからない化学物質について、どのように対処すべきだろうか。健康や生態系への影響が生じるかもしれないし、生じないかもしれない。電磁波や低線量の放射線への被曝が、人の健康や生態系にどのような影響を与えるかという点についても科学者の見解は分かれている。河川にダムを建設することによって長期的に河川環境にどのような影響が生じるかということも完全には予測できない。このような場合、楽観的に行動すべきだろうか、悲観的に（慎重に）行動すべきだろうか*3。

　あるいは先に触れた世代間の利益調整という問題もある。将来世代のために、たとえば、私たちは石炭や石油などの消費を制限しなければならないし、時には生態系の保全のために開発行為を断念しなければならない。もっとも、将来世代の人々は、現在生きているわけではないので、現在生きている世代の誰かが、将来世代の人々の利益を代弁するということにならざるをえない。しかし、将来世代の人々からその利益を代弁するよう具体的に依頼されている人がいるわけではないので、現在世代に属するある人物が、一体どのような資格で将来世代の人々の利益を代弁しうるのか、ということが問題になる。将来世代の人々の"正統な"代理人がいない中で、将来世代のために、どのような「環境」を、どこまで費用をかけて守るべきか、ということに関する現在世代の人たちの間での論争は、簡単には決着しない。

---

*3　楽観的に行動するという考え方を、後悔しない政策（no regrets policy：弊害が起こるかもしれないと心配して対策をとったのに、実際はそのようなおそれは杞憂だったと後から判ったときに、余計な対策費用を支出したと後悔したくないので、何もしない、あるいは、弊害が起こらなくても無駄にならないことしかしないというもの）と呼ぶことがある。逆に、（とりわけ生じるかもしれない弊害が重大もしくは不可逆的なものである場合に）弊害が生ずるかどうか不確実であったとしても、十分な備えをしておくべきであるという考え方を、予防原則（precautionary principle）と呼ぶ。

[3] 環境法とは何か

　以上のような事情に鑑みると、環境法を"環境の保護を目的とする法"と定義するのでは不十分であることがわかる。むしろ、環境法は、次の3つの役割を担う法の総体と把握するのが適切であると思われる。

　「環境法」の第1の役割は、維持あるいは回復されるべき良好な環境とはどのようなものかを決めるプロセス*4を設定・規律することである。諸個人がルールなしに行動したのでは、良好な環境は維持されず、皆が損をすることになったり、将来世代の人々に著しい不利益を及ぼすことになったりする可能性がある。そのようなことがないよう、守られるべき環境保護の水準を、理性的に決めるための場や手続を設ける必要がある。前述したように、何が良好な環境であるかは一義的に決まらない場合が多いので、様々な利益が過不足なく考慮され、とりわけ、国会に代表者を送り出すことができない将来世代や子供たちの利益が適正に考慮されるような場や手続を用意する必要がある。

　第2の役割は、様々な利害を過不足なく考慮する適正なプロセスを経て、目指すべき環境保護の水準を決定することである。保護のレベルは、法令等において具体的な数値をもって規定される場合もあるし（人の健康を保護し、及び生活環境を保全する上で維持されることが望ましい基準を定める「環境基準」）、環境の保護に人々が向かうように仕向ける社会的仕組みだけを設け、保護のレベルの帰着点自体はオープンにしておくような場合もある。

　第3の役割は、決定された環境保護の目標水準を達成するための政策手法を用意することである。環境政策の手法の重要な部分を占めるのが、企業や私たち個人に対して、環境保全のための取組みを行うよう働きかける様々な手法である。①企業等への働きかけとして最も強力なのは、法律や条例によって、企業等に対し、汚染物質の排出基準等を守るよう義務付ける「規制的手法」である。義務に違反した企業に対しては刑罰を科する。このように強制力を伴うかたちで義務の

---

*4　一定の施策や事業をしようとする場合に、その施策や事業がどのような環境影響を及ぼすのか、事前にはよくわからない。そこで、環境に著しい影響を及ぼす可能性がある施策や事業については、施策や事業の立案・実施に先立って、当該施策・事業による環境への影響を、事前に調査・予測・評価するための手続（環境アセスメント）が必要になる。

遵守を促すのである。②また、たとえば、公害防止設備を導入しようとしている企業や、汚染物質をあまり出さない自動車を購入しようとしている者に補助金を付与したり、逆に、汚染物質を排出する企業等に対して汚染物質の排出量に応じて金銭（環境税ないし環境賦課金）の支払いを命じたりするという手法がある。このように、経済的な動機づけを与えることにより環境保全の取組みを促す手法を「経済的手法」と呼んでいる。③さらに、国や地方公共団体が、情報提供などを通じて、企業や私たちの意思決定に対して働きかけを行う「情報的手法」がある。環境に配慮した製品に「エコマーク」や「省エネマーク」を付し、消費者が買い物の際に環境に配慮した製品を選べるようにするというのは、この手法の1つの例である。

2　環境法の諸分野

　環境法と一口に言っても、そこには、次に見るように様々な分野が含まれている（以下の紹介は、網羅的なものではない）。
　①公害規制　　まず、大気汚染、水質汚濁、土壌汚染、騒音、振動、悪臭、地盤沈下（典型7公害）などの公害を引き起こさないように企業等の活動を規制する、公害防止法制を挙げなければならない。わが国は、とりわけ高度成長期においていわゆる四大公害をはじめとする深刻な公害問題を経験した。全国各地で多くの公害被害者を出し、数多くの公害訴訟が提起された。1970年代になって、規制的手法を中心とする様々な公害規制のための法整備がなされ、この時期にわが国の公害規制法の基本的な骨組みが築かれた。
　②廃棄物・リサイクル法制　　次に、企業活動や私たちの家庭から排出される廃棄物を、環境保全上の支障を生じさせないように処理するための、廃棄物処理法を中心とする法制度がある。1990年代以降、埋立処分場の残余容量にゆとりがないことから、あるいは、資源の節約という観点から、埋立処分に回る廃棄物を減らすために、使用済み製品等の再使用（reuse）や再利用（recycle）を進め、あるいは、資源の使用量自体を初めから減らす（reduce）よう促すための法制度が整備されてきている（reduce, reuse, recycle の頭文字をとって3R政策と呼ばれる）。容器包装ゴミ、使用済みの家電製品や、使用済み自動車から生ず

るシュレッダー・ダストなどをメーカー等が引き取ってリサイクルすることを義務付ける法律も相次いで制定された。

③化学物質規制　宮崎駿監督の作品『風の谷のナウシカ』（映画版を見るだけでなく漫画版を読むべきである）の中に、化学物質で汚染された腐海というものが出てくる。化学工場で製造された化学物質は、製品等の製造の過程で、大気や海や土壌に直接排出される。製品に含有されている化学物質も、いつかその製品が廃棄されるときには大気や海や土壌に排出される。それらは、飲み水や食品を通じて私たちの体に摂取される。人工的に作られた新たな化学物質は、最終的には上記のように環境中に放出され、私たちの身体にとりこまれることになる。そこで、新しい種類の化学物質を製造する際に、あるいは、既に使われている化学物質についても、そのリスクを調査し、必要な場合には製造・使用を禁止・制限する制度が設けられている。

④放射能汚染　福島第一原発の事故に伴って放出された大量の放射性物質が東日本の広範な地域を汚染している。放射性物質による汚染を事前に防止するための仕組みは、従来、環境省が所管する、環境基本法を頂点とする環境法令には規定されていなかった。原子力施設の安全性は、原子炉等規制法や電気事業法といった経済産業省所管の法令によって担保されることになっていた。原子炉の安全性に関する規制とその運用が不十分・不適切であったことは、これまで多くの原発訴訟の中で指摘されてきたことであるが、福島第一原発の事故はそのことを不幸にも露呈させることになった。敷地外に放射能による汚染が生ずることも想定されておらず、除染土や敷地外で放射能に汚染された廃棄物を扱うための法制度も信じられないことに用意されていなかった。原発事故の後、原子炉等規制法は改正され、原子炉の安全規制の権限も環境省の外局として設置された原子力規制委員会に移された。放射能に汚染された廃棄物を扱う法律も、事故後に慌ただしく制定された。

⑤自然保護　自然保護の法制度は、従来、人々の休息の場所を確保するために優れた自然の風景地を保護することを目的とするものであった。近年は、私たちの社会に恵みをもたらす"生物多様性"を維持することが、このような法分野の最も基本的な目標であると認識されるようになってきた。生物多様性の保全のためには、里山の保全、外来種の駆除の取組み、遺伝子組み換え作物の規制など

も必要である。

⑥歴史的・文化的環境、都市環境　文化財については、文化財保護法等の法制度があり、都市環境については、都市の秩序ある発展と生活環境の保全等を目的とする都市計画法や都市緑地法等の法制度がある。また、近年、景観法が制定され、良好な都市景観を維持・創出するために、一定の街区の建築物や工作物のデザインまで規制できる仕組みが用意された。

⑦地球環境問題　1980年代くらいから、酸性雨、有害廃棄物の越境移動、オゾン層破壊、地球温暖化、生物多様性の喪失など、地球規模の環境問題への関心が高まり、いくつもの国際環境条約が締結されてきた。わが国においても、条約上の義務を履行するために、国内法令が整備されてきた。これらのうちの地球温暖化対策に関していうと、日本では、従来、発電時にCO_2を出さない原子力発電の推進を温暖化対策の柱にしてきた。しかし、福島第一原発の事故の後、大部分の原発が停止したままであり、それを埋め合わせるために火力発電所の稼働が拡大している。今後も原子力発電の利用拡大は見込めないことから、温暖化対策と脱原発政策を両立させるために、省エネの取組み強化と自然エネルギーの拡大が、日本のエネルギー・環境政策の最重要課題となっている。

3　たとえば、こういう問題を考える

環境法の分野で、具体的にどのような問題が議論されてきた／されているのか、いくつか例を挙げてみることにしたい。以下に掲げる問題の中には、法令や判例によって既に一定の解決がなされているものもあるが（もちろんそのような解決が本当に正しいのか、議論の余地はある）、未解決の問題、必ずしも正解がない問題も含まれている。

①A地域には、大気汚染物質を排出する大規模な工場が複数ある。同地域に住むXはぜん息に苦しんでいるが、これらの工場からの排煙がその原因であると考え、汚染物質の排出差止めや、損害賠償を求めて訴訟を提起しようと考えている。しかし、多数の煙突があるなかで、どの工場の煙突から排出された大気汚染物質が病気の原因となっているかという点について、Xが証明することはほとんど不可能である。Xは、これらの工場を相手に、どのような理屈で、裁判

を闘うことができるだろうか。

②Bが所有する土地から、健康保護のための法令上の基準を大幅に上回る土壌汚染物質が出てきた。汚染の原因は、どうやら20年前にその土地で化学工場を操業していたCが、汚染物質を含む廃棄物を埋め立てていたせいであるということがわかった。現行法上、このような場合、都道府県知事がCではなくBに対して、多くの費用がかかる汚染の浄化等の措置を命じることもできるとされているのであるが、それは妥当であろうか。

③河川の水を取水して利用するには、行政機関の許可が必要である。しかし、土地の所有者が井戸を掘り、その土地の地下にある地下水をくみ上げて利用することは、特別の規制がある地域を除き、自由に行うことができる。地下水脈は地下で他人の土地の下まで至っているかもしれず、あるいは、河川の伏流水とつながっているかもしれないのに、どこかおかしくはないだろうか。

④Dの所有する豆腐工場では副産物として大量のおからができる。おからはいたみやすいので、食品としてスーパーに並ぶのはごく一部で、大部分は廃棄されている。Eは、Dからおからを受け取り、その一部を自社の食品加工工場に運び、おからをお惣菜に加工しスーパーに販売している。最高裁判所の判決によると、おからは廃棄物処理法上の「廃棄物」にあたり、廃棄物であるおからを収集・運搬・処理するには、廃棄物処理法上の許可が必要であるとされる。無許可営業は処罰される。Eは、廃棄物の収集・運搬業、処理業の許可をとらなければいけないのだろうか。そもそも、最高裁判所は、なぜ、おからは「廃棄物」であると判断したのであろうか。

⑤廃棄物の最終処分場は、地域のどこかに作らなくてはならない。放射性廃棄物の最終処分場も日本のどこかには作らなくてはいけない。しかし、住民たちは、どこでも、自分の家の近くには嫌だ（not in my backyardの頭文字をとってNIMBY問題と呼ばれる）と言って反対する。このような中で、どのようにして立地場所を選定すべきであろうか。

⑥人気のある自然公園の一定のエリアに観光客が殺到して自然をいためたりすることを防ぐために、あるいは静寂な雰囲気の中でより高い自然体験ができるようにするために、そのエリアへの立入人数を制限するということがなされる場合がある。希望者が多い場合に、どのような方法で入場資格を与えるのが適切だろ

第 20 章　**環境法**——新たな詩人よ 雲から光から嵐から透明なエネルギーを得て 人と地球によるべき形を暗示せよ

うか。抽選や、早い者勝ち（朝早くから並んだ人を優先）などいろいろな方法が考えられるが、入園料を高く設定して希望人数を絞り込んだり、入場券を競売したりするという方法は適切であろうか。

⑦琵琶湖では、外来種であるブラックバスの駆除を進めている。また、釣り人がブラックバスを釣り上げた場合には、それを再放流（catch and release）することは禁じられている。食べもしないのに釣った魚を処分しなければならないのは嫌だとして抵抗する釣り人も多いが、みなさんはどう考えるか。

⑧ある地域では、住民たちが建築物の高さを一定の高さに自主的に制限したり、ブロック塀ではなく生垣を設け、あるいは、住居の色彩やデザインを合わせたりして、一戸建ての瀟洒な低層住宅からなる魅力的な街区を作りだしてきた。その地区にいささか奇抜なデザインの賃貸マンションを建てようとする事業者があらわれた。住民たちはこの計画を阻むことができるだろうか。

⑨国宝級の日本画を私蔵しているある富豪が、あろうことかその絵画を的にしてダーツ遊びをしようとしている。その富豪は、私の所有物なのだから何をしても勝手だろうと言っているが、本当にそう言えるのだろうか*5。

⑩地球温暖化対策のためには、国内の CO_2 排出量の 3 分の 1 以上を占める産業部門からの排出を制限しなければならない。そのためには省エネが必要だが、さらなる省エネ投資には相当の費用がかかる。あまりに厳しい負担を強いると、日本の製造業は国際競争力を失い、温暖化対策が進んでいない他国のメーカーにシェアを奪われてしまうかもしれない（また、他国の省エネが進んでいない企業が製品を製造することになって、世界全体の CO_2 排出量はかえって増えてしまうかもしれない）。あるいは日本の製造業は、規制の厳しい日本の工場を畳んで、海外に移転してしまうかもしれない。こうした事態を避ける方法はあるだろうか。

---

*5 参照、ジョセフ・L.サックス（都留重人監訳）『「レンブラント」でダーツ遊びとは——文化的遺産と公の権利』（岩波書店、2001 年）。

4　学習ガイド・文献紹介

　環境法の良い教科書はいくつもあるが、入門者にまず薦めたいのは、①交告尚史＝臼杵知史＝前田陽一＝黒川哲志『環境法入門〔第3版〕』（有斐閣、2015年）のとりわけ「序幕」の部分である。環境法の存在意義が、平易な言葉で説かれているので、是非とも読んでもらいたい。

　水俣病問題は、現代の日本に生きる私たちが目を背けて通ることが許されない社会問題である。水俣病に苦しんでいる被害者が現在も多数存在している（訴訟も続いている）という意味で、さらには、多くの人々に深刻な被害を生じさせることとなった原因である私たちの社会の構造的な問題は何ら変わっていないという意味で（なぜそう言えるのか、文献②の巻末のリストに挙がっている関連文献などを調べ、各自考えてみてほしい）、水俣病は歴史の中の問題ではなく、現在の、"私たちの"問題である。法学部では、環境法の授業だけでなく、民法（不法行為法）や行政法（国家賠償法）の授業の中でも、水俣病に関連する訴訟が取り上げられると思うが、法理論を勉強する前に、被害の実態を伝える②栗原彬（編）『証言・水俣病』（岩波新書、2000年）などを読んでみるとよい。

　大規模な工場が汚染物質の排出源となって生ずる公害と異なり、環境汚染が、日常生活や、小規模であるが無数の汚染源に（も）起因しているような場合には、対処が難しい。自動車公害や地球温暖化問題もそのような問題に属する。③宇沢弘文『自動車の社会的費用』（岩波新書、1974年）は、著名な経済学者が40年近く前に執筆したものであるが、現在もアクチュアリティを失わない名著である。読者は、私たちの道路が『人間のための街路』（バーナード・ルドルフスキー著。邦訳は1973年・鹿島出版会）であることを想起させる力強い筆致に圧倒されるであろう。また、地球温暖化問題について、手っ取り早く問題の所在を知りたい人は、手始めに、アメリカのアル・ゴア元副大統領が主演し、アカデミー長編ドキュメンタリー映画賞を受賞した④映画『不都合な真実』（デイビス・グッゲンハイム監督、2006年）を見るのもよいと思う。

　近年、景観の保護を目的とする訴訟がいくつも提起されているが、その土地土地の美しい景観、街並みを守り、風景の多様性を維持することの意義を、⑤桑子

敏雄『環境の哲学』(講談社学術文庫、1999年) から学ぶことができる。

　執筆者自身の著作も挙げよというのが編者の注文であるので、⑥島村健「環境団体訴訟の正統性について」高木光ほか (編)『行政法学の未来に向けて／阿部泰隆先生古稀記念論文集』(有斐閣、2012年) 503-541頁以下を挙げさせていただく。欧米などでは、環境保護団体に、環境破壊をくいとめるために訴訟 (行政訴訟) を提起する資格が特別に認められている。同論文において、私は、そのような制度を導入することはわが国においても有益であり、さらには、そうすることが規範的にも要請されている、と主張している。

第21章 国際私法
国際社会における他の法秩序との調整

名古屋大学教授
横溝 大

1 抵触法（国際私法）とは何か

[1] 問題の所在——各法秩序間の調整の必要性

　国際私法とは、私人間、または私人と国家との間の国際的法律関係を規律する法のことであり、抵触法（Conflict of Laws）とも言う（以下、本章では、広義の国際私法の意味で「抵触法」の語を用いる*1)。

　国際社会には、それぞれ内容の異なる法を持つ様々な法秩序（従来その中心は国家）が共存しているが、このことは、我々が国境を越えて活動しようとする際に困難な状況を作り出す。たとえば、我々が外国人と結婚（法学では「婚姻」と

---

*1 ここで扱う法分野についての名称は、各国において異なっている。たとえば、英米では、「抵触法」（Conflict of Laws）と呼ばれるが、フランスでは、国際私法（Droit international privé）と呼ばれ、その中に、「法の抵触」（conflit de lois）と「管轄の抵触」（conflit de juridictions）という下位の分類がある。また、ドイツでは、ここで扱う法分野は「国際私法」（Internationales Privatrecht）または「抵触法」（Kollisionsrecht）と、「国際民事手続法」（Internationales Zivilprozeßrecht）との2つの異なる法分野に分かれている。我が国では、当初は「国際私法」という名称を用いていたが、そこで論じられていたのは主として準拠法選択の問題であり、対象範囲が拡大するにつれ、他の制度をもカヴァーする呼び方が必要となった。そこで、現在では前者を「狭義の国際私法」、後者を「広義の国際私法」と区別したりすることもあるが、どのような名称を利用するかが研究者の間で一致しない状況にある。ここでは石黒一憲『国際私法〔第2版〕』（新世社、2007年）25頁の用法に依拠する。

言う）したり外国企業との間で契約を締結したりする場合、日本法の下では有効な婚姻・契約であっても、外国法の下ではこれらの行為が無効となることもある。また、離婚や契約を巡る紛争が国境を越えて生じた場合、同じ紛争が複数の国の裁判所で扱われたり、逆に何処の国の裁判所でも審理して貰えなかったりする可能性もある。さらに、ある国の裁判所が判決で一定の金銭の支払いを被告に命じたり、ある夫婦に対し離婚を宣言したりした場合に、他の国でこれを無視するならば、判決が下された国（判決国）と他の国との間で判決の当事者に関する法律関係に矛盾が生じ、判決国では被告は金銭を支払わねばならないのに他の国ではそのような義務がないということになったり、判決国では二人は離婚した筈なのに他の国では未だに夫婦のままでいるということになったりする。

こういった困難な状況を回避するためには、各法秩序間で一定の調整をする必要があり、そのために考え出されたのが抵触法である。歴史的に見れば、各法秩序間の調整には様々な方法があったが、現在の抵触法は、3つの制度からなっていると言われている。すなわち、準拠法選択、国家管轄権理論、外国国家行為承認の3つである。さらに、最近では、第4の制度として国家間協力も挙げられる。

[2] 準拠法選択

国際結婚や国際契約等、我々が国境を越えて行う活動から生じる法的問題が複数国に関係する場合、それらの法的問題につきどのようにして有効・無効等の法的判断を下せばいいのだろうか。この点につき、抵触法は、法的問題に関連する複数国の中から、法的判断の根拠となる法規範を提供する国を一定の基準で選択し、その国の法を適用するという方法を採用している。この方法は、法的判断を下す際に準拠する法（準拠法）を選択するという意味で、準拠法選択と言われる。我が国では、従来の法例（1898〔明治31〕年制定）を改正する形で2007年に施行された「法の適用に関する通則法」という法律が、主として準拠法選択のための規則（準拠法選択規則）を提供する。

準拠法選択規則は、問題となっている法的問題（たとえばある国際結婚や国際契約が有効か）に直接（有効かどうかという）答えを与えるものではなく、答えを与えるための根拠となる法規範を提供する国を選択するに過ぎない。その意味で、「法のための法」と言われたり「間接規範」と言われたりする*2。また、準

拠法選択のために用いられている一定の基準（「連結素」または「連結点」と言われる）は、「本国」「当事者が選択した地」「目的物所在地」「原因事実発生地」「結果発生地」といった、当事者の所属や土地に着目したものとなっており、問題となっている法的問題と関係を有している各国法秩序がその法的問題を規律するために有しているそれぞれの法規範の具体的な内容や目的が考慮されることなく準拠法は決定される。その意味で、準拠法選択規則は抽象的であると言われる。さらに、準拠法を選択する際には、日本法だからといって特別扱いを受けることはなく、日本法も選択肢の1つとして外国法と同様の扱いを受ける。その意味で、準拠法選択規則は外国法と日本法との双方を対象としており、双方的であると言われている（ただし、準拠法選択規則の抽象性・双方性には一定の限界もあり、近時では、異なる性質を持つ規則も次第に増えている）。

[3] 国家管轄権理論

　次に、国際離婚や国際契約を巡る紛争が生じた場合、当事者は一体どの国の裁判所で審理して貰えるのだろうか。この点につき、抵触法は、被告の住所地の外、債務の履行地や不法行為地等、当該紛争と法廷地との関連性を示す一定の徴表があるか否かによって、原告が訴えを提起する国の裁判所に審理する権限（国際裁判管轄）があるか否かを判断するという方法を採用している。また、同じ国際民事紛争が複数の国の裁判所で同時に係属したり（国際的訴訟競合）、ある国際民事紛争が如何なる国の裁判所においても審理して貰えない危険性が生じたりする場合に、一定の方法により各国間の調整を図っている。

　我が国では、国際裁判管轄に関してこれまで明文規定がないとされ、裁判所が条理に従って形成したルールが用いられてきたが、2011年になされた民事訴訟法等の改正により、国際取引等の財産関係事件に関する明文規定が導入された（3条の2以下）。それに依れば、被告住所地、債務履行地、財産所在地、不法行為地といった国際裁判管轄に関する管轄原因が日本にあるか否かがまず判断さ

---

*2　折茂豊『国際私法講話』（有斐閣、1978年）9頁以下では、「百貨店の案内所のようなもの」と言われている。

れ、その上で、管轄原因があった場合には、「日本の裁判所が審理及び裁判をすることが当事者間の衡平を害し、又は適正かつ迅速な審理の実現を妨げることとなる特別の事情」があるかどうかが判断され、特別な事情があれば日本の国際裁判管轄が否定される（3条の9）。また、身分関係事件に関する国際裁判管轄についても、2018年になされた人事訴訟法等の改正により、明文規定が導入されている（人事訴訟法3条の2以下、家事事件手続法3条の2以下）。

なお、このような各国間の調整の必要性は、各国における裁判が問題となる場合に限られない。各国が我々の国際的な活動を規律しようとして国外での行為や事実に着目して自らの政策的な法（たとえば競争法）を適用しようとする場合や、国境を越えて国家機関を通じた強制執行を行おうとする場合にも、各国間での調整が必要となる。このような、立法・裁判・執行に関する各国の権限行使の調整方法に関する理論を、国家管轄権理論と総称している。

[4] 外国国家行為承認

第3に、ある国の裁判所が判決で一定の金銭の支払いを被告に命じたり、ある夫婦に対し離婚を宣言したりした場合に、他の国ではこれをどのように評価すべきだろうか。このような場合、他の国にはその判決の効力を承認しなければならないという国際法上の義務はない。けれども各国は、外国の裁判所により下された具体的法律関係に関する判断を自国においても認めることが、法律関係の国際的な矛盾を回避することになり当事者の利益に適うと考え、また、既に外国の裁判所により判決が下された紛争につき自国内でもう一度訴訟を行うことが当事者と裁判所に余分な負担をもたらすことになると考えて、一定の要件の下に外国判決の効力を承認する制度を採用している。我が国でも、民事訴訟法118条が外国判決を承認するための要件を定めている。

なお、我々の国際的な活動に影響を及ぼす各国国家機関の判断は、裁判所の判決に限られるものではない。公共機関が発行する様々な証明書や、そこでなされる届出や登記・登録、さらには資産凍結や国有化・収用といった措置なども、私人間の国際的な法律関係に影響を与える。このような、民事判決以外の外国国家行為についても、抵触法ではその承認要件や効果が扱われている。

[5] 国家間協力

　最後に、国際的な民事訴訟に関する裁判上の文書の送達や証拠の収集、国際的な子の奪い合いといった、上述の制度では解決が付かない問題については、どのように対応すべきだろうか。このような問題に対処するため、国家間協力の必要性に対する意識が次第に高まり、情報共有や執行共助等に関し、国際条約の締結による国家機関同士の相互的協力の枠組も発展している。日本が締結したそのような国家間協力の枠組としては、民事訴訟手続に関する条約（民訴条約）と民事又は商事に関する裁判上及び裁判外の文書の外国における送達及び告知に関する条約（送達条約）といった民事訴訟手続に関する条約の他、2014年に加盟した、国際的な子の奪取の民事上の側面に関する条約や、アメリカ・欧州・カナダとの、二国間独占禁止協力協定等がある。

2　根本的問題点──国内法としての抵触法

[1] 抵触法が国内法であることによる事態の複雑化

　さて、これまで私人の国際的活動を容易にするために各国間の調整が必要であることと、そのために抵触法が提供している4つの制度について略述したが、読者の中には、「日本の抵触法」という表現に違和感を持った方も少なくないに違いない。各国間の調整ということであれば、それは国際法の役割の筈である。にも拘らず、何故「日本の抵触法」が登場するのだろうか。

　実は、ここで問題としている私人の国際的な活動に関する各国間の調整についての国際法規範は殆ど存在しない。各国は、自らの政策判断で、自らの抵触法に基づいて他国との調整を行っているのである。従って、抵触法は国によって異なり、「A国の抵触法」「B国の抵触法」「日本の抵触法」…が並存していることになる。各国の抵触法は、何れも上述した制度を有しているという点においては類似性を有する。けれども、準拠法選択における連結素（点）、国際裁判管轄における規律や外国判決承認における要件において、少からぬ相違を保っている。

　だが、それでは各国間の調整は十分になされないのではないか。このような疑問が生じるのは当然である。実際、現状では、ある法的問題につき、A国においてはB国法が準拠法となるとされる一方で、B国においてはA国法が準拠法

とされる状況が時々発生してしまい、各国が別々の準拠法選択規則を持つことが、抵触法を持たずに自らの法を適用する場合よりも却って事態を複雑化してしまうことが、早くから問題視されてきたのである。この点は、準拠法選択だけではなく、国際裁判管轄や外国判決承認においても生じる。各国抵触法のルールが異なることにより、国際的訴訟競合における調整が上手く機能しなかったり、ある国で下された判決が、他国において承認されたりされなかったりすることになる。必然的に、抵触法による各国間の調整は不十分なものにならざるを得ず、場合によっては寧ろ事態を複雑化してしまうことになる。何故このようなことになっているのだろうか。すなわち、抵触法は何故国際法ではないのだろうか。

[2] 普遍的抵触法から国内抵触法へ

　実は、12世紀からの抵触法の歴史において*3、抵触法が国内法であると考えられるようになったのは、19世紀半ば以降のことに過ぎない。それまでは、抵触法は国際法の一部として考えられてきたのである。19世紀後半、国民国家の形成に伴う各国による抵触法の法典化が各国抵触法の相違を浮き彫りにしたことと、国際法における実証主義の台頭により国家間関係のみに国際法が限定され、抵触法上の問題が国内問題であり各国の裁量事項（domaine reservé）とされたこととの帰結として、抵触法は国内法であると考えられるようになった。その結果、抵触法は、その対象は国際的だがその法源（その根拠となる法規範）は国内的であると言われるようになったのである。

　だが、それでも当初は、抵触法は普遍的でなければ機能しないことが意識されており、各国抵触法の統一化に向けた作業が積極的に試みられた。日本も1904〔明治37〕年の第4回会議から参加したハーグ国際私法会議はそのような統一化

---

*3 現在の抵触法は、ドイツのサヴィニー（Friedrich Carl von Savigny）が『ローマ法体系第8巻』（1849年）で提唱した方法に一応依拠しており、「サヴィニー型抵触法体系」と言われる（ただし、サヴィニーが、キリスト教とローマ法を基盤とした国際的法的共同体の存在を前提に普遍的抵触法を提唱したのに対し、後述のように現在の抵触法はそのような前提を採用しておらず、国内法であると考えられている点が決定的に異なる）。それまでは、各法規の性質を分類し、それぞれについてその国際的適用範囲を画定する、「法規分類説」という別の体系が長らく主流だった。

の試みの1つであった。だが、二度の世界大戦により各国の抵触法を包括的に統一しようという試みは断念され、この会議は、現在ではその目標を個別事項に関する準拠法選択規則の統一化に限定している。また、学説上も、当初は抵触法の統一化を目指した解釈論や立法論が各国で提唱された。だが、戦後は、そのようないわゆる普遍的抵触法への希求は衰退し、現在では、抵触法が国内法であることを前提に、国内法秩序における他の法分野（たとえば民事手続法）との整合性を重視した解釈論や立法論が主流となっている。

[3] 抵触法における新たな目的設定の必要性

それでは、抵触法が各国間の調整という国際的な問題をその対象としていながら、その法源が国内法であるという1世紀以上も続く捩(ねじ)れた状態を、現在の抵触法学はどのように説明しているのだろうか。我が国における代表的教科書の1つは、準拠法選択につきこの点を以下のように説明する。「準拠法決定という方法で秩序を築こうとする場合、いずれの地で問題となろうとも、同一の問題には同一の準拠法が適用される必要がある。異なる内容の国際私法が各国に併存していたのでは、どの国際私法が適用されるかによって準拠法は異なることになり、ひとつの事案にはどこの国でも同じ法律が適用されるようにするという国際私法の目的が台無しになってしまうからである。ところが、…現実には、一部の例外を除き、国際私法は各国で内容が異なる国内法として存在している。このような根本的矛盾をはらんでいるのが今日の国際私法の姿なのである」（澤木＝道垣内・後掲5頁）。このような説明は、現在における抵触法の根本的問題点を明らかにしているものの、その解決策を示していない。すなわち、現在の抵触法は、その目指す目標を達成できる状態にないと正直に告白しているわけである。だが、それでは抵触法は本当に必要なのだろうか。このような問いが他分野の法学者から折に触れ提起されるようになっている。そこで、国内法である現在の抵触法は、自らの存在意義について、改めて正当化する必要に迫られている。

このような正当化の方法としては、2つの方向が考えられる。1つは、抵触法は一見国内法に見えるが、実は普遍的な法であって各国法はその不十分な反映に過ぎないとして、あるべき普遍的な抵触法を模索しそれを体現すべく解釈論・立法論を展開するという方向である。確かにこのような方向は、時代錯誤的・ユー

トピア的に感じられるが、我が国を含め各国でこのような方向を模索する研究者が現在でも少からず存在していることも確かである。もう1つは、抵触法が国内法であり各国間の調整を完全には実現できないとしても、それでも十分に存在意義はあるとして、新たな存在意義を設定することである。筆者は、この後者の方向を模索している。すなわち、国際的に活動する私人は、自らの行動を規律する規範について一定の予測を持っている筈であり、各国法秩序の多様性を尊重しつつそのような予測を尊重することで当事者の利益を保護することに、国内法である抵触法の存在意義を見出そうと考えている。

このように、私人の国際的活動を容易にするために各国間の調整が必要であることは殆ど自明であるにも拘らず、これを扱う法が国内法であることに抵触法学の根本的問題がある。

3 グローバル化への対応

抵触法の直面している根本的問題は、上述のような問題に限られるわけではない。経済・社会のグローバル化がますます進展するにつれて、以下のように、従来抵触法が採用していた前提が動揺し、新たな方法が模索されるようになっているのである。

抵触法は従来、法の抵触は国家法の間にしか生じないという考えに基づき、準拠法選択の対象を国家法に限定してきた。また、国家の組織・構成に関する公法と私人間の法律関係に関する私法との区別を前提とし、前者については国家の関心が高く国家主権と切り離せない分野であるため各国が自国法の適用を主張するのに対し、後者については国家の関心が低く国家主権に関らない分野であり、特定の国家とア・プリオリに結び付いているわけではなく関連する複数の国家のうちの1つを選択する必要がある、という考えに基づいて、準拠法選択の対象を私法に限定してきた。

けれども、経済・社会のグローバル化は、抵触法が前提としていた上述の考え方に対し大きな動揺を与えている。まず、現在では、国家に加え、一方ではEUといった超国家的秩序が競争法等の法規範を形成しており、他方では様々な私的団体がその活動領域毎に、商人法、インターネット法、スポーツ法といった非国

家「法」を国家横断的に形成している（グローバル法多元主義）。これらの規範は当該領域において国家法と同様またはそれ以上の実効性を有しており、その結果、法の抵触は国家間という水平関係だけではなく、国家法と地域的・国際的法規範との間や、国家法と非国家「法」との間でも生じ得ると言われるようになっている。また、近時、私人が外国国家に対して拷問等による人権侵害を理由に損害賠償を請求したり、投資企業が国際投資協定を理由に受入国が採用した社会・経済政策的な国家規制により損害を被ったとして国際投資仲裁を申し立てたりする等、私人と外国国家の間の紛争が増加するに伴い、公法と私法との区別は不明確なものとなり、国際法の対象事項と抵触法の対象事項との区別も次第に困難になっている。

　グローバル化がもたらすこうした新たな状況に対応するため、近時では、抵触法を、異なる様々な規範の抵触を調整するシステムであり、他の様々な手段と共にグローバル規模での経済・社会を規整する方法の1つとして捉え直した上で（「グローバル・ガヴァナンスのための抵触法」）、様々な法の抵触に対応した新たな調整方法を模索する、という動きが見られる。このように、抵触法は、グローバル化への対応という課題の下で大きく変容しようとしているのである。

4　学習ガイド・文献紹介

　以上、抵触法の基本的制度と根本的問題、そして近時の問題について簡単に紹介した。以下では、上述の問題意識を読者に共有して貰うべく、筆者の経験を踏まえ、抵触法の学び方についての一例を示そう。

[1] 出発点

　まず、道垣内正人『ポイント国際私法総論〔第2版〕』と『ポイント国際私法総論・各論』（有斐閣、2007年、2001年）および澤木敬郎＝道垣内正人『国際私法入門〔第8版〕』（有斐閣、2018年）と、石黒一憲『国際私法〔第2版〕』（新世社、2007年）および石黒一憲『国際民事訴訟法』（新世社、1996年）とを併せて熟読しよう。同じ抵触法学とは思えない程の内容の相違に読者は驚愕するに違いない。何故こんなにも違うのか。その驚きが抵触法を学ぶ上での出発点を提供

する。

［2］問題意識の共有

　最初の驚きを乗り越え、上述の著書を何度か熟読しているうちに、読者は次第に両者の共通点に気が付くことだろう。文体や、具体的妥当性と法的安定性とのバランスの取り方に関する両者の相違とは別に、両者が多くの問題意識を共有していることが次第に感じられるようになる。このような問題意識は何処からきたのだろうか。それは、彼らの前に立ちはだかっていた通説を検討する過程で生じたものに他ならない。そこで、読者は嘗ての通説を学ばねばならない。ここでは、池原季雄『国際私法（総論）』（有斐閣法律学全集、1973年）、山田鐐一『国際私法〔第3版〕』（有斐閣、2004年）、溜池良夫『国際私法講義〔第3版〕』（有斐閣、2005年）を挙げておこう。これらの文献を読むことにより、読者は、石黒・道垣内両教授の問題意識を共有することができるようになるだろう。

［3］展開

　今や読者は、通説を学び、石黒・道垣内両教授と問題意識を共有しており、抵触法を自ら勉強することができる段階に到達した。この先何をどのように学ぶかは、読者の関心次第である。

　上述の通説的見解の後、石黒・道垣内両教授とは別の学説上の発展はないのだろうかと考える読者もあるだろう。勿論ある。様々な見解があり、とても全てを挙げることはできないが、櫻田嘉章＝道垣内正人（編）『注釈国際私法（1）（2）』（有斐閣、2011年）や、日本国際経済法学会編『国際経済法講座Ⅱ／取引・財産・手続』（法律文化社、2012年）掲載の諸論文が、現在の議論状況につき全体的見取図を与えてくれることだろう。

　また、前述した抵触法の存在意義につき、普遍的な抵触法の存在という方向からの正当化に関心のある読者には、田中耕太郎『世界法の理論〔第2巻〕』（復刻版、新青出版、1998年）や、折茂豊『國際私法の統一性』（有斐閣、1955年）の一読を薦める。なお、折茂豊『国際私法講話』（有斐閣、1978年）は、香り高いユーモアが散りばめられた優れた入門書であり、併せて読んでみて欲しい。

　さらに、抵触法が直面している様々な現代的問題に取り組みたい者には、石黒

一憲教授の一連の著作、とりわけ、触れられていない問題がないという意味で一部の研究者に「悪魔の辞典」と呼ばれていた『現代国際私法［上］』（東大出版会、1986 年）と、準拠法選択と外国国家行為承認との関係について鋭い考察を加えた『国際私法と国際民事訴訟法との交錯』（有信堂、1988 年）に挑戦してみて欲しい。また、「3　グローバル化への対応」において扱った問題については、差し当たり、拙稿「グローバル化時代の抵触法」浅野有紀＝原田大樹＝藤谷武史＝横溝大『グローバル化と公法・私法関係の再編』（弘文堂・2015 年）109 頁、および、拙稿「グローバル法多元主義の下での抵触法」論究ジュリスト 23 号（2017 年）79 頁の一読を薦めておく。

[4] 結語

最後に、常に筆者の胸にある師匠の言葉を記して本章を終えよう。「家族法であろうと取引法であろうと、また通商法であろうと、そこに各国法の牴触がある限り、牴触法学の任務は、無限に広がってゆくのである」（石黒一憲『国際私法〔新版〕』〔有斐閣、1990 年〕427 頁）。本章を通じて読者が少しでも抵触法に興味を持ってくれることを期待して止まない。

第22章 情報法
「情報に対する権利」と情報環境の設計

九州大学准教授
成原　慧

1　情報法とは何か

　情報法は、情報のライフサイクル、すなわち、情報の生産・流通・処理ないし消費に関する法的問題を総合的・体系的に扱う法分野である（曽我部＝林＝栗田・後掲2頁以下、浜田純一「情報メディア法制――情報技術・社会の変動と法の変動」公法研究60号〔1998年〕31頁等参照）。20世紀後半から新聞や放送などマスメディアに関する法的問題を扱う「メディア法」と呼ばれる分野は形成されてきたし、1990年代後半以降はインターネットに関する法的問題を扱う「インターネット法」ないし「サイバー法」と呼ばれる分野も発展してきたが、情報法は、マスメディアやインターネットを含めた様々な媒体（メディア）における情報のライフサイクルに関する法的問題を横断的・包括的に扱う新たな法分野ということができる。

[1] 情報法の客体――情報とは何か？
　民法をはじめとする伝統的な法学が概して土地・建物や車など物理空間の一部を占める形のある物（有体物）を法・権利の客体として捉えてきたのに対して、情報法は情報というとらえどころのない対象を法・権利の客体としている。したがって、情報法を学ぶ上では、情報とは何なのか理解しておくことがまず必要となる。情報の例としては、文章、画像、映像、音声、コンピュータ・プログラム

などを挙げることができるが、情報を抽象的に定義するのは容易ではない。情報について扱う学問領域の中でも、数学者シャノン（Claude Elwood Shannon）の創始した情報理論のように、伝達される事象の生起確率に基づいて情報を量的に把握するアプローチもあれば、社会情報学のように、人間により理解・解釈可能な意味を有するパターン・形態（form）として情報を捉えるアプローチもあるなど、分野ごとの問題意識にしたがって情報の定義は異なっており、普遍的な定義があるわけではない[*1]。このように情報概念には多義性・多面性があるが、これまで情報法の客体としては、人間の知覚を通じて理解・解釈可能な意味を有する狭義の情報（意味論的情報）が念頭に置かれることが多かった（曽我部＝林＝栗田・後掲3頁等参照）。一方、コンピュータによる情報処理の拡大や今後の人工知能（AI）による情報処理の発展を見据え、人間による理解・解釈の可能性をいったん捨象したデータ（統語論的情報）を情報法の客体として扱う必要性も高まっている（林・後掲17-25頁等参照）。本稿では、さしあたり、両者を包含した情報（広義の情報）を情報法の客体として位置づけることにしたい。

　このように整理された情報を物と比較してみると、経済学的にみれば、有体物の多くが私的財であり、競合性と排除性を有しているのと異なり、情報は原則として公共財としての性質をもっている。公共財は、誰かが財を使っても他人が同じ財を使えなくなるわけでないという意味で競合性をもたず、他人が無断で財を使おうとするのを止めることができない（ないし困難である）という意味で排除性をもたない[*2]。たとえば、多くの人が同じ曲を聞いたとしても、その曲が減ってしまうわけではないし、何らかの手段により曲が保護されていなければ、曲を作者に無断で複製することも可能である。したがって、多くの人が情報を利用することにより社会全体の便益が増大しうる一方で、情報の利用にはタダ乗り（free ride）が可能であるため、社会に有用な情報が市場で十分に供給されないおそれがある。また、情報が公共財であることとも関連して、情報は複製が容易

[*1] クロード・E.シャノンほか（植松友彦訳）『通信の数学的理論』（ちくま学芸文庫、2009年）、西垣通「情報」北川高嗣ほか（編）『情報学事典』（弘文堂、2002年）436-437頁、吉田民人『社会情報学とその展開』（勁草書房、2013年）5章等参照。

[*2] 経済学における公共財の意味については、常木淳『公共経済学』（新世社、2002年）等を参照。

であることに加えて、いったん流通したら取り戻すことができないという性質も有している（林・後掲15頁等参照）。それゆえ、個人の私生活に関する情報などもいったん公表されると広く拡散され、記憶され続けてしまうおそれがある。したがって、一定の情報については、個人の人格的利益および財産的利益を保護する見地などから法による保護（事後の損害賠償・刑事罰のみならず、場合によっては事前の差止めを含む）が必要になる。もっとも、物が一般に民法上の所有権・占有の客体（民法85条、180条、206条）となるのに対して、情報は一定の限定された場合に知的財産として保護されたり、プライバシー・個人情報ないし秘密（通信の秘密、営業秘密、国家秘密）などとして保護されるに過ぎない。このことの背景には、先に見た情報の公共財性に加え、表現の自由と知る権利の保障を重視する見地から、情報の自由な流通を最大限尊重することが求められ、情報の保護は限定的な場面に留められるべきという思想を見出すことができよう。

[2] 情報法の主体——誰が情報の流通をコントロールするのか？

　それでは、情報法の主体としては誰が想定されてきたのだろうか。従来のメディア法において中心的な主体として想定されてきたのは、マスメディア（法人）とそれを担うジャーナリスト（専門職）である。すなわち、新聞や放送などマスメディアは、多種多様な情報を取材し、編集した上で、不特定多数の受け手に発信する役割を果たしてきた。一方、一般の個人は概して情報を受領・消費する受け手の地位に置かれてきた。このような背景の下、マスメディアは、報道機関として国民の「知る権利」に奉仕するために、報道の自由が保障され、その前提となる取材の自由も十分尊重されるべきであると解されてきた（最大決昭和44・11・26刑集23巻11号1490頁［博多駅フィルム提出事件］）。

　一方、今日の情報法においては、インターネットの発展・普及などにより、マスメディアに加えて、一般の個人（アマチュア）も情報の生産等の主体として復権しつつある。だが、インターネット上でも個人は独力で情報を発信したり収集することは困難であり、情報流通の媒介者（通信キャリア、プロバイダ、ソーシャルメディア、検索事業者など）の力を借りて情報の発信や収集を行うことが可能になっている。媒介者は、インターネット上の情報流通を媒介し、人々の情報の発信や収集を支援するとともに、コントロールする役割を果たしている。たと

えば、Googleなど検索事業者による検索結果の提供について、最高裁は、「検索事業者自身による表現行為という側面を有する」と述べる一方で、「公衆が、インターネット上に情報を発信したり、インターネット上の膨大な量の情報の中から必要なものを入手したりすることを支援するものであり、現代社会においてインターネット上の情報流通の基盤として大きな役割を果たしている」とも述べ、ある種の媒介者としての役割も評価している（最3小決平成29・1・31民集71巻1号63頁）。このような多様な媒介者の役割を踏まえ、国家も媒介者を通じて個人の行動を間接的に規制する方法を慎重に模索するようになっている（代理人による検閲、ゲートキーパー規制、共同規制など）。関連して、「プラットフォーム」という概念が用いられることも多くなっている。プラットフォームは、商品・コンテンツ等の提供者と利用者とを仲介する主体である。プラットフォームを介して、アプリの提供者の市場と利用者の市場のように、二面市場が形成され、間接的ネットワーク効果が生じることにより、いったん市場支配的地位を有したプラットフォームは、競合事業者よりも圧倒的に有利となり、独占を生みやすいという問題が指摘されている（曽我部＝林＝栗田・後掲4章1節等参照）。特に、GAFA（Google, Apple, Facebook, Amazon）と呼ばれる米国の巨大プラットフォーム企業は、情報流通のボトルネックとして世界的な大きな権力を握るようになっており、プラットフォームに対する国家の介入のあり方が議論されるようになっている。

[3] 情報法の方法——情報法の学際性・領域横断性

情報法は学際的性格を有している。法学の中だけみても、たとえば、憲法で保障された表現の自由・知る権利（21条）とプライバシー権（13条）は、情報に対する権利の典型とされてきた。行政法でも、憲法上の情報に関する権利・制度を具体化する見地から、個人情報保護、情報公開、公文書管理、通信・放送など情報に関する制度が定められてきた。民法では、不法行為法や人格権により名誉・プライバシーが保護されてきた（709条、710条、723条等）。刑法でも、わいせつ（175条）や名誉毀損（230条）など一定の情報の発信等が処罰されるとともに、一定の範囲で秘密（133条、134条）およびセキュリティ（168条の2、234条の2等）の保護が図られてきた。そして、知的財産法は、著作権など、情

報に対する権利（財産権）のモデルを情報法に提供してきた。また、最近では独占禁止法をはじめとする経済法もプラットフォームを規律する手法として注目を集めている。

　また、法学以外の学問に目を向けても、たとえば、情報財やネットワーク効果に関する経済学の知見、メディアやコミュニケーションに関する社会学の知見、セキュリティや暗号などに関する情報科学の知見は、情報に関する法的問題に対処する上で多くの有用なツールと示唆を提供してくれている。このような学際的・分野横断的なアプローチが可能な点も、情報法の大きな魅力となっている。

2　「情報に対する権利」と情報環境の設計

　それでは、情報に関するさまざまな法的問題にどのように対処していけば良いのであろうか。その際に手がかりとなるのが「情報に対する権利」と情報環境の設計という視点である。

[1]「情報に対する権利」とは何か？
　情報法の基本原理として提唱され、参照されてきたのが、「情報に対する権利」である。「情報に対する権利」とは、「情報動物」である人間が「自己の情報環境を主体的に形成していく権利」であるとされる。情報に対する権利の内容には、①情報を受け取る権利（知る権利等に対応）、②情報を提供する権利（表現の自由に対応）、③情報を提供しない権利（プライバシー権に対応）、④〈ユニバーサル・サービス〉の実現（情報が自由で豊かに流通する情報通信基盤の整備）を求める権利が含まれるとされる。この概念の提唱者において、「情報に対する権利」は、情報法のカテゴリーの中心に置かれるべき原理、あるいは、情報に対する各種の具体的な権利の背景ないし基礎に置かれる理念的なメタ・レベルの権利として位置づけられている。そして、「情報に対する権利」という概念を提起することにより、情報に関する様々な権利の共通の基盤を確認し、総合的に把握する認識上の利益に加え、情報ないし情報環境に対する個人の主体的・能動的な取組の重要性・可能性を強調する戦略的意義などが期待されている（浜田・前掲39頁以下）。この概念が提唱された1990年代後半は、日本でもインターネットの普及

が進み始めた時期であり、インターネット法を含む情報法の存在意義が高まりはじめていたところ、「情報に対する権利」には、従来のメディア法における「知る権利」に相当するような、情報法という新たな法分野の指針となる理念としての役割が期待されていたといえよう。

[2] 情報法の基本理念

　一方、最近では、「情報に対する権利」の要素とされる内容を①自由かつ多様な情報流通の確保、②情報の保護、③ユニバーサル・サービスの実現の3点に整理して、「情報法の基本理念」として再構成する見解も有力になっている。この見解によれば、①については、公権力からの自由の確保のみならず、国家の積極的措置による自由かつ多様な情報流通の確保も求められる。②については、秘密の保護（伝統的プライバシー権、営業秘密、国家秘密等）のみならず、他者に提供・公開した情報に対する一定のコントロール（自己情報コントロール権、著作権等）も含まれる。もっとも、情報の自由な流通が原則（デフォルト）であり、個別に保護の正当性がある場合に限って情報の保護が認められる。③については、伝統的な通信・放送における地理的なユニバーサル・サービスの実現（郵便法1条、放送法1条1号、15条、電気通信事業法7条、25条、106条以下等）のみならず、インターネットに関するデジタル・デバイドの解消（IT基本法8条）等も含まれるとされる（曽我部＝林＝栗田・後掲9-12頁〔ただし、権利の具体例等は若干修正している。〕）。この見解は、情報法の基本理念に、個人の権利の保障のみならず、制度・客観法の保障に相当する側面が含まれることを明確にする意義を有するとともに、立法・政策による基本理念の実現を重視する志向をもっているものと思われる。

[3] 情報環境の設計

　情報法の基本理念の制度・客観法志向も示唆しているように、大量の情報・データが流通し処理されるようになっている現代社会において個人による権利の主張・行使には限界があり、個人の権利・自由を支える情報環境の設計も重要になっている。たとえば、プライバシー権の現代的展開として自己情報コントロール権が提唱されるようになって久しいが、大量の個人情報が流通・処理される今日

の情報環境において、個人は認知限界もあり自らの情報を実効的にコントロールすることは困難になっており、個人のプライバシーを実効的に保護するための構造の設計が求められるようになっている（山本龍彦『プライバシーの権利を考える』〔信山社、2017 年〕等参照）。今日において私たちの情報環境のあり方を規定する上で大きな役割を果たすようになっているのが、何らかの主体の行為を制約し、または可能にする物理的・技術的構造、すなわち「アーキテクチャ」である（レッシグ・後掲、成原・後掲参照）。今日では、インターネット上を中心に、アーキテクチャの設計を通じて個人の自由が制限されたり、あるいは、個人の権利が保護されるようになっている。たとえば、世界的にスマホやウェブサイトなど製品・サービスのデザインによる消費者のプライバシーの保護が図られるようになっている（プライバシー・バイ・デザイン）。また、「ナッジ」と呼ばれる、個人の選択の環境を構成する「選択アーキテクチャ」の設計により、個人の選択の自由を尊重しつつ当人の福利の改善を支援する試みもインターネット上のサービスをはじめ広く行われるようになっている（サンスティーン・後掲等参照）。このようにアーキテクチャが権利の保護または制約の上で大きな役割を果たすようになっている中で、法は、アーキテクチャの設計のあり方について枠組みを定める役割、いわば「設計の設計」という役割を果たすことが期待されるだろう（成原慧「アーキテクチャの設計と自由の再構築」松尾編・後掲所収参照）。

[4] 情報環境をめぐる闘争：「情報に対する権利」の復権

しかしながら、情報法の基本原理を「情報に対する権利」という形で、個人をはじめとする主体の権利として構成することには、今日でもなおやはり一定の意義があるように思われる。というのも、国境を越えて国、プラットフォーム企業、個人などさまざまな主体の間で、情報をめぐる闘争、あるいは情報環境の形成のための闘争が激しく行われるようになっている中で、個人をはじめとする主体が情報および情報環境について、自らの権利を主張し、他者との間で闘争したり、議論しながら、着地点を探っていくというプロセスが、情報社会の秩序形成において改めて重要になっていると思われるからである[*3]。たとえば、プライバシー・バイ・デザインにおいて参照されるべきプライバシーの内容および水準にしても、予め決まっているわけではなく、それはプライバシー権（と表現の自

由など対抗する権利利益）に対する人々の闘争を通じて生み出され、変化していくものであろう。また、米国のネットワーク中立性に関する規制・政策の変遷も示唆しているように、実現されるべきユニバーサル・サービスのあり方は、予め客観的に決められているものではなく、事業者や利用者らによる「情報に対する権利のための闘争」を通じて形成されていく側面がある[*4]。そして、昨今の日本で大きな問題となっている海賊版サイトに対するブロッキング問題をめぐる論争についても、著作権保護の実効性強化を求める出版社サイドと、通信の秘密の保障を通じてインターネット上のプライバシーや表現の自由を確保していこうとする通信事業者やネット利用者との間の闘争を通じて、情報環境のあり方が問い直されようとしているプロセスとして捉えることもできよう[*5]。たしかに今日の複雑化し高度化している情報環境を個人が独力で形成することはできず、情報環境のあり方について民主的に議論し、設計していくことは重要になっている。しかし、そうであるからこそ、一人一人の個人が、情報環境を守り、あるいは、問い直し、脱構築し、ハックすることなどを通じて、情報環境の形成に主体的に関与していく権利を有することを改めて確認しておくことの意義は大きいように思われる（成原・前掲論文等参照）。

3　IoT・ビッグデータ・AI 時代にける情報法のアイデンティティの問い直し

　IoT（モノのインターネット）などにより社会生活のあらゆる場面においてデータが収集され、集積された大量のデータ（ビッグデータ）が AI により分析され、さまざまな領域で活用されることにより、人々と社会に大きな便益がもたらされることが期待されている。反面で、ビッグデータの収集・分析によるプライ

[*3] 放送の自由を支える社会環境として「権利のための闘争」の意義を説くものとして、浜田純一「『放送の自由と規制』論は越えられるか？」メディア法研究創刊 1 号（2018 年）141-143 頁参照。
[*4] ネットワーク中立性につき、実積寿也「ネット中立性規制 Ver. 4 へ――ネットワーク中立性 3.0 の世界」情報法制研究 3 号（2018 年）29 頁以下等参照。
[*5] 海賊版サイトのブロッキング問題については、成原慧「海賊版サイトのブロッキングをめぐる法的問題」法学教室 453 号（2018 年）45 頁以下参照。

バシー等の人権の侵害のリスクなども懸念されている。たとえば、AIを用いたプロファイリングにより、個人の内面が推測されたり、将来の行動が予測されることにより、プライバシー権が侵害されるのみならず、思想・信条に基づいて不当に差別されたり、意思決定の環境が操作されることにより個人の自律が侵害されるのではないかという懸念も生じている（弥永＝宍戸（編）・後掲等参照）。

[1] データをめぐる闘争の拡大

AI はデータから学習することにより自らの出力・機能を変化させる可能性があるため、開発者が予見・統御することが不可能ないし困難なリスクが生じるおそれがある。すなわち、AIを賢く成長させるか、暴走させてしまうかは、かなりの程度、AIに与えるデータの質によって左右されることになる。したがって、AIのアルゴリズム等を設計する開発者のみならず、AIにデータを与えて学習させる利用者も、AIのリスクについて一定の責任を問われることになるだろう。ところで、AIの学習に用いられるデータの中には、個人情報として保護されるデータや知的財産として保護されるデータが含まれる一方で、データの利用・流通の中には表現の自由として保障されるべきものも含まれうるだろう。このようなデータに対するさまざまな権利をいかに調整していくべきなのかも、AIとそれを実装したロボットや自動走行車の発展を促していく上で避けて通れない課題となるだろう。

[2] 情報空間と物理空間の融合

IoT・ビッグデータ・AIがもたらす根本的な変化は、情報空間と物理空間の融合であろう。2つの空間の融合により、たとえば、自動走行車へのサイバー攻撃といった、情報セキュリティの侵害による現実世界における生命・身体の安全のリスクといった新たな問題が生じるおそれがある。情報空間と物理空間の融合に伴い、情報法も自らの存在意義と方法論について見直しを迫られようとしている。たとえば、これまで表現の自由や通信の秘密などに基づき「自由」を重視してきた情報空間の論理と、各種の業法や製造物責任法などに基づき「安全」を重視してきた物理空間の論理との衝突をいかに調整するかが問われることになるだろう（AIネットワーク化検討会議「報告書2016　AIネットワーク化の影響と

リスク」〔2016 年〕57-58 頁等参照）。このように、2 つの空間の融合に伴って、情報法の知見が現実世界のさまざまな分野に応用されようとしているとともに、情報法のアイデンティティ（そして物理空間を念頭に形成されてきた伝統的な法学のアイデンティティ）が改めて鋭く問い直されようとしているのだ。

4　学習ガイド・文献紹介

[1] 入門書

　学際的な法分野である情報法には、隣接分野の研究者や実務家の書いた本が魅力的な入門書となることも少なくない。ここでは、インターネットやクリエイティブ分野で活躍する若手弁護士が法にデザイン思考を取り入れた「リーガルデザイン」という方法を提示する、水野祐『法のデザイン——創造性とイノベーションは法によって加速する』（フィルムアート社、2017 年）、情報技術が提起する問題に取り組んできた法哲学者が自由と監視のあり方について究極の選択肢を突きつける、大屋雄裕『自由か、さもなくば幸福か？——二一世紀の〈あり得べき社会〉を問う』（筑摩選書、2014 年）の 2 冊を挙げておきたい。

[2] 教科書・判例集

　情報法は発展途上の法分野であり、教科書の数はそれほど多くはないが、近年では情報法の全体像を体系的に概観することのできる良質な教科書が現れてきている。中でも、曽我部真裕＝林秀弥＝栗田昌裕『情報法概説』（弘文堂、2015 年）は、情報流通を支える媒介者＝プラットフォームの役割と責任に着目して、情報法に関するさまざまな問題を体系的に説明しており、1 冊目に読むべき教科書として勧めたい。情報法の最先端の応用分野でもある AI・ロボット法の教科書としては、弥永真生＝宍戸常寿（編）『ロボット・AI と法——ロボット・AI 時代の法はどうなる』（有斐閣、2018 年）を挙げておく。

　変化の激しい情報法の領域においては判例の学習も重要となる。長谷部恭男＝山口いつ子＝宍戸常寿（編）『メディア判例百選〔第 2 版〕』（有斐閣、2018 年）と宍戸常寿（編）『新・判例ガイドブック情報法』（日本評論社、2018 年）は、情報法を学ぶ上で必携の書だろう。

[3] 専門書

　情報法について専門的に研究したり、深く学んでみたいと思った学生には、インターネット上の「アーキテクチャによる規制」が有する問題を主題化した、ローレンス・レッシグ（山形浩生訳）『CODE VERSION 2.0』（翔泳社、2007年）、ビッグデータ時代におけるナッジの意義と課題について論じた、キャス・サンスティーン（伊達尚美訳）『選択しないという選択——ビッグデータで変わる「自由」のかたち』（勁草書房、2017年）、情報の自由・規制・保護という視点から情報法のあり方を体系的に検討した、山口いつ子『情報法の構造——情報の自由・規制・保護』（東京大学出版会、2010年）、法と経済学的なアプローチを参照しつつ情報法の方法論をリーガル・マインドの形で示そうと試みる、林紘一郎『情報法のリーガル・マインド』（勁草書房、2017年）、アーキテクチャに関する法的問題について法哲学、憲法、民事法、刑事法、情報法など多様な分野の法学者が参加して検討した論文集である、松尾陽（編）『アーキテクチャと法——法学のアーキテクチュアルな転回？』（弘文堂、2017年）、EUを中心に情報法分野などで採用されるようになっている共同規制という新たな規制手法の可能性と課題を検討した、生貝直人『情報社会と共同規制——インターネット政策の国際比較制度研究』（勁草書房、2011年）、アーキテクチャによる規制に着目してインターネット上の表現の自由に関する問題にアプローチする、成原慧『表現の自由とアーキテクチャ——情報社会における自由と規制の再構成』（勁草書房、2016年）を読み比べることを勧めたい。

海外留学よもやま話❹

[イギリス]
来た、見た、学んだロンドン

日英憲法セミナー。リバプール大学で報告をしたときの一枚

立正大学教授
岩切大地

1 はじめに

　私は2018年度に在外研究の機会を得て、ロンドンにあるLSE（London School of Economics and Political Science）という大学に客員研究員（visiting fellow）として滞在している。研究目的は、イギリス憲法における司法権のあり方、とりわけ人権法（Human Rights Act 1998）という法律に基づく違憲審査制に似たようなしくみを分析することだ。

　滞在期間は、2018年度の1年間の予定だ。この原稿を執筆しているのは2018年11月なので、まだ滞在期間の1/3を残している。これまでの時間もあっという間に過ぎ、まさにロンドンに「来た、見た」という感覚のままである。まだ「在外研究とは、留学とは」を語るには早いようにも思うが、現段階までに望むらくは「学んだ」であろうことを綴ってみたい。

2 大学の紹介

　LSEは、直訳すれば「ロンドン経済学政治学学校」という名称になろうが、ロンドン大学を構成する諸大学（カレッジ）の1つだ。名称こそ、経済学や政治学を看板に掲げているが、これら分野を教える学部以外にも非常にたくさんの学部（デパートメント）がLSEの中に設置されており、法学部もその1つである。憲法学の分野でいえば、現在のイギリス憲法学の大きな論点の1つである「政治的憲法論」を提唱したグリフィス（J. A. G. Griffith）という学者はLSE法学部の教授だった。

さて、この大学、1895年にフェビアン協会のウェッブ夫妻、グラハム・ウォラス、ジョージ・バーナード・ショウによって設立され、1902年にはロンドン大学に加わった……等々という歴史はLSEのウェブサイトやウィキペディアなどに書いてあるからそちらをご覧いただければと思う。肌感覚的なところから言えば、ロンドンはオルドウィッチという場所に、漸次買い足していったからか校舎が乱立しており、街と大学との境界のようなものも特にない。ちょうど王立裁判所の真裏にあるので、学生、スーツ姿の人、法曹関係者そして時にはマスコミ関係者と思しき多様な人たちが周辺を行き交う、非常に忙しい雰囲気のエリアに所在している。ロンドンの中心にあり、西に足を延ばせばコベント・ガーデンやトラファルガー広場といった主要観光スポットに行き着き、北に行けばラッセル・スクエアやロンドン大学本部などの文教地区があり、東は歴史とビジネスに象徴されるシティと接しており、すぐ南のテムズ川を渡れば、コンサートホールなどの文化施設にアクセスできる、そんな場所に位置している。ロンドンらしい、非常に活気とバイタリティにあふれた場所である。

3　在外研究とは

　私が今イギリスでやっているのは、厳密には「留学」ではない。大学には一般にサバティカルという制度があり、そしてありがたいことに私の所属する立正大学では教員向けに「在外研究」という制度があって、私は今回この制度を利用させていただいている。研修のために海外出張を命ぜられているという形だ。そして他方で受入大学では「客員研究員」という立場での身分証を発行してもらっている。客員研究員とは何かは受入先との契約にもよるが、私の場合は教育等に関わる義務などは一切なく、しかし図書館や研究スペースを自由に使ってよいことになっている。そして、頻繁に開催される学内の研究会の開催通知には、私のメールも含めて一斉通知してもらっている。

　したがって、私がどのような立場にあるかというと、勉強のために海外に出たという広い意味では「留学」と言えるのかもしれないが、しかし学位取得のために大学でサバイブするという意味での「留学」ではない。

　ちなみに、イギリスの出入国管理法制で言えば、私は「アカデミック・ビジター」である。この地位は、まさに大学のサバティカルのためのもので、滞在

の上限が1年間、収入を得ることの禁止や公的給付の受給の禁止などの厳しい条件が課される。煩雑かつ高額かつ不親切で悪名高いイギリスのビザ発行手続の中にあっても、条件の厳格さのゆえにか、このビザに関しては、比較的にすんなり、低ストレスかつ低額で取得が可能だった（ビザ取得に当たっては、日本の同僚からの口コミ情報や、在外経験のある研究者が書いたいくつかのブログが大変参考になった。この場を借りて深くお礼申し上げる）。

4　イギリスの大学

　さて、このようないわば「お気楽」な「外的視点」からイギリスの大学を眺めてみると、簡単に言えば忙しくなさそうで、でも実際は忙しそう、というのが感想である。

　忙しくなさそうというのは、日本の大学が前期と後期とでそれぞれ15週の授業日を確保しなければならなくなっているのとはまったく異なり、イギリスの大学ではとかく休みが多いという印象による。私がイギリスに到着したのは今年の4月だったが、その際にはLSEはイースターで休みだった（そのため、身分証の取得などには大いに時間がかかった）。5月に入ってようやく学期が始まったかと思いきや、その学期（サマー・ターム）は1か月ほどで終わってしまい、しかもやっているのは期末試験なのであった。6月からは夏休みに入り、この長期休暇は9月いっぱいまで続く。10月に本格的な学期（マイケルマス・ターム）が始まるが、途中で1週間の「読書週間」という休みを経たのち、12月頭にその学期は終わってしまうことになる。その後、1月に再度学期が始まり（レント・ターム）、これが3月いっぱいまで続く。授業をやっている期間は、だいたい日が沈むのが早くなる頃だ、という印象である（イギリスの日の長さは夏と冬とで大違いである）。

　もちろん、実際は忙しそうである。冬の2つの学期はそれぞれ11週間の長さがあり、そしていざ学期が始まると、大学の敷地内の活気がガラッと変わる。教員たちの服装もパリッとしたものとなり、話し方もどこかしら興奮している。学期期間中はスタッフ・セミナーもほぼ毎週開催され、教員たちが全力投球をしている様子が伺える。学期期間中は、校舎内も周辺敷地も目を輝かせた学生たちであふれかえり、大学全体がいきいきとした独特の雰囲気を帯びて

いる。

　第2に、講義自体は各回1時間程度ではあるが、毎回学生に課される課題が大量である。学部1年生の授業であっても、各回に割り当てられるリーディング・リストはなかなかに膨大で、しかもしばしば本格的な研究論文が指定される（このことは、図書館が多くの文献へのオンラインアクセスを確保していることと対応している）。

5　イギリスで研究することの意味

国会見学にて
マンスフィールド卿が筆者との写真撮影に応じてくれました

　さて、イギリスで研究することには、少なくとも2つの意義があるとこれまでに感じた。第1に、当地の研究の「ノリ」ともいうべきもの、換言すれば、文献からは見えてこない、研究者個々人および社会全体の、感情・感覚的な背景や思考の基本的傾向のようなものを直接に見聞することができるというものである。もちろん、このような「ノリ」の理解は、文献のテクスト解釈を左右するほどのものでもないだろうし、ましてやそれがなければ文献テクストの正しい解釈ができないというものではまったくない。ただ、何となく議論の「相場」のようなものへの導きの1つにはなるように思われる。私個人としては、このことは比較法研究における距離の置き方と距離感の持ち方といった方法論的な側面について示唆的だったように思う。

　このことに関連して、こちらで開催される研究会では、とにかく発表者も参加者もよくしゃべる、というのが強い印象として残った。研究発表のための時間はある程度一応は確保されつつも、あとは参加者との討論で時間が過ぎていく。レジュメに沿った丁寧な説明を報告から聞くことよりも、むしろ報告外のオーラル・コミュニケーションを楽しむことに比重が置かれているように思われた。私にとっては、しゃべらなければハバーマスのいうような対話的理性が生じない、存在しない、という切迫感を覚えさせるに十分だった。

　もう1つの在外研究の意義は、──個人的にはこれが最大の意義だったが──国際的な法学研究の場を見ることができるということにある。ロンドンに来て改めて痛感したことであるがこの街が国際都市であるだけに、イギリス法

研究というよりは国際的な法学の拠点になっている。世界中の研究者が、第1言語以外のものとしての英語を共通語として集い、そこには「○○法の伝授を乞う」という前提とは違った学問的探究の場が存在していた。"御一新"以来の「準拠国」思考に囚われていた身には、新鮮な発想であった。

6　海外という経験

　外国に1年間住むということは、日本では決して経験することのないことを経験できるという意味でも、大いに勉強になるものだと実感している。このことは研究面にだけ関わるものではない。むしろ、日常生活のすべてが比較研究に通ずると言うべきか（パブで飲むことも研究です！）。しかし時には信じられないことも発生し、翻ってそれらの信じられない事柄が、私が常識と思っていたことを崩していく。

　たとえば人種差別の問題がある。ロンドンのように、毎日必ずどこかで英語以外の言語が聞こえるような高度に国際化された街であっても、人種差別は存在する。多分、私が「これは差別だ」と認識するような事例以外にも、何らかの形で存在している。面と向かって「バイキン」呼ばわりされたのはごく例外的な事故だったが、このような極端なレイシズムではなく別の方向からも、たとえばいかにも気位の高そうな年配のご婦人が外国人に応対する仕草の中に蔑みの要素が感じられることもしばしばである。そんなとき、「身分的な生まれながらの権利」論と「無知のベール」の根源的な対立を見たような気分になってちょっとした絶望感に苛まれたりする。身分制や奴隷制も過去の話ではなく、上流階級的な価値の単一性の保持という理念と動態的で活力をもたらす多様性の拡大という理念との相克が表れているようにも思えた。そしてその時逆に思い知らされたのが、私がいかに日本においてこのような問題について無頓着ないし無感覚でいたかということである。結局のところ、普段呑気な憲法研究者にとって意味のある刺激だったのだろう。

　また、英語の問題がある。日本では「外国人的」な顔をした人は日本語を話さないという推定が一般に妥当しているように思われるが、しかしこちらイギリスでは、すべての人は当然に英語を話すものという前提が支配的である。その際、母語以外として話しているかどうかに容赦はない。これを英語帝国主義

と呼んでもよいだろうが、しかしこれが事実である。そしてしゃべらなければ理性がない。みんなが判例・論文のような言葉遣いや、BBC のような発音をしてくれるわけではない。これらのことは翻って、自分の思考の言語がどのような傾向を持つのかについて、そして比較法研究の方法について自省を促すきっかけになった。（なお、この帝国主義を実は大きく支えているものが EU だという指摘がある。EU はその統治機構も市民も率先して英語を話してきたからである。だというのに、イギリスはそれでも離脱するのだという。この側面だけでみれば、甘やかされた放蕩息子がそのまま家を去るようにも見える。）

　ブレグジット——やはりこれに触れないわけにはいかないだろう。2018 年度という年にイギリスに滞在しブレグジットのドタバタをすぐ近くで起こっている問題として眺めることは、憲法を専攻する者としては非常に幸運なことであった。部外者から見たとき、政治的混乱と経済的予測不可能性などなどの、かくも大きなコストを払ってもなおこれを上回る利益があるようには思われない。離脱派、とりわけ決して責任を取ろうとしたことのない離脱派の政治家たちは、自分たちを経済的得失の判断から超越させてくれる政治的主権の至上性に恍惚としてしまっているだけのように見える。ある憲法学者が「グローバルとは金持ちの世界のものである」と言っていたが、主権による「支配からの自由」の形成を実現する契機としてブレグジットを支持する感覚があるのかもしれない。とはいえ、実践的な柔軟性を誇っていたイギリス政治はどうなっていくのだろうかと、勝手に心配してしまう。他方で、実は一連の出来事は、いかに困難な問題に直面してもイギリス憲法はかくも強靭なのだということを示すためのキャンペーン的実験なのかもしれない。テレビ番組がブレグジットを面白おかしく茶化す番組を流したと思えば、一般市民が政治家も交えて議論で対決しあう様子もそのすぐ後に放送しているところを見ると、何とかなるのかもしれないという気もしてくる。

＊　　＊　　＊

　……と以上徒然に書いてみたが、読み返してみるに、我ながらどこかしらおセンチないしナイーブな文章だと思わないでもない。もしかするとそんな気分になるのが在外研究の効用かもしれないということで、現段階でのご報告とさせていただきたいと思う。　　　　　　　　（カフェ・ネロ、イズリントン店にて）

◆事項索引

あ

アーキテクチャ	267/271
RPA（Robotic Process Automation）	71
IoT	70/268/269
ICT（情報通信技術）	72/74/76
相対交渉	105
悪法	144
浅田訴訟	83/85/86
悪しき法	146
EU裁判所	173
違憲審査（憲法適合性審査）	171
違憲審査制	7/9/10/272
一般法	14/15/23/124
一般予防	128
移動の自由	30
違法収集証拠排除法則	114
入口支援	120
医療審判制度	130
インセンティブ	225/226
インターネット	261/263/266/270
インタビュー調査	159/160
疑わしきは被告人の利益に（in dubio pro reo）	115/121
運送契約	95/96/97
運送法	95
運動法学	68
ADR	105
エクイティ	178/179/181/182/185
エスノグラフィー	159/160
MNO	222
LSE（London School of Economics and Political Science）	272/274
LL.M（Master of Laws）コース	190/192
応報刑論	128/129/130
オフショア諸国	184/185

か

GAFA（Google/Apple/Facebook/Amazon）	213/227/264
悔悟	33
外国国家行為承認	253/260
外国判決承認	254/255
介護保険	78/81/82/83/84/85
介護保険優先原則	81/82/83/85
解釈法学	68
会社法	92
海商法	95
外部性	209
外貌障害	87
外来種	244/247
学生無年金障害者訴訟	86/87
学説継受	165
過失責任主義	68
課税繰延（tax deferral）	217
課税の中立性	209
課税要件法定主義	210
課税要件明確主義	210/211
風の谷のナウシカ	244
家庭裁判所先議主義	127
家庭裁判所調査官	126/127/132
株式会社	92/93
紙の上の法	155
カルテル	220
環境アセスメント	242
環境税	243
環境法	136/239-249
環境倫理学	240
監禁罪	30
慣習国際法	38
慣習法	40/167/168
間接規制	212
カント主義	150/151
議員立法	86
企業別組合	73
企業法説	91
期限の利益の放棄	19
記号（signifiant）	106
規制的手法	242
起訴裁量主義（起訴便宜主義）	126
規範	146
既判力	112
器物損壊罪	31
キメラ	29
欺罔行為者	16
客観主義	151
給付行政	79

強行規定	63/68
共産主義	180
強制	147
行政行為	63/64
行政裁判所	172
行政処分	63/64
強制捜査	119
共存の国際法	41/43/44
共同訴訟人独立の原則	110
京都議定書	42/43
業法	269
協力の国際法	41/42/43/44
規律密度	44/45/46
緊急事態	60
金銭的インセンティブ	212
金銭的ディスインセンティブ	212
金銭の時間的価値	208
近代国際社会	40
近代国際法	40/41
近代的(立憲的)意味の憲法	4/5/8/9
虞犯少年	125
グローバル法多元主義	258
経営統合	219/220/221
計画免責	199
経験科学	155/156/162
経済的手法	243
形式的意義の商法	90/91
形式的意義の民事訴訟	102
形式的意味の憲法	4/5/7/9
形而上学	145
携帯電話	222/223/226
啓蒙思想	8
契約自由の原則	68
結果債務	97
欠缺	45
言語	106
検察官先議主義	127
原産地呼称	137
現実(signifie)	106
現実に作動している法	155
顕示的消費	230/231
原状回復	168
原子力	179/186/187/188/244/245
原子力損害補完補償条約(CSC)	188
建造物侵入罪	31

検断沙汰	123
憲法院	171/172/173/174/175
憲法適合性(合憲性)の優先問題(QPC)	171/172/173/174/175
憲法ブロック	171
権利の選択説	149
権利のための闘争	268
権利保護説	104
権力留保説	63/64
故意	16/33
行為規範	109
行為責任	126
公益	56/57/58
公害	248
公開会社	92
後悔しない政策(no regrets policy)	241
公害問題	243
公共財	262
公共の福祉	56
合憲限定解釈	176
公証人	167
控除説	56
公序良俗	63
硬性憲法	6/7/9/10
更生手続	199
公正取引委員会(公取委)	219/221/222
交通犯罪	27
行動経済学	215
公判前整理手続	120
幸福追求権	79
合法性の原則	210
功利主義	150/151/152
合理的期待説	20
国際原子力機関(IAEA)	187
国際裁判管轄	252/253/254/255
国際社会の共通利益	42/43/44
国際人権法	133
国際組織	42
国際的訴訟競合	255
国際法	36-47
国民主権	57
国務院	171/172/173/174/175
個人情報	263/264/269
個人の尊重	79
国家管轄権理論	252

コモン・ロー (Common Law)…165/178/179/181
コロンビア大学ロースクール …………191/192

さ

債権者平等原則……………………………202
債権者平等説………………………………198/203
最高法規……………………………………6/7/9/10
財産価値最大化説…………………………198/203
再使用（reuse）……………………………243
再審…………………………………………110
再生手続……………………………………199
サイバー攻撃………………………………269
裁判…………………………………………102
裁判員制度…………………………………120
裁判外紛争解決手続………………………105
裁判法学……………………………………68
再分配………………………………………209
再利用（recycle）…………………………243
裁量事項（domaine reserve）……………255
詐欺罪………………………………………32
差押え………………………………17/18/19/20/21/23
殺人罪………………………………………25/28/29/33
ザル法………………………………………155
産業革命……………………………………68/70
参審制………………………………………180/181
自衛権………………………………………45/47
J.D. コース…………………………………212
私益…………………………………………57/58/62/63
死刑…………………………………………26
自己情報コントロール権…………………266
自己の意思…………………………………33
自主規制……………………………………236
市場の失敗…………………………………209
慈善…………………………………………147
自然権………………………………………8
自然実験……………………………………161
自然状態……………………………………7
自然法則……………………………………145/149
自然法論……………………………………145/146
時代精神……………………………………231
実験…………………………………………159/160
実験室実験…………………………………161
執行…………………………………………147

実質的意義の商法…………………………91
実質的意義の民事訴訟……………………102
実質的意味の憲法…………………………4/5
実質的正義…………………………………178
実証主義……………………………………255
実体法………………103/124/163/193/198/204/207/209
実定法………………………………………145/153
質問紙調査…………………………………159
自働債権……………………………………17/18/19/20
支払手段……………………………………96
Civil Law……………………………………165
司法取引……………………………………120
資本等取引…………………………………213
市民革命……………………………………8
市民法………………………………………68/78
ジャーナリスト……………………………263
シャウプ勧告………………………………208/209
社会科学……………………………………156/161/162/216
社会契約論…………………………………7/8
社会国家……………………………………129
社会的慣習…………………………………145
社会的規範…………………………………145
社会法………………………………………78
社会保険……………………………………78/79/83
奢侈禁止令…………………………………230/231/235/236
自由意思……………………………………34
住居侵入罪…………………………………31
自由主義……………………………………210
自由人………………………………………179
集団安全保障………………………………41/45
重要事項留保説……………………………64
主観主義……………………………………150
主権…………………………37/38/40/43/167/168/214/277
主権国家……………………………………37/38/40/41
取材の自由…………………………………263
手段債務……………………………………97
受働債権……………………………………17/18/19/20
準拠法選択…………………………………251/254/256/260
準拠法選択規則……………………………251/252/255/256
障害者総合支援法7条………………………82
障害福祉サービス…………………78/81/82/83/84/85
商行為法……………………………………94
証拠調べ……………………………………107
上場会社……………………………………92

情動主義	153
消費者契約	16
消費（者）法	94/135/136/138/139
情報	261
情報公開	65
情報セキュリティ	269
商法総則	94
情報的手法	243
情報に対する権利	265/266/267
情報に対する権利のための闘争	268
条約	37/38/39/40/41/42/44/47
条約適合性審査	171/172/174
職業基礎教育	74/75
職業先端教育	74/75
触法少年	125
書籍業者	236
所得	208/216
書物占い（bibliomancy）	143
自立支援法7条	84
知る権利	263/264/265/266
侵害留保原理	60/61/62/63/64
信義則	114/117
人権条約	43/172/173
人権宣言	8
人工知能（AI）	70/71/72/74/75/77/262/268
新古典派経済学	214
新社会防衛論	132
親族相盗例	149
信託	179/181/182/183/184/185
信認義務（fiduciary duty）	183
人文主義	166
信用手段	96
随時優先弁済	202/203
STEAM教育	74
STEM教育	74
3R政策	243
正義	147
正義論	146/147/148/149/150/151/152/153
制限説	19/20
政策法学	69
製造物責任法	269
生存権	79
贅沢禁止令	230
生物多様性	244
生命保険	95
世代間倫理	240
節税（tax saving）	213
窃盗罪	31
説明責任（アカウンタビリティ）	65
善意	22
全件送致主義	126/127
先導者の機能（Vorreiterfunktion）	130
相殺	17/18/19/20/21/23
相殺適状	17/18/19/20
相対主義	150/151
送達条約	254
ソクラテスの弁明	144
組織再編成	211
訴訟	102
租税回避（tax avoidance）	213
租税政策（tax policy）	216
租税法律主義	209/210/211
租税優遇措置	212
損害保険	95
尊属殺重罰規定	10

た

第五共和政憲法	171
胎児	29
大正デモクラシー	181
対世的義務	44
大法官	178
大陸法	68/164/165/169/179/181/182/185
妥協しない自由	108
多数国間条約	38/41/42/43
多数国間条約体制	43/44
タダ乗り（free ride）	262
タックス・ヘイブン対策税制	213
脱税（tax evasion）	213
WTO	42/43/45
担保付社債信託	183
地球温暖化	245/247/248
治罪法	119
知的財産	263/264/269
嫡出子・非嫡出子	173
治癒	110
中間団体	236

仲裁	105	日本型雇用システム	73/76
中止減免	33	任意規定	94/95
長期雇用	73	NIMBY問題	246
調査票調査	159	ネットワーク中立性	268
調停	105	年功型賃金	73
著作権	264/266/268	脳死	29
通信の秘密	263/268		
強い個人	131		

は

抵触法（Conflict of Laws）	250/251/254/255/256/257/258/259/260
締約国会合（COP）	42
データ	262/269
適格消費者団体	23
適用違憲	176
デジタル・デバイド	266
手続的保障原則	210
手続法	104/124/204/207/209
典型契約	96
当為	146
投資収益非課税（yield exemption）	217
道徳的完全義務	147/148/149
道徳的規範	145
道徳的義務	144/145/146
道徳的権利	144/147/148/149
道徳的責務	147
道徳哲学	150
独占禁止法（独禁法）	218/220/224/225/226
特別障害給付金	86
特別清算手続	199
特別法	14/15/23/94/124
特別予防	128
独立宣言	8
土地収用	60/61/62
特権	236
取消状	167/169
取締役	93

な

永山基準	131
永山事件	131
ナッジ	267
軟性憲法	6
二次分析	156/159
二段の故意	16/22

ハーグ国際私法会議	255
ハーバード・ロー・スクール	212
媒介者	263/270
廃棄物	243/246
陪審制	179/180/181
破毀院	169/171/172/173/174/175/176/177
破産手続	199
破産免責	199
パターナリズム	131/132
パナマ文書	185
パリ協定	43
パリ第2大学民法研究所	135
反懐疑主義	151
判決手続	104
犯罪少年	125
反対解釈	18
パンデクテン体系	22
万人の万人に対する闘争	7
ハンブルク大学	52/53
判例法	178/179/181/183/184
判例法主義	165
ヒアリング調査	160
被害者なき犯罪	148
被害者の意思	30/32
比較法	193
被疑者勾留	119
非正規雇用	79
ビッグデータ	70/71/268/269/271
人の生命	25
評価規範	109
表現の自由	263/264/265/268/269
標準規格	223/224/226
平等	153
比例原則	63
ファイナンス理論	215/216

フィールド実験	161	法典法主義	165
不干渉原則	45	報道の自由	263
福祉国家	144	法と経済学	97/98/194/214/271
不都合な真実	248	法と政治学	98
不同意問題	151	法理学	153
不文法	5	法律審	175/177
普遍化可能	149	法律による行政の原理	57/58/65/66
プライス・アンダーソン法	186	法律の法規創造力	58
プライバシー	263/264/265/266/267/268/269	法律の優位	58
プライバシー・バイ・デザイン	267	法律の留保	59/62/63/64/65
プラットフォーム	264/265/267/270	法例	251
フランス革命	68/166/167	法令違憲	176
フランス消費法典	137/139	保険	95
フランス人権宣言	171	保険業法	95
FRAND条件	223/226	保険契約	95/96
FRAND宣言	224	保険法	95
武力行使禁止原則	41/45/46	保険優先	83
ブレグジット	43/277	保護処分優先主義	127
ブロッキング	268	母法	165/169
プロ・レーバー法学	68	堀木訴訟	87
紛争	105	本質性理論	64
紛争解決説	104		
閉鎖会社	92		

ま

BEPS（Base Erosion and Profit Shifting）プロジェクト	214	マグナ・カルタ	179/210
法益	25/26/126	マスメディア	261/263
法概念論	144/145/151/152/153	マックスプランク外国私法・国際私法研究所	48/53
法学的摂取	165	ミクロ経済学	214/216
法価値論	144/146/148	水俣病	248
法規分類説	255	民事訴訟法	102
法継受	165	民主主義	57/58/62/64/65/66/179/181/210/211
法系論	165		
法源	255	民主政	143
法現象	156/157	民訴条約	254
法圏論	165	民法	14-24
法実証主義	145/146	無過失責任	68
法制審議会	52	無産者階級：プロレタリアート	72
法専門職	162	無制限説	20/21
法治国家	7/9	無知のベール	276
法治主義	58/62	名誉	264
法的安定性	58/210	メタ規範理論	144/150/151/152/153
法的三段論法	175	メタ倫理学	150/153
法的信念	38	面接調査	159/160
法典継受	200	目的刑論	128/129

黙秘権 …………………………………115
持分会社 …………………………92/93
モノのインターネット ………………70

や

有価証券 ……………………………96
有産者階級：ブルジョワジー ………72
有体物 ………………………………261
ユニバーサル・サービス …………265/266/268
ヨーロッパ人権裁判所（CEDH） ……173/174/175/176
ヨーロッパ人権条約 ………………170
予審判事 ……………………………119
予測可能性 ……………………58/210
予防原則（precautionary principle）…………241

ら

ライセンス ……………………223/224/226

リーガル・マインド …………………271
利益衡量論 …………………………98
履行確保手続 ………………………40
リスク …………………………………208
立憲主義 …………………6/8/9/11/143
立憲民主主義 ………………………57
立法的摂取 …………………………165
立法の時代 …………………………69
リバタリアニズム ……………………144
リベラリズム ……………………149/150
臨時国会 ……………………………10
連帯 …………………………………80
ローマ法 …166/167/168/169/179/183/255
65歳問題 ………………81/82/83/84/85
ロンドン大学 ……………………272/273

わ

ワーキング・プア ……………………79

◆人名索引

あ

アイゼンハワー ………………………186
ウェッブ夫妻 ………………………273

か

加藤弘之 ……………………………3
鴨良弼 ………………………………114
カント ………………………………150
グラハム・ウォラス …………………273
グリフィス ……………………………272
グロヴナー ……………………………182
ゴア（アル）…………………………248
コツィオール …………………………52

さ

サヴィニー ……………………………255
サンスティーン ………………………267
司馬遼太郎 …………………………4
シャウプ ………………………………208
シャノン ………………………………262
ジョージ・バーナード・ショウ ………273

た

田中耕太郎 …………………………91
津田真道 ……………………………3
トロペール ……………………………13

は

バウム …………………………51/52
福沢諭吉 ……………………………3
ホッブズ ………………………………7
ボワソナード …………………………164

ま

マンコウスキ …………………………52
マンスフィールド卿 …………………275
箕作麟祥 ……………………………3
美濃部達吉 …………………………9

ら

ルヴヌール······135

レッシグ······267
ロエスレル······164
ロック······8

◆条文索引

IT基本法8条 ······266
会社更生法47条5項······202
会社法423条······94
家事事件手続法3条の2······253
刑事訴訟法1条······114/125
刑事訴訟法207条1項······119
刑事訴訟法248条······126
軽犯罪法1条13号······154
刑法41条······126
刑法43条ただし書······33
刑法133条······264
刑法134条······264
刑法168条の2······264
刑法175条······264
刑法199条······26
刑法旧200条······10
刑法230条······264
刑法234条の2······264
刑法244条1項······149
憲法12条前段······11
憲法13条······79/264
憲法14条1項······86/87
憲法21条······264
憲法25条······79
憲法53条後段······10
憲法56条2項······6
憲法59条1項······6
憲法61条······57
憲法73条3号ただし書······57
憲法83条······57
憲法84条······209/210
憲法85条······65
憲法86条······65
憲法96条······6
憲法98条1項······6/7
憲法99条······10
旧憲法73条2項······9
国土交通省設置法4条1項6号······60

障害者自立支援法7条······84
障害者総合支援法7条······84
障害者総合支援法41条の2······85
障害者総合支援法76条の2······85
障害者総合支援法施行令2条······82
少年法1条······125
少年法3条1項1号······125
　　　　　1項2号······125
　　　　　1項3号······125
少年法18条······127
少年法19条······127
少年法20条······127
少年法23条······127
少年法24条1項······127
　　　　　1項1号······127
　　　　　1項2号······127
　　　　　1項3号······127
少年法25条······127
少年法41条······126
少年法42条······126
少年法51条······127
少年法52条······127
少年法55条······127
少年法58条······127
少年法59条······127
少年法61条······127
消費者契約法4条1項······16
人権宣言16条······8
心神喪失等の状態で重大な他害行為を行った者の医療及び観察等に関する法律24条～32条
······130
人事訴訟法3条の2······253
生活保護法7条ただし書······64
電気通信事業法7条······266
電気通信事業法25条······266
電気通信事業法106条······266
特許法1条······224
フランス憲法55条······171/172
フランス民法典161条······170
フランス民法典184条······170

フランス民法典187条	170	民事訴訟法338条	110
法人税法132条	210	民法85条	263
法人税法132条の2	211	民法90条	63
法人税法132条の3	211	民法96条	63
放送法1条1号	266	民法96条1項	15/16
放送法15条	266	民法180条	263
民事再生法85条5項	202	民法206条	263
民事訴訟法3条の2	252	民法505条1項	17
民事訴訟法3条の9	253	民法511条（改正前）	17/18
民事訴訟法39条	110	民法511条1項（改正後）	21
民事訴訟法90条	110	民法709条	264
民事訴訟法118条	253	民法710条	264
民事訴訟法159条3項	110	民法723条	264
3項ただし書	110	郵便法1条	266

◆執筆者一覧【掲載順】

＊は編者

南野　森＊（みなみの・しげる）……… 九州大学教授
原田昌和（はらだ・まさかず）………… 立教大学教授
和田俊憲（わだ・としのり）…………… 慶應義塾大学教授
森　肇志（もり・ただし）……………… 東京大学教授
青竹美佳（あおたけ・みか）…………… 大阪大学准教授
興津征雄（おきつ・ゆきお）…………… 神戸大学教授
大内伸哉（おおうち・しんや）………… 神戸大学教授
永野仁美（ながの・ひとみ）…………… 上智大学教授
得津　晶（とくつ・あきら）…………… 東北大学准教授
垣内秀介（かきうち・しゅうすけ）…… 東京大学教授
緑　大輔（みどり・だいすけ）………… 一橋大学教授
武内謙治（たけうち・けんじ）………… 九州大学教授
大澤　彩（おおさわ・あや）…………… 法政大学教授
安藤　馨（あんどう・かおる）………… 神戸大学准教授
飯田　高（いいだ・たかし）…………… 東京大学准教授
齋藤哲志（さいとう・てつし）………… 東京大学准教授
溜箭将之（たまるや・まさゆき）……… 立教大学教授
池田　悠（いけだ・ひさし）…………… 北海道大学准教授
水元宏典（みずもと・ひろのり）……… 一橋大学教授
神山弘行（こうやま・ひろゆき）……… 一橋大学准教授
大久保直樹（おおくぼ・なおき）……… 学習院大学教授
小島　立（こじま・りゅう）…………… 九州大学准教授
島村　健（しまむら・たけし）………… 神戸大学教授
横溝　大（よこみぞ・だい）…………… 名古屋大学教授
成原　慧（なりはら・さとし）………… 九州大学准教授
岩切大地（いわきり・だいち）………… 立正大学教授

［編者］

南野　森（みなみの・しげる）

京都市生まれ。東京大学法学部卒業後、同大学院・パリ第十大学大学院を経て、2002年九州大学法学部助教授、2014年同教授（憲法学）。主な著作に『憲法学の世界』（編著、日本評論社・2013年）、『憲法主義』（共著、PHP研究所・2014年〔PHP文庫版・2015年〕）などがある。

［新版］法学の世界

2019年3月25日　第1版第1刷発行

編　者──南野　森
発行所──株式会社日本評論社
　　　　〒170-8474　東京都豊島区南大塚3-12-4
　　　　電話　03-3987-8621（販売）-8592（編集）
　　　　FAX　03-3987-8590（販売）-8596（編集）
　　　　振替　00100-3-16　https://www.nippyo.co.jp/
印　刷──株式会社精興社
製　本──株式会社難波製本

Printed in Japan Ⓒ S. MINAMINO 2019　装幀／図工ファイブ
ISBN978-4-535-52368-5

JCOPY 〈（社）出版者著作権管理機構委託出版物〉
本書の無断複写は著作権法上での例外を除き禁じられています。複写される場合は、そのつど事前に、（社）出版者著作権管理機構（電話03-5244-5088、FAX03-5244-5089、e-mail: info@jcopy.or.jp）の許諾を得てください。また、本書を代行業者等の第三者に依頼してスキャニング等の行為によりデジタル化することは、個人の家庭内の利用であっても、一切認められておりません。

日本評論社の法律学習基本図書

※表示価格は本体価格です。別途消費税がかかります

日評ベーシック・シリーズ (NBS Nippyo Basic Series)

憲法Ⅰ 総論・統治　憲法Ⅱ 人権
新井 誠・曽我部真裕・佐々木くみ・横大道 聡［著］
●各1,900円

行政法　下山憲治・友岡史仁・筑紫圭一［著］
●1,800円

民法総則［補訂版］
原田昌和・寺川 永・吉永一行［著］
●1,800円

物権法［第2版］
●1,700円
秋山靖浩・伊藤栄寿・大場浩之・水津太郎［著］

担保物権法
田髙寛貴・白石 大・鳥山泰志［著］
●1,700円

債権総論
石田 剛・荻野奈緒・齋藤由起［著］
●1,900円

家族法［第2版］
●1,800円
本山 敦・青竹美佳・羽生香織・水野貴浩［著］

民事訴訟法
渡部美由紀・鶴田 滋・岡庭幹司［著］●1,900円

労働法［第2版］
●1,900円
和田 肇・相澤美智子・緒方桂子・山川和義［著］

日本の法
●1,800円
緒方桂子・豊島明子・長谷河亜希子［編］

憲法学の世界
南野 森［編］
●2,400円
青井未帆・赤坂幸一・尾形 健・木村草太ほか［著］

基本憲法Ⅰ 基本的人権
木下智史・伊藤 建［著］
●3,000円

基本行政法［第3版］
中原茂樹［著］
●3,400円

基本刑法Ⅰ 総論［第3版］　●3,800円
基本刑法Ⅱ 各論［第2版］　●3,900円
大塚裕史・十河太朗・塩谷 毅・豊田兼彦［著］

憲法Ⅰ──基本権　●3,200円
渡辺康行・宍戸常寿・松本和彦・工藤達朗［著］

民法学入門［第2版］増補版
河上正二［著］
●3,000円

スタートライン民法総論［第3版］
池田真朗［著］
●2,200円

スタートライン債権法［第6版］
池田真朗［著］
●2,400円

■法セミ LAW CLASS シリーズ

基本事例で考える民法演習
基本事例で考える民法演習2
池田清治［著］
●各1,900円

ケーススタディ刑法［第4版］
井田 良・丸山雅夫［著］
●3,100円

■法セミ LAW CLASS シリーズ

行政法 事案解析の作法［第2版］
大貫裕之・土田伸也［著］
●2,800円

新法令用語の常識
吉田利宏［著］
●1,200円

〈新・判例ハンドブック〉　●物権法：1,300円
　　　　　　　　　　　　●ほか：各1,400円
憲法［第2版］ 高橋和之［編］

債権法Ⅰ・Ⅱ　●Ⅰ：1,400円　●Ⅱ：1,500円
潮見佳男・山野目章夫・山本敬三・窪田充見［編著］

民法総則　河上正二・中舎寛樹［編著］

物権法　松岡久和・山野目章夫［編著］

親族・相続　二宮周平・潮見佳男［編著］

刑法総論／各論　●総論1,600円
高橋則夫・十河太朗［編］　●各論1,500円

商法総則・商行為法・手形法
鳥山恭一・高田晴仁［編著］

会社法　鳥山恭一・高田晴仁［編著］

日本評論社
https://www.nippyo.co.jp/